新编财务会计专业精品规划教材·书网互动系列

审计实务

佘伯明　王　静　主　编

向兆礼　郑　箐　刘军伟　周传颂　副主编

電子工業出版社

Publishing House of Electronics Industry

北京·BEIJING

内 容 简 介

审计是市场经济监督体系重要的制度安排，本书按照职业教育的特点，共分 11 章，主要介绍了总论、我国审计组织与职业道德规范、审计程序与审计重要性、审计计划与审计方法、审计证据与审计工作底稿、内部控制与业务循环、销售与收款循环审计、采购与付款循环审计、存货与仓储循环审计、投资与筹资循环及货币资金审计、审计报告的相关内容。

本书配有智慧学习平台，将教学视频、动画演示、在线实操、实时测评等教学资源和教材紧密结合起来，为课堂教学提供了强有力的补充，使教师易教、学生易学。

本书既可作为职业院校会计类专业和管理类专业学生的教材，也可作为财经类院校教师及企业财会、审计人员的参考用书。

图书在版编目（CIP）数据

审计实务 / 佘伯明，王静主编. —北京：电子工业出版社，2017.9

ISBN 978-7-121-32423-9

Ⅰ. ①审… Ⅱ. ①佘… ②王… Ⅲ. ①审计学—高等职业教育—教材 Ⅳ. ①F239.0

中国版本图书馆 CIP 数据核字（2017）第 183488 号

策划编辑：张云怡
责任编辑：裴 杰
印　　刷：北京画中画印刷有限公司
装　　订：北京画中画印刷有限公司
出版发行：电子工业出版社
　　　　　北京市海淀区万寿路 173 信箱　邮编　100036
开　　本：787×1 092　1/16　印张：13.25　字数：339.2 千字
版　　次：2017 年 9 月第 1 版
印　　次：2017 年 9 月第 1 次印刷
定　　价：33.00 元

凡所购买电子工业出版社图书有缺损问题，请向购买书店调换。若书店售缺，请与本社发行部联系，联系及邮购电话：（010）88254888，88258888。

质量投诉请发邮件至 zlts@phei.com.cn，盗版侵权举报请发邮件至 dbqq@phei.com.cn。

本书咨询联系方式：（010）88254573，zyy@phei.com.cn。

前言

PREFACE

审计是市场经济监督体系重要的制度安排。本书以《教育部关于加强高职高专教育人才培养工作的意见》等文件精神为指导思想，以最新修订的《企业会计准则》和营改增相关法律法规为依据，以培养高素质、技能型财会人才的目标为出发点，力争打造“主体教材+实训教程+网络教学资源”的“书网互动”新形态教材。

教材是教师和学生的重要沟通媒介，本教材通过智慧学习平台，将“教”与“学”紧密衔接，教师通过平台实时发布任务，学生能够迅速反应，提交任务。同时，作者将实务操作融入教材之中，既保持会计框架体系，又注重实际操作技能的训练，将理论知识学习与实践技能训练、专业能力培养与职业素质培养融为一体，提升学生会计综合职业能力。

本书在夯实理论知识的基础上，突出岗位职业技能训练，利用网络技术和智慧学习平台将教学视频、动画演示、在线实操、实时测评等教学资源和教材紧密结合起来，为课堂教学提供了强有力的补充，使教师易教、学生易学。

本书具有以下几点特色。

1. 知识内容新

本书根据最新的《企业会计准则》和营改增相关法律法规进行编写，体例新颖、知识内容时效性强、呈现形式多样化。

2. 编写理念新

教材根据企业实际岗位需求设计实训内容，旨在真正提高学生实践操作技能。全书嵌入二维码，通过智慧学习平台使师生在课上和课下良好互动，打破传统学习在时间和空间上的限制。

（1）教师可以通过智慧学习平台控制学生学习进度，省时高效地对学生进行管理，同时还可和学生进行深度互动。在横向上，分析学生成绩数据和不同题目的掌握情况；纵向上，分析每周的学习进度和期末成绩，真正做到通过数据掌控教学进度和学生认知接受程度。

（2）学生可以通过观看视频、动画、文本等直观清晰的教学资源加强对所学知识点的理解和掌握；可以在智慧学习平台进行交互仿真随堂实训练习，真实感受现实经济业务中的会计处理；还可以在线提交完成的学习任务。

这样，学生通过网络可以在移动端随时进行预习、复习、练习，教师可以随时答疑批复，不再局限于传统课堂面授形式时间和空间限制。

3．体例形式新

本教材在编写上，力求克服专业教材僵硬枯燥的编排形式，将教材内容要点化、步骤化、图表化、案例化，增强启发性。每个项目都设计了教学目标、知识链接、关键术语、案例实训和本章练习等辅助环节，并在上述各环节力求结合实际，增强学生的感性认识，以达到便于理解、快速掌握的目的。

4．教学资源多

本书配有丰富的教学资源，实用性强。在多年的教学经验和教材编写经验的积累过程中，编者沉淀了丰富的课程资源，包括视频、习题、案例、实训等种类齐全的各类教学及学习资源，表现形式直观、生动，可满足广大教师和学习者的需要。

本书由广西经济管理干部学院佘伯明和广西经济职业学院王静担任主编，向兆礼、郑箐、刘军伟、周传颂担任副主编。

本书在编写过程中，借鉴和参考了许多财务会计类专著、教材、杂志，以及网上相关资料，在此一并向其作者表示感谢。

由于编者水平有限，书中难免存在疏漏和不足之处，敬请广大读者批评、指正。

编　者

目 录

CONTENTS

第一章

总　论

学习目标

1. 了解中外审计的历史发展
2. 了解审计的分类
3. 理解审计产生和发展的基础
4. 理解审计的概念和特征

导入案例

张女士准备把一部分积蓄投入股市，她通过查询上市公司公布的财务报表，选择了一家每股盈余高的公司，准备购买该上市公司的股票。但是当她和一个好朋友聊天提到此事时，她的朋友说，你再看看这家公司近几年的审计报告吧，不能只看财务报表。张女士之后就查了该公司的审计报告，报告里提到对该公司的财务报表发表保留意见。张女士给她的朋友打电话问这是什么意思，她的朋友说，这家公司的财务报表可能有问题，最好暂时不要购买这家公司的股票。果然，没过多久，这家公司的股票价格就开始大幅下跌了。张女士很感激她的朋友，同时也很好奇，什么是审计？审计还有哪些职能呢？

第一节　审计的产生与发展

1．审计产生和发展的基础

审计是因授权管理经济活动的需要而产生的，受托经济责任关系是审计产生和发展的基础。受托经济责任关系一般涉及两个当事人，一个是委托人，另一个是受托人（或代理人）。产生受托经济责任关系的根本原因是所有权和经营权的分离。

举例　广西华康股份有限公司拥有大小股东80个，不可能每一个股东都直接经营企业，所以是由董事会聘任的经理李某直接经营企业的，而李某并不是公司的股东。这种情况下，华康公司的股东和经理李某之间是委托和受托的关系。股东是公司的所有者，对公司有所有权，而李某是公司的经营者，对公司有经营权，他们之间是分离的。因此，如果股东想要知道李某的经营情况，就需要有一个公正的第三方进行审查。

在生产力低下的原始社会不需要审计。随着社会生产力的提高和社会经济的发展，社会财富不断增加，使得剩余的生产产品逐渐集中在少数人手中，当生产资料的所有者不能直接对其拥有的资源进行管理和经营时，就会委托或授权他人代为管理和经营，这就导致了所有权与经营管理权的分离。所有者想要了解经营者是否真正承担了自己的受托经济责任，就会对其进行监督，以监督检查为基本职能的审计逐渐产生和发展起来。

2．我国审计的产生与发展

1）我国政府审计的产生与发展

我国政府审计的发展大体上可分为六个阶段：西周初期为初步形成阶段；秦汉时期为最终确立阶段；隋唐至宋健全阶段；元明清为停滞不前阶段；民国时期为不断演进阶段；新中国为振兴阶段。

我国政府审计产生于西周时期，最早的审计职务是西周时期的“宰夫”。

秦汉时期是我国审计的确立阶段，此时“上计”制度日趋完善。所谓“上计”，就是皇帝亲自参加听取和审核各级地方官吏的财政会计报告，以决定赏罚的制度。

隋朝设置比部，隶属于部官或刑部，掌管国家财计监督，行使审计职权。唐朝改设三省六部，六部之中，刑部掌天下律令、刑法、徒隶等政令，比部仍隶属于刑部。宋朝设置“审计司”，隶属于太府寺，后改称为“审计院”。宋朝审计司（院）的建立，是我国“审计”的正式命名，从此，“审计”一词便成为财政监督的专用名词，对后世中外审计建制具有深远的影响。

元朝取消比部，独立的审计机构消亡。明朝初设立比部，不久即取消。清朝承袭明朝制度，设置了都察院，成为最高的监察、监督、弹劾和建议机关。

1912年，在中华民国国务院下设审计处，1914年北洋政府改为审计院，同年颁布了

《审计法》。国民党政府也于1928年颁布过《审计法》及其实施细则，次年还颁布了《审计组织法》，审计人员有审计、协审、稽察等职称。中华人民共和国成立以后，国家没有设置独立的审计机构。对企业的财税监督和货币管理，是通过不定期的会计检查进行的。

我国1982年修改的《中华人民共和国宪法》规定，建立政府审计机构，实行审计监督，并于1983年9月成立了我国政府审计的最高机关——审计署，在县以上各级人民政府设置各级审计机关。1985年8月发布《国务院关于审计工作的暂行规定》，1988年11月颁发了《中华人民共和国审计条例》，1995年1月1日《中华人民共和国审计法》的实施，这从法律上进一步确立了政府审计的地位，为其进一步发展奠定了良好的基础。

2）我国民间审计的产生与发展

我国的民间审计在20世纪初伴随着资本主义工商业的发展而产生。

1925年，上海成立了我国第一个民间审计职业组织——上海会计师公会，随后，各地的会计师公会也都相继成立，我国的会计师职业因此得以确立。

在新中国成立初期，注册会计师依然在恢复国民经济方面发挥了重要的作用。但是随着1956年我国完成了对生产资料私有制的社会主义改造，确立了计划经济体制，注册会计师便丧失了其职业基础，民间审计也随之消失。

1980年12月23日，财政部发布了《关于成立会计顾问处的暂行规定》，对注册会计师的资格、业务范围等事项做出了规定，迈出了我国开始重建注册会计师制度的第一步。1981年1月1日，经财政部批准后，在上海成立了新中国第一家独立承办审计业务的会计师事务所——上海会计师事务所，随后，全国各地也相继成立了会计师事务所。1988年11月15日，在财政部的领导下，中国注册会计师协会（以下简称“中注协”）正式宣告成立，开始着手制定注册会计师执业规范。1993年10月31日，我国颁布了《中华人民共和国注册会计师法》，自1994年1月1日起实施。1995年12月，我国发布了《中国注册会计师独立审计准则》。它们的颁布和实施，标志着我国现代民间审计日益成熟。2006年2月15日，中注协发布了新修订的与国际审计准则趋同的审计准则。在国家法律法规的规范下，我国注册会计师行业得到了快速发展。

3）我国内部审计的产生与发展

我国早期的皇室审计、寺院审计均属于内部审计范畴。

现代内部审计在民国时期已诞生，但在中华人民共和国成立初期被撤销。

我国社会主义内部审计从1983年以后逐步建立起来。1987年，我国成立中国内部审计学会，2000年改名为中国内部审计师协会。2003年5月1日，审计署颁布施行了《审计署关于内部审计工作的规定》。

3．西方国家审计的产生与发展

早在奴隶制度下的古罗马、古埃及和古希腊时期，已有官厅审计机构。审计人员以“听证”方式，进行具有审计性质的经济监督工作。美国于1921年成立总审计局，是隶属于国会的独立经济监督机构，担负着为国会行使立法权和监督权提供审计信息和建议的重要职责。

现代意义上的西方民间审计是伴随着18世纪初期到19世纪中叶产业的完成而开始的。股份有限责任公司的出现，使西方现代民间审计制度应运而生。1853年在苏格兰的爱西堡成立了爱西堡会计师协会，这是世界上第一个职业会计师的专业团体。

西方内部审计最早表现为奴隶社会时期发展起来的庄园审计、宫廷审计等。1941年国际内部审计师协会成立。

案例分析

英国南海股份公司审计案例

1710年，英国政府用发行中奖债券所募集到的资金创立了南海股份公司。经过近10年的经营，该公司业绩依然平平。1719年底，公司的董事开始对外散布各种所谓的利好消息，即南海公司在年底将实现利润大幅攀升。

这一消息的宣布，加上公众对股价上扬的预期，带动了股价上升。1719年，南海公司股价飙升。随着南海股价的扶摇直上，一场投机浪潮席卷全国，170多家新成立的股份公司股票以及原有的公司股票，都成了投机对象。

1720年6月，英国国会通过了《泡沫公司取缔法》，该法对股份公司的成立进行了严格的限制。由此，许多公司被解散，公众开始清醒过来，对一些公司的怀疑逐渐扩展到南海公司身上。从7月开始，南海公司股价一落千丈，到1720年底，政府对南海公司的资产进行清理，发现其实际资本已所剩无几。

南海公司倒闭的消息传来，震惊了债权人和投资者。迫于舆论的压力，1721年9月，英国议会组织了一个由13人参加的特别委员会对“南海泡沫”事件进行秘密查证。

在调查过程中，特别委员会发现该公司的会计记录严重失实，明显存在蓄意篡改数据的舞弊行为，于是特邀了一名叫查尔斯·斯内尔的资深会计师，对南海公司的分公司会计账目进行检查。查尔斯·斯内尔通过对南海公司账目的查询、审核后提交了一份检查意见。在该份报告中，查尔斯指出了公司存在舞弊行为、会计记录严重不实等问题，但没有对公司为何编制这种虚假的会计记录表明自己的看法。

英国南海公司的舞弊案例，对世界民间审计史具有里程碑式的影响。尽管在1720年之前，就有人认为已有了民间审计这一行业，但世界上绝大多数的审计理论工作者都认为，查尔斯·斯内尔是世界上第一位民间审计人员，他所撰写的查账报告，是世界上第一份民间审计报告。而英国南海公司的舞弊案例，也被列为世界上第一起比较正式的民间审计案例。该案例对注册会计师行业来说，具有举足轻重的影响。

4. 审计模式的演进

审计环境的不断变化和审计理论水平的不断提高，促进了审计模式和方法的不断发展和完善。审计模式和方法的演进经历了账项导向审计阶段、内控导向审计阶段和风险导向审计阶段。

1）账项导向审计阶段

该阶段大致从19世纪中叶到20世纪40年代。最初的账项导向审计以查错防弊为主，详细审查公司的全部账簿和凭证，即检查各项分录的有效性和准确性、账簿记录的加总和过账是否正确、总账和明细账是否一致。

2）内控导向审计阶段

20世纪40年代后，账项导向审计逐渐发展为内控导向审计，即通过了解和评价被审计单位的内部控制制度，评估审计风险，制订审计计划并确定审计实施的范围和重点，在此基础上进行实质性测试，获取充分、适当的审计证据，从而提出合理的审计意见。

3）风险导向审计阶段

20世纪70年代以来，为合理地防范和降低审计风险并降低审计成本，注册会计师审计逐渐从内控导向审计发展到风险导向审计。通过了解被审计单位及其环境评估重大错报风险，采取风险应对措施，使审计风险的控制更加科学有效。风险导向审计的出现有助于注册会计师有效地控制审计风险，提高审计工作的效率和效果，也标志着注册会计师审计发展到了一个新阶段。

第二节 审计的概念与特征

1. 审计的概念

审计是由国家授权或接受委托的专职机构和人员，依照国家法规、审计准则和会计理论，运用专门的方法，对被审计单位的财政财务收支、经营管理活动及其相关资料的真实性、正确性、合规性、合法性、效益性进行审查和监督，评价经济责任，鉴证经济业务，用以维护财经法纪、改善经营管理、提高经济效益的一项独立性的经济监督活动。

2. 审计的特征

根据审计的概念，可以概括出审计的两个基本特征：独立性和权威性。

1）独立性

独立性是审计的本质特征，也是保证审计工作顺利进行的必要条件。

现代审计理论中的三种审计关系人就是根据独立性产生的。三种审计关系人，也称为审计关系的三要素。第一关系人是审计人，即审计主体，它们根据审计委托者的委托，进行审计；第二关系人是被审计人，即审计客体，它们对审计委托者承担受托经济责任；

第三关系人是审计委托人，它们委托或授权审计人员对财产经营者的受托管理责任履行情况进行审计。其中第一关系人即审计人员必须独立于第二关系人和第三关系人之外，保持独立的地位，不受其中任何一方的影响和干扰，根据公认的标准，不偏不倚、客观公正地做出判断和评价，保护各有关方面的权益。

在现代审计体系中，审计的独立性在社会审计中表现得最为充分。社会审计的独立性体现在实质上的独立和形式上的独立。所谓实质上的独立，是要求注册会计师与委托单位之间必须实实在在地毫无利害关系。注册会计师只有与委托单位保持实质上的独立，才能够以客观、公正的心态发表审计意见。所谓形式上的独立，是对第三者而言的。注册会计师必须在第三者面前呈现一种独立于委托单位和被审计单位的身份，即在他人看来注册会计师是独立的。由于注册会计师的审计意见是相关利害关系人的决策依据，因此，注册会计师除了保持实质上的独立外，还必须保持形式上的独立，只有这样才会得到社会公众的信任。

举例 方平会计师事务所的注册会计师李详在广西华康公司担任财务总监。华康公司委托方平会计师事务所对其进行年终审计时，方平会计师事务所组成的审计小组里面，不得有注册会计师李详，因为李详对于华康公司而言，不具有独立性。

2）权威性

审计的权威性，是保证有效行使审计权的必要条件。各国法律对实行审计制度、建立审计机关以及审计机构的地位和权力都作了明确规定，使审计具有法律的权威性，从法律上赋予审计超脱的地位及监督、评价、鉴证职能。

第三节 审计的种类与职能

1．审计的种类

审计分类的标准很多，通常审计会按照主体、内容、范围、执行地点等进行分类。

1）按审计主体分类

审计按其主体进行分类，可分为国家审计、社会审计和内部审计。

（1）国家审计，也称政府审计，是指由国家审计机关所实施的审计。

（2）社会审计，也称注册会计师审计、民间审计，是指具有审计资格的会计师事务所的注册会计师实施的审计。

（3）内部审计，也称部门和单位审计，是指由单位内部独立于财会部门以外的专职审计机构所进行的审计。

举例 广西华康公司委托方平会计师事务所对其进行年终审计，属于社会审计。广西华康公司除了财会部门之外，独立设置审计部门，定期对公司内部的财务和经营管理进行审计，属于内部审计。广西壮族自治区南宁市审计局对其下辖的隆安县2016年的财务决算情况进行审计，属于政府审计。

2）按审计内容分类

审计按内容进行分类，可分为财政财务审计、经济效益审计和财经法纪审计。

（1）财政财务审计，是指审计机构对国家机关、企事业单位的财政、财务收支活动和反映其经济活动的会计资料进行的审计。其目的主要是判断被审计单位的经济活动包括财政和财务收支活动的真实性、合法性和会计处理方法的一贯性。

（2）经济效益审计，是指审计机构对被审单位或项目的经济活动包括财政、财务收支活动的效益性进行的审计。其目的主要是评价被审计单位或项目的经济效益的优劣，以利于不断提高企业的经济效益。

（3）财经法纪审计，是指国家审计机关和内部审计部门对严重违反财经法纪的行为所进行的专项审计。目的在于维护财经法纪，保护国家和人民财产的安全和完整。

举例 广西壮族自治区南宁市审计局对其下辖的隆安县2016年的财务决算情况进行审计，属于财政财务审计。广西华康公司设置的内部审计部门年终对该公司的生产力各要素开发利用情况和企业的管理素质与水平进行审计和评价，属于经济效益审计。

3）按审计范围分类

审计按范围进行分类，可分为全面审计和局部审计。

（1）全面审计，是指对被审计单位一定时期的全部经济活动所进行的审计。这类审计范围广、工作量大，适用于规模小、业务简单的单位，另外，被审计单位内部控制薄弱、会计核算质量差的单位，也有必要开展全面审计。

（2）局部审计，也称部分审计，是指对被审计单位一定期间的财务收支或经营管理活动的某些方面及其资料进行部分、有目的、有重点的审计。

举例 仅对公司的银行存款进行的审计，属于局部审计。

4）按审计执行地点分类

审计按其执行地点进行分类，可分为报送审计和就地审计。

（1）报送审计，也称送达审计，是指被审计单位将各项预算、计划、会计决算报表和其他有关资料等，按照规定的日期（月、季、年）送达审计机构进行审计。

（2）就地审计，是指由审计机构派出审计人员到被审计单位进行的现场审计。

举例 行政机关的经费报销审计通常采用报送审计。企业委托会计师事务所对其进行的年终审计通常采用就地审计。

2. 审计的职能

审计职能是指审计本身所固有的内在功能，审计主要具有经济监督、经济评价和经济鉴证三大职能。

1）经济监督

经济监督是审计的基本职能，体现于审计工作的各个方面。审计的经济监督职能，主要是指通过审计，监察和督促被审计单位的经济活动是否在规定的范围内、在正常的轨道上进行；监察和督促有关经济责任者是否忠实地履行经济责任。另外，通过经济监督职能，还可以揭露违法违纪、稽查损失浪费，查明错误弊端，判断管理缺陷和追究经济责任等。

举例 方平会计师事务所对广西华康公司的会计报表及其他经济资料进行检查和验证，确定其财务状况和经营成果是否真实、公允、合法、合规，最后出具审计报告。这主要体现了审计的经济监督职能。

2）经济评价

审计的经济评价职能，是指审计机构和审计人员对被审计单位的经济资料及经济活动进行审查，并依据一定的标准对所查明的事实进行分析和判断，肯定成绩，指出问题，总结经验，寻求改善管理、提高效率、效益的途径。在现代审计事务中，经济效益审计最能体现审计的经济评价职能。

举例 审计人员通过审核检查，评定被审计单位的经营决策、计划、方案是否切实可行、是否科学先进、是否贯彻执行，评定被审计单位内部控制制度是否健全和有效，评定被审计单位各项会计资料及其他经济资料是否真实、可靠，评定被审计单位各项资源的使用是否合理、有效，并根据评定的结果，提出改善经营管理的建议。这属于经济评价职能。

3）经济鉴证

审计的经济鉴证职能，是指审计机构和审计人员对被审计单位会计报表及其他经济资料进行检查和验证，确定其财务状况和经营成果是否真实、公允、合法、合规，并出具书面证明，以便为审计的授权人或委托人提供确切的信息，并取信于社会公众的一种职能。

举例 会计师事务所接受中外合资经营企业的委托，对其投入资本进行验资，对其年度财务报表进行审查，或对其合并、解散事项进行审核，然后出具验资报告、查账报告和清算报告等，属于审计执行经济鉴证职能。

延伸阅读

（一）

在中国台湾，只有从事注册会计师审计业务的人员才被叫作“会计师”，在企事业单位工作的按照其岗位称呼，如财务经理等。在中国大陆的“会计师”是指具有会计师职称的人，会计师是一种专业技术资格。会计专业技术资格分为会计员、助理会计师、会计师和高级会计师等不同等级，要想取得会计专业技术资格，需要通过考试或评审。在企事业单位从事会计工作的人都可以参加会计师技术资格考试，并按照聘任的职称级别取得相应的待遇。这种会计师不能从事注册会计师审计业务。在大陆从事注册会计师审计业务的是“注册会计师”，其需要通过全国统一的注册会计师考试，并参加审计工作两年以上才能进行注册登记，从事法定审计业务。

（二）

许多财务报告使用人和公众都把审计和会计混淆起来，主要是因为审计往往和会计息息相关，而且许多注册会计师是会计方面的专家。更重要的是，从事注册会计师审计工作的人被称为“注册会计师”，更加剧了这种概念的混淆。

会计是为决策提供财务信息而对经济事项进行计量、记录、确认和报告的一个系统。会计的任务是为管理人和其他信息使用人提供各种有价值的信息，便于做出经济决策。为了能提供与决策相关的信息，会计人员必须充分理解处理会计信息的原则和基础。

审计会计数据时要关注的是已经记录的这些信息是否反映了在一定会计期间内发生的经济事项。因为会计规则是评价会计信息是否得到恰当记录的标准，所以审计这些数据的注册会计师必须充分理解这些会计规则。例如，在财务报表审计中，会计规则就是一般公认会计原则。因此，在学习审计知识以前，学生必须先掌握一般公认会计原则的知识。

除了要掌握会计知识外，注册会计师还必须是收集和解释审计证据的专家，这是会计和审计的最大区别。注册会计师必须运用恰当的审计程序，决定测试的项目和类型，并进行评价，这是审计必须完成的工作。所以，学会了会计未必就能做审计。著名审计会计学家莫茨和夏拉夫曾将会计和审计比成律师和法官，律师要懂得法律知识，但是并不是懂得了法律知识就可以做法官。

第二章

我国审计组织与职业道德规范

学习目标

1. 了解我国审计组织形式的分类及设置
2. 了解我国会计师事务所的组织形式和业务范围
3. 理解审计准则的结构和内容
4. 理解审计依据的特点
5. 掌握注册会计师的职业道德
6. 了解注册会计师的法律责任

导入案例

三名刚入学的审计学专业的同学讨论未来的职业规划。甲同学说：学审计只能去会计师事务所工作，因为只有会计师事务所才能用到审计。乙同学说：才不是，我妈妈是公务员，在审计局，经常出差去外地查账，所以政府机关能用到审计，毕业后我要考公务员。丙同学说：我有个表哥在企业工作，听他说也要查账，可是只是查他自己企业的账，看来学了审计专业，也能去企业工作。那么，我国审计组织究竟有哪些形式呢？

第一节　我国审计组织的主要形式

我国审计组织的形式主要包括政府审计机关、内部审计机构和民间审计组织。

一、政府审计机关

政府审计机关是代表政府依法行使审计监督权的行政机关，它具有宪法赋予的独立性和权威性。

1. 政府审计机关及人员

我国政府审计机关实行统一领导、分级负责的原则。国务院设审计署，在总理领导下，负责组织领导全国的审计工作，对国务院负责并报告工作。县级以上各级人民政府设立审计机关。

审计署根据工作需要：

（1）可以在重点地区、部门设立派出机构，进行审计监督。

（2）在国务院各部委设立派出机构，进行审计监督。

（3）按工作内容和范围分设财政、金融、外贸外资等审计部门。

审计署设审计长一人，由国务院总理提名，经全国人民代表大会或其常务委员会决定，签署主席令最终由国家主席任命；设副审计长若干人，由国务院任命。

地方各级审计机关负责领导本级审计机关范围内的审计事项，对上一级审计机关和本级人民政府负责并报告工作。其负责人的任免，应当事先征求上一级审计机关的意见。

2. 职责权限

国家审计机关依法独立行使审计监督权，对国务院各部门和地方人民政府、国家财政金融机构、国有企事业单位以及其他有国有资产的单位的财政、财务收支及其经济效益进行审计监督；对违反财经法规的被审计单位，可按有关规定进行处理。

3. 政府审计机关审计监督活动的原则

政府审计是高层次的经济监督，进行审计监督活动的原则主要体现在以下三个方面：

（1）合法性原则。审计工作的整个过程应按照审计法规的规定进行；审计机关在审计时应按照法律规定的权限，依法取证；审计工作以国家法规、制度为监督依据。

（2）独立性原则。审计机关在国务院总理领导下，依照法律规定独立行使审计监督权，不受其他行政机关、社会团体和个人的干涉。

（3）强制性原则。政府审计机关的审计活动具有强制性，被审计单位和有关人员必须积极配合审计机关的工作；审计机关做出的审计结论和决定，被审计单位和有关人员必须执行。

二、内部审计机构

内部审计机构，是指在部门、单位内部从事组织和办理审计业务的专门组织。

1. 内部审计机构的设置

根据相关规定，国务院各部门和地方人民政府各部门、国有的金融机构和企业事业组织，以及法律、法规、规章规定的其他单位，依法实行内部审计制度，并在下列单位，设立独立的内部审计机构：

（1）审计机关未设派出机构，财政、财务收支金额较大或者所属单位较多的政府部门；

（2）县级以上国有金融机构；

（3）国有大中型企业；

（4）国有资产占控股地位或者主导地位的大中型企业；

（5）国家大型建设项目的建设单位；

（6）财政、财务收支金额较大或者所属单位较多的国家事业单位；

（7）其他需要设立内部审计机构的单位。

上述单位可以根据需要设立总审计师，其他审计业务较少的单位，可以设置专职内部审计人员。根据内部审计机构设置的范围，我国内部审计机构包括部门内部审计机构和单位内部审计机构。部门内部审计机构，指国务院和县以上地方各级政府按行业划分的业务主管部门设置的专门审计机构。单位内部审计机构，指国有金融机构、国家企业事业等单位设置的专门机构。

2. 内部审计机构的职责权限

我国内部审计机构在本单位主要负责人的直接领导下，依照国家法律、法规和政策，以及本部门、本单位的规章制度，对本单位及所属单位的财政、财务收支及其经济效益进行内部审计监督，独立行使内部审计监督权，对本单位领导负责并报告工作。

三、民间审计组织

民间审计组织是指根据国家法律或条例规定，经政府有关部门审核批准，注册登记的会计师事务所。

1. 会计师事务所

会计师事务所是指依法独立承担注册会计师业务的中介服务机构，是由有一定会计专业水平、经考核取得证书的会计师组成的、受当事人委托承办有关审计、会计、咨询、税务等方面业务的组织。

会计师事务所不属于国家机关，经济上也不依赖于国家或其他任何单位，实行自收自支，独立核算，并依法纳税。

我国会计师事务所的组织形式主要有合伙制和有限责任公司制，其中合伙制包括普通合伙制和特殊普通合伙制。

普通合伙制会计师事务所，是指由两位或两位以上注册会计师组成的合伙组织。合伙人以各自的财产对会计师事务所的债务承担无限连带责任。

对于特殊普通合伙组织形式的会计师事务所，一个合伙人或者数个合伙人在执业活动中因故意或者重大过失造成合伙企业债务的，应当承担无限责任或者无限连带责任，其他合伙人以其在合伙企业中的财产份额为限承担责任。合伙人在执业活动中非因故意或者非重大过失造成的合伙企业债务以及合伙企业其他债务，由全体合伙人承担无限连带责任。

有限责任公司制会计师事务所，是由注册会计师认购会计师事务所股份，并以其所认购股份对会计师事务所承担有限责任。会计师事务所以其全部资产对其债务承担有限责任。

2．注册会计师

注册会计师，是指取得注册会计师证书并在会计师事务所执业的人员，简称 CPA，是从事社会审计、中介审计、独立审计的专业人士。

目前在我国，取得执业注册会计师资格主要通过考试和实际工作经验年限考核两方面确定。财政部成立注册会计师考试委员会（简称财政部考委会），组织领导注册会计师全国统一考试工作。各省、自治区、直辖市财政厅（局）成立地方注册会计师考试委员会（简称地方考委会），组织领导本地区注册会计师全国统一考试工作。参加注册会计师全国统一考试成绩合格，并从事审计业务工作 2 年以上的，可以向省、自治区、直辖市注册会计师协会申请注册。注册会计师协会应当将准予注册的人员名单报国务院财政部门备案。准予注册的申请人，由注册会计师协会发给国务院财政部门统一制定的注册会计师证书。

注册会计师执业资格考试合格，并在中国境内从事审计业务工作 2 年以上者，可以申请注册为执业会员（即签字注册会计师）；取得注册会计师执业资格考试合格，但尚未在中国境内从事审计业务工作 2 年以上者，可以自行向取得全科合格证书的省级注册会计师协会申请注册为非执业会员。

3．注册会计师协会

中国注册会计师协会，简称中注协（CICPA），是中国大陆的注册会计师行业组织，成立于 1988 年 11 月 15 日。

中国注册会计师协会最高权力机构为全国会员代表大会，全国会员代表大会选举产生理事会。理事会选举产生正副会长和常务理事会，理事会设若干专门委员会和专业委员会。中国注册会计师协会下设秘书处，为其常设执行机构。

中国注册会计师协会的会员包括注册会计师（执业会员）和非执业会员。执业会员又分为注册会计师个人会员和会计师事务所团体会员。

中国注册会计师协会的宗旨是服务、监督、管理、协调，即以诚信建设为主线，服务本会会员，监督会员执业质量、职业道德，依法实施注册会计师行业管理，协调行业内、外部关系，维护社会公众利益和会员合法权益，促进行业科学发展。

4．业务范围

注册会计师的业务包括鉴证业务和非鉴证业务。

1）鉴证业务

鉴证业务主要包括审计业务、审阅业务和其他鉴证业务。

审计业务主要包括：

（1）审查企业财务报表，出具审计报告；

（2）验证企业资本，出具验资报告；

（3）办理企业合并、分立、清算事宜中的审计业务，出具有关的报告；

（4）办理法律、行政法规规定的其他审计业务，出具相应的审计报告。

审阅业务主要是对中期财务信息进行审阅，对鉴证结论提供一种有限保证。其目标是注册会计师在实施审阅程序的基础上，说明是否注意到某些事项，使其相信财务报表没有按照适用的会计准则的规定编制，未能在所有重大方面公允反映被审阅单位的财务状况、经营成果和现金流量。

其他鉴证业务，是指对非历史的财务信息（如招股说明书、贷款的未来现金流量预测等）、非财务信息（药品疗效、奖票统计等）进行鉴证。

2）非鉴证业务

非鉴证业务，是指注册会计师的相关服务，主要包括对财务信息执行商定程序、代编财务信息、税务服务、管理咨询以及会计服务等。

第二节　审计准则和审计依据

1．审计准则

1）审计准则的含义

审计准则是注册会计师进行审计工作时必须遵循的行为规范，是审计人员执行审计业务，获取审计证据，形成审计结论，出具审计报告的专业标准。审计准则是专业审计人员在实施审计工作时，必须恪守的最高行为准则。

根据审计准则的概念可知，审计准则不仅制约审计人员的行为，对审计人员的素质提出要求，而且保证审计工作质量。审计准则通过审计人员执行审计程序体现出来，是审计人员签署最终审计意见时的客观保证。

2）审计准则的结构内容

审计准则的内容大体上包括一般准则、工作准则和报告准则三部分。

（1）一般准则是指对审计人员任职资格和执业行为所做出的规则，主要用于对训练与能力、独立性、职业道德方面的约束。

（2）工作准则，也称为审计的实施准则或审计的外勤准则，是指审计人员在实施审计行为时应遵守的规则，主要用于制订审计计划，内部控制制度的评审，收集审计证据，编制审计工作底稿。

（3）报告准则是指对审计人员编制审计报告的原则、形式、内容所做出的规则，主要用于编写审计报告，运用审计报告的形式，规定审计报告的内容。

举例 对于“在执行审计工作和撰拟审计报告时，应保持职业人员应有的严谨态度”这一规定，属于一般准则的内容。对于“审计报告应说明本期财务报表是否按照一般公认的会计准则编制”这一规定，属于报告准则的内容。对于“审计工作必须妥善地进行计划安排，如有助理人员，必须加以监督和指导”这一规定，属于工作准则的内容。

2．审计依据

1）审计依据的含义和特点

审计依据是指查明审计客体的行为规范，是据以做出审计结论、提出处理意见和建议的客观标准。

审计依据包含审计准则，审计准则是审计依据的重要组成部分。

审计依据不是固定不变的，它随着国家管理的规范和单位管理的加强，不断调整和完善。但是无论在什么阶段，审计依据都会体现出权威性、层次性、相关性、地域性、时效性等特点。

权威性：任何审计依据都具有一定的权威性或公认性，否则不足以引用为依据。

层次性：审计依据一般是由审计主体以外的国家机关、管理部门、业务部门、技术部门和企业单位制定的。审计依据因管辖范围和权威性大小不同而有不同的层次。一般来说，制定的单位级别越高，其管辖的范围越广，权威性越大。

相关性：所选用的审计依据要与被审计事项相关，能够判定被审计事项是否真实、合法和有效；所选用的审计依据，能为审计人员提出的审计意见、做出的审计决定提供充足理由。

地域性：不同地区、不同行业和不同部门的一些地方法规、行业标准和部门规章不尽相同，因此，其适用的审计依据也各不相同。审计人员在进行审计判断时，必须注意到地区差别、行业差别和单位差别。

时效性：审计依据都有一定的时效性，它随着经济和社会的发展不断地变更和修订。因此，审计人员在审计工作中，应选用在被审计事项发生时的审计依据，而不能以审计时现行的法律、法规、规章制度作为判断依据。

举例 国家的法律、法规是衡量经济活动是否合法、合规的依据，全国都公认它，依据它提出审计意见，做出审计决定一般是正确无误的。这就体现的审计依据的权威性特点。

举例 2017 年 4 月方平会计师事务所审计广西华康公司 2016 年的财务报表，就需要选用 2016 年的相关法律法规作为审计依据，而不能以 2017 年的相关法律法规作为审计依据，这就体现了审计依据的时效性特点。

2）审计依据的分类

审计依据可按不同的标准进行分类，主要可根据来源渠道和性质内容进行分类。

（1）审计依据按其来源渠道进行分类，可分为外部制定的审计依据和内部制定的审计依据。

外部制定的审计依据是指国家制定的法律、法规、条例、政策、制度；地方政府、上级主管部门颁发的规章制度和下达的通知、指示文件等。内部制定的审计依据是指被审单位制定的经营方针、任务目标、计划预算、各种定额、经济合同、各项指标和各项规章制度等。

（2）审计依据按其性质内容进行分类，可分为法律法规，规章制度，预算、计划、合同和技术标准等。

法律是国家立法机关依照立法程序制定和颁布，由国家强制保证执行的行为规范总称。如宪法、会计法、审计法、各种税法、企业法、公司法等。法规是由国家行政机关制定的各种法令、条例、规定等，如《价格管理条例》《企业会计准则》等。

规章制度主要有国务院各部委，各省、自治区、直辖市根据法律和国务院的行政法规制定的规章制度，如《南宁市房地产市场管理细则》《会计人员职权条例》等；被审单位上级主管部门和被审计单位内部制定的各种规章制度等，如单位内部制定的各项内部控制制度等。

预算、计划、合同主要指单位编制的经费预算，制订的各种经济计划，与其他单位签订的各种经济合同等。

技术经济标准指重复性的技术事项在一定范围内的统一规定。如人员配备定额、工作质量标准、原材料消耗定额、工时定额、能源消耗定额、设备利用定额等。

3）运用审计依据的原则

不同的被审计事项需要不同的衡量、评价依据，审计人员在选用审计依据时应遵循一定的原则。

（1）从实际出发原则。审计人员应从实际出发，具体问题具体分析，根据需要选定适用的依据；选用时根据审计依据特点，尽可能选用权威性大的、令人信服的依据；选用本地区、本行业、本单位适用的依据；选用适用于被审计事项发生时有效的依据。

（2）把握实质问题原则。因为影响经济活动的因素具有多面性和可变性。因此，要辩证地看问题，抓住主要矛盾和矛盾的主要方面，把握问题的实质，选用适当的审计依据。

（3）准确可靠原则。审计人员所运用的依据必须准确可靠，主要体现在引用数据，列举的定额、标准，引用的法律、法规、规章制度等，必须亲自核对，有真实凭据，必要时将复印件列示于审计工作底稿中。

举例　审计人员对广西华康公司进行审计时，需要先熟悉广西壮族自治区的相关地方政策、华康公司的行业法规、华康公司内部的规章制度，在进行审计过程中，针对重大错报展开有针对性的分析调查，对比相关会计政策和准则，获取审计证据时，需要亲自核对相关数据，掌握重要资料的书面文件，并进行复印放入审计工作底稿中。

第三节　审计职业道德规范

审计职业道德，是指对审计人员的职业品德、执业纪律、业务能力、工作规则及所负的责任等思想方式和行为方式所作的基本规定和要求。审计人员的职业道德内容丰富，下面介绍一下职业道德的基本原则。

审计职业道德的基本原则，是指审计人员为实现执业目标，必须遵守的前提和一般原则，主要包括：诚信、独立性、客观和公正、专业胜任能力和应有的关注、保密、良好的职业行为。

1．诚信

诚信原则要求审计人员应当在所有的职业关系和商业关系中保持正直和诚实，秉公处事、实事求是。

举例　方平会计师事务所在制订审计计划的过程中，分配审计任务时，充分考虑审计小组每位成员的专业胜任能力；在审计过程中，实事求是，不会省略必要的审计程序，更不与被审计单位合谋形成严重不实的审计报告，这都属于遵循诚信原则的行为。

2．独立性

独立原则是指在执行鉴证业务时，审计人员必须保持独立性。独立性包括实质上的独立和形式上的独立。

（1）实质上的独立要求审计人员与委托人及被审计单位之间不存在利害关系；

（2）形式上的独立要求审计人员与委托人及被审计单位之间在他人面前保持独立的身份。

举例　方平会计师事务所的注册会计师刘某拥有广西华康公司 6%的股权，方平会计师事务所在对华康公司进行审计时，刘某不能参与审计，必须回避，这属于审计人员和被审计单位之间在实质上不独立，因为审计人员和被审计单位存在直接经济利益关系。

举例 方平会计师事务所的注册会计师李某的哥哥担任广西华康公司的总经理，方平会计师事务所在对华康公司进行审计时，李某不能参与审计，必须回避，这属于审计人员和被审计单位之间在形式上不独立，因为审计人员和被审计单位的重要管理人员之间关系密切。

3．客观和公正

客观和公正原则要求审计人员应当公正处事、实事求是，不得由于偏见、利益冲突或他人的不当影响而损害自己的职业判断。

举例 方平会计师事务所的注册会计师孙某在审计过程中，接受了被审计单位额外赠送的一部手机，孙某最终出具了不实的审计报告，这就违反了客观和公正原则。

4．专业胜任能力和应有的关注

专业胜任能力要求审计人员将专业知识和技能始终保持在应有的水平之上，以适应当前实务、法律和技术的发展，确保为客户提供具有专业水准的服务。

应有的关注，要求审计人员勤勉尽责，按照执业准则和职业道德规范的要求，认真、全面、及时地完成工作任务。在审计过程中，审计人员应当保持职业怀疑态度，运用专业知识、技能和经验，获取和评价审计证据。职业怀疑态度，是指审计人员应以质疑的思维方式评价证据的有效性。

举例 方平会计师事务所在对广西华康公司进行年度审计时，发现华康公司销售增长超过行业水平，而当年其他竞争者的销售都处于下降状态，并且生产力水平并没有明显提高，在这种情况下，审计人员应提高其对舞弊或错报交易的怀疑。这就体现了审计人员保持应有的关注原则。

5．保密

审计人员与客户进行沟通，必须为客户的信息保密。在没有取得客户同意的情况下，不得泄露任何客户的涉密信息。

保密原则要求审计人员不得有下列行为：

（1）未经客户授权或法律法规允许，向会计师事务所以外的第三方披露其所获知的涉密信息；

（2）利用所获知的涉密信息为自己或第三方谋取利益。

审计人员应当警惕无意泄密的可能性，特别是警惕无意中向近亲属或关系密切的人员泄密的可能性。

6．良好的职业行为

审计人员应当遵守相关法律法规，避免发生任何损害职业声誉的行为。

审计人员在向公众传递信息以及推介自己和工作时，应当客观、真实、得体，不得损害职业形象。

审计人员应当诚实、实事求是，不得有下列行为：

（1）夸大宣传提供的服务、拥有的资质或获得的经验；

（2）贬低或无根据地比较其他审计人员的工作。

第四节　注册会计师的法律责任

一、对注册会计师法律责任的认定

如果注册会计师行为不当给被审计单位或第三方造成损失，注册会计师将承担法律责任，这些不当行为包括：违约、过失和欺诈等。

1. 违约责任

所谓违约责任，是指注册会计师因违反业务合同约定造成损失而承担的法律责任。

举例　方平会计师事务所在对广西华康公司进行2016年年度审计时，合同规定方平会计师事务所应于2017年3月1日前出具审计报告，但本次审计小组责任人注册会计师刘某未能在2017年3月1日前提交审计报告，这就需要刘某承担违约责任。

2. 过失责任

所谓过失责任，是指在一定条件下，注册会计师没有保持应有的职业谨慎而给他人造成损失而承担的法律责任。评价注册会计师的过失，是以其他合格注册会计师在相同条件下可做到的谨慎为标准的。过失按程度不同分为普通过失和重大过失。

（1）普通过失，也称一般过失，是指注册会计师没有保持应有的职业谨慎，没有完全遵循专业准则的要求。

举例　方平会计师事务所对广西华康公司进行2016年年度审计，在对华康公司的存货进行监盘过程中，注册会计师刘某未保持应有的合理谨慎，盘点过的存货在数量方面存在问题未能查出，而通常情况下其他合格的注册会计师是不会出现这种失误的，这可视为一般过失。刘某应承担过失责任。

（2）重大过失，是指注册会计师根本没有遵循专业准则或没有按专业准则的基本要求执行审计。

举例　方平会计师事务所对广西华康公司进行2016年年度审计，在执行应收账款的实质性测试程序中，注册会计师刘某未遵循审计准则，在对审计单位应收账款函证不存在任何限制条件的情况下，未进行应收账款函证，这些行为可视为重大过失。刘某应承担过失责任。

3. 欺诈责任

欺诈（也称为舞弊）责任，是指注册会计师为达到欺骗他人的目的，明知被审计单位的财务报表有重大错报，却加以虚伪的陈述，出具无保留意见的审计报告，给他人造成损失而应承担的责任。

举例 方平会计师事务所在对广西华康公司进行2016年年度审计时，审计小组责任人注册会计师刘某明知华康公司的财务报表存在重大错报，但为了影响某些经济业务，故意出具无保留意见审计报告，从而欺骗报表使用者，那么这种行为就属于欺诈行为。刘某应承担欺诈责任。

二、注册会计师应承担的法律责任

注册会计师法律责任是指注册会计师在承办业务的过程中，因未能履行合同条款，或者未能保持应有的职业谨慎，或出于故意未按专业标准出具合格报告，而致使审计报告使用者遭受损失，依照有关法律法规，注册会计师或会计师事务所应承担的法律责任。

按照应该承担责任的内容不同，注册会计师的法律责任可分为行政责任、民事责任和刑事责任三种，三种责任可以同时追究，也可以单独追究，见下表。

承担责任的主体	行政责任 （适用于违约、过失、欺诈）	民事责任 （适用于违约、过失、欺诈）	刑事责任 （适用于欺诈）
注册会计师	警告、暂停执业、吊销注册会计师证书	赔偿损失、支付违约金	五年以下有期徒刑或拘役
会计师事务所	警告、没收违法所得、罚款、暂停执业、撤销审计结果	赔偿损失、支付违约金	—

（1）行政责任是指注册会计师违反了法律、法规的有关规定，政府主管部门将依法对其进行行政处罚，包括对会计师事务所给予警告、没收违法所得、罚款、暂停执业、撤销等，以及对注册会计师给予警告、暂停执业、吊销注册会计师证书和宣布为市场禁入者等。

（2）民事责任是指会计师事务所给他人造成经济损失的，应予以赔偿。

（3）刑事责任是指注册会计师由于违反国家的法律法规，情节严重，构成刑事犯罪行为而承担的法律后果。

延伸阅读

（一）

如果你既没有大专学历，而且本科也没有毕业，又没有会计师中级职称，则没有资格参加中国注册会计师全国统一考试。在取得专科或以上学历后，或者取得中级或以上职称后，你才可以参加考试。考试划分为专业阶段考试和综合阶段考试。考生在通过专业阶段考试的全部科目后，才能参加综合阶段考试。专业阶段考试设会计、审计、财务成本管理、公司战略与风险管理、经济法、税法 6 个科目；综合阶段考试设职业能力综合测试 1 个科目。考试为闭卷，采用计算机化考试方式或者纸笔考试方式。考试实行百分制，60 分为成绩合格分类线。专业阶段考试的单科考试合格成绩 5 年内有效。对在连续 5 个年度考试中取得专业阶段考试全部科目考试合格成绩的考生，财政部考委会颁发注册会计师全国统一考试专业阶段考试合格证书。对取得综合阶段考试科目考试合格成绩的考生，财政部考委会颁发注册会计师全国统一考试全科考试合格证书。根据《注册会计师法》的规定，参加注册会计师全国统一考试成绩合格，并从事审计业务工作 2 年以上的，可以向省、自治区、直辖市注册会计师协会申请注册。准予注册的申请人，由注册会计师协会发给国务院财政部门统一制定的注册会计师证书。

（二）

审计失败是因为没有遵守审计准则的要求而出具了错误的审计意见。没有遵守包括没有完全遵守以及完全没有遵守，“没有完全遵守”对应着普通过失，“完全没有遵守”对应着重大过失。如果报表存在重大错报，注册会计师没有遵守审计准则的要求而出具了错误的审计意见，这就构成了审计失败。审计失败是一种由于过失而导致的结果，如果是故意导致的，则属于欺诈。

理解这个问题应注意以下两点：

（1）未能正确遵循审计准则。审计失败的结果导致了错误的审计意见，而这一结果是因为审计人员未能正确遵循审计准则的具体要求而造成的。这就与审计风险划清了界限：如果审计人员严格地遵守了审计准则，但仍然出具了错误的审计意见，这种情况就属于审计风险的范畴。可见，审计失败与审计风险的重要界限在于审计人员是否在审计过程中正确遵守了审计准则。如果注册会计师严格地遵守了审计准则却依然出具了错误的审计意见，注册会计师不存在过失，也不算为审计失败。

（2）与被审计单位是否发生了经营失败无关。审计失败的产生并不取决于被审计单位是否发生了经营失败。被审计单位管理层负责企业的经营，是经营失败的第一责任人。无论被审计单位是否出现经营失败，审计人员的执业行为是否遵守审计准则和职业规范是判断审计失败的唯一标准。因此，被审计单位发生经营失败时，审计失败可能发生，也可能不发生。

（三）

刘宏伟新任鸿坤会计师事务所的总经理，他曾经做过营销工作，此番出任，踌躇满志。刘宏伟上任后，一改从前鸿坤创办人的稳健作风，以经营企业的策略和手段来经营会计师事务所，使事务所的业务快速扩展。

20×7 年，中国证券市场放松了上市公司的条件，使得证券市场异常活跃，有意申请股票上市的公司如雨后春笋。刘宏伟适时聘请了在证监会任要职的王先生做顾问，并大肆宣传。据说鸿坤会计师事务所在各地签约承接了约 80 家极富发展潜力并欲上市的大中型企业的审计业务。这些公司以前大都是中小型会计师事务所的客户。好不容易花了数年甚至 10 余年培养的客户，忽然被鸿坤会计师事务所抢走，那些中小型会计师事务所对此极其不满。于是指责鸿坤会计师事务所缺乏职业道德之声在业界此起彼伏。

会计师事务所属于服务行业，但是它与其他服务业又有很大的区别。注册会计师的审计行为具有服务双重性，既为企业提供公信力信誉服务，同时又为股东、债权人和公众进行提供真实、公允情况的服务。审计工作只有同时满足企业和公众的要求才有意义。其中“向公众提供真实、公允的情况”是会计师事务所的最终服务目标，因为只有事务所在相当长的时期内，向公众提供了真实、公允的情况而且被公众所知，它才能具有其本身作为企业所需要的公信力。如果单纯依据上面的理论进行分析，便存在这样的一个道理：如果 A 会计师事务所在相当长的时期内，向公众提供了真实、公允的情况而且有良好的公众声誉，那么我们就可以假定它一定为企业所知，这样 A 会计师事务所就不需要做广告。而如果 A 会计师事务所需要靠做夸张的广告才能被企业所知，那么它的公众声誉（即公众信任力）一定不会太高。因此，鸿坤会计师事务所不应该也不必要做广告。广告只能增加知名度，而知名度与公众信任力是两个不同的概念。

因此，经营会计师事务所不能同经营其他公司一样采用广告或其他促销方式来扩大业务量。《注册会计师法》第二十二条规定了注册会计师“不得对其能力进行广告宣传以招揽业务”。注册会计师职业道德规范规定，会计师事务所不得在电台、电视台、报纸、杂志等新闻媒介上直接或间接地做诋毁同业或自我夸张、内容虚假、容易引起误解的广告，也不得向客户或其他组织散发具有上述倾向的函件。但会计师事务所与注册会计师名称或姓名、地址、电话、业务范围、开业、迁址之类的公告不在此限。

但是如果从实务来看，情况又不同。首先，会计师事务所做广告的目的很可能不是获得公信力，而是向企业推销其拥有的某种特殊能力，如与政府官员的“关系”、低廉的价格、意见购买的可能性等。这些是明显违背职业道德的，当然不能这么做。其次，会计师事务所的公众信任力并不是来自“在相当长的时期内，向公众提供了真实、公允的情况”，而是来自其庞大的规模和雄厚的资本（赔付能力强）。最后，国际知名大型事务所（包括“四大”）不断地设法做广告是由于行业内部竞争的不断加剧，它们需要经常地显示自身的实力与活动以适应竞争需要。

招揽其他会计师事务所的长期客户不合乎会计师事务所的职业道德。注册会计师行业在客观上是一个竞争激烈的行业，注册会计师独立核算、自收自支，能否在竞争中得到较多的客户，关系到一家会计师事务所能否生存。但注册会计师行业又是一个极需同业之间相互尊重、团结合作的行业，同业之间能否保持一种良好关系，关系到整个业界能否在社会公众中保持良好的形象和声誉。注册会计师在执业过程中必须与同行保持良好的工作关系，不诋毁同行，不损害同行利益，不得以不正当的手段与同行争揽业务。

本案例中，鸿坤会计师事务所采用聘请证券监督管理委员会高级官员做顾问的手段，招揽许多想进入股票市场上市的企业，而这些企业大多数是其他会计师事务所的常年客户。这样显然损害了同行业的利益，而所使用的手段也是不正当的。从案例中我们可以看出，鸿坤会计师事务所之所以能招揽到大批客户，是因为它极有可能为客户提供上市便利的好处，这其中必然会有一些不符合法律规定的行为。也就是说，鸿坤会计师事务所不是以其优质的服务吸引客户，而是采取了具有内幕交易性质的非正当手段从同行那里抢客户，这也是对社会公众的不负责任。

第三章

审计程序与审计重要性

学习目标

1. 理解管理层认定、审计的总体目标和具体目标
2. 了解审计程序
3. 理解错报的含义和分类
4. 掌握两个层次的审计重要性水平
5. 掌握审计风险的组成要素及其相互关系
6. 理解审计风险与重要性水平之间的关系

导入案例

方平会计师事务所的注册会计师对广西华康股份有限公司审计后发表了无保留意见的审计报告。但是半年后，华康公司因无法按时偿还巨额债务而宣告破产。华康公司的股东与债权人状告为华康公司审计的方平会计师事务所。其诉讼理由是华康公司 2015 年财务报表中存在严重错误，而注册会计师发表了无保留意见，从而误导了报表使用人。会计师事务所提出了抗辩，认为审计中发现的被审计单位华康公司财务报表中存在的重大错报都已要求华康公司调整并且华康公司也接受了调整建议，未调整的错报是不重要的。法院经过审理最终认定“华康公司财务报表中存在将 2016 年的销售收入提前记入

2015 年的财务报表中，造成了 2015 年虚增收入 13 万元与高估资产 16 万元，以及漏记与少计负债 21 万元的错报。对于销售额近千万元、资产近千万元的华康公司来说，这些错报从金额来看并不重要，却导致华康公司的盈利能力保持持续增长的状态，偿债能力的指标恰巧达到了银行贷款门槛。因此，这些错报对于报表使用人来说是重大的，会误导报表使用人，会计师事务所理应承担赔偿责任。由此可知，注册会计师即使发表了无保留意见，被审计单位的财务报表不一定完全没有错报，而且错报是否重要的判断会影响注册会计师得出恰当的审计结论。

第一节　审计目标

3-1

审计目标是指在一定环境中，审计主体通过审计活动所期望达到的最终结果，是审计职能的最终实现。审计目标分为审计总体目标和审计具体目标两个层次。

一、管理层认定

管理层认定，是指被审计单位管理层对财务报表各组成要素的确认、计量、列报做出的明确或隐含的表达。当管理层声明财务报表已按照适用的财务报告编制基础进行编制，在所有重大方面做出公允反映时，就意味着管理层对财务报表各组成要素的确认、计量、列报以及相关的披露做出了认定。

举例　广西华康公司管理层提交的公司财务报表中列报应收账款共有 300 万元。对这一列报，管理层认定表现在几个方面：在资产负债表日，该公司存在 300 万元的应收账款，这些应收账款的所有权归该公司所有，即这些应收账款的债权人是华康公司，这些应收账款的金额是 300 万元，公司所有的应收账款就是这些，没有错记漏记，等等。

管理层对财务报表各组成要素均做出了认定，认定层次的构成分为三个类别：与各类交易和事项相关的认定、与期末账户余额相关的认定、与列报和披露相关的认定。

1. 与各类交易和事项相关的认定

注册会计师对各类交易和事项运用的认定通常包括：

（1）发生：记录的交易或事项已发生，且与被审计单位有关。

（2）完整性：所有应当记录的交易和事项均已记录。

（3）准确性：与交易和事项有关的金额及其他数据已恰当记录。

（4）截止：交易和事项已记录于正确的会计期间。

（5）分类：交易和事项已记录于恰当的账户。

举例 广西华康公司2016年利润表中列示主营业务收入为30 000 000元，则可认为华康公司对其主营业务收入有如下认定：

华康公司记录的2016年的主营业务收入的相关交易是真实发生的，没有虚构、多记主营业务收入；

华康公司2016年的主营业务收入已经全部记录，没有漏记；

华康公司2016年的主营业务收入金额是真实准确的，没有误报；

华康公司2016年的主营业务收入全部发生于2016年度，没有记录2015年发生的和2017年将要发生的；

华康公司2016年的主营业务收入相关的交易都已经记录在恰当的账户上，没有将其他账户的金额记到主营业务收入里，也没有将主营业务收入的金额记到其他账户上。

2．与期末账户余额相关的认定

注册会计师对期末账户余额运用的认定通常包括：

（1）存在：记录的资产、负债和所有者权益是存在的。

（2）权利和义务：记录的资产由被审计单位拥有或控制，记录的负债是被审计单位应当履行的偿还义务。

（3）完整性：所有应当记录的资产、负债和所有者权益均已记录。

（4）计价和分摊：资产、负债和所有者权益以恰当的金额包括在财务报表中，与之相关的计价或分摊调整已恰当记录。

举例 广西华康公司2016年资产负债表中列示固定资产为8 000 000元，则可认为华康公司对其固定资产有如下认定：

华康公司2016年资产负债表中的固定资产是真实存在的，没有虚构、多记固定资产；

华康公司2016年资产负债表中的固定资产都是由华康公司拥有或控制的，没有经营租入和借入的固定资产；

华康公司2016年所拥有或控制的固定资产全部记录在资产负债表中，没有漏记；

华康公司2016年资产负债表中的8 000 000元的固定资产金额是准确的，相关的累计折旧和固定资产减值准备已经正确计算并恰当记录于相关账户中。

3．与列报和披露相关的认定

注册会计师对列报和披露运用的认定通常包括：

（1）发生以及权利和义务：披露的交易、事项和其他情况已发生，且与被审计单位有关。

（2）完整性：所有应当包括在财务报表中的披露均已包括。

（3）分类和可理解性：财务信息已被恰当地列报和描述，且披露内容表述清楚。

（4）准确性和计价：财务信息和其他信息已公允披露，且金额恰当。

举例　广西华康公司2016年财务报表附注中，对存货作了如下说明：确定发出存货成本的方法，可变现价值的确定方法，存货跌价准备的计提方法；本期存货跌价准备计提的原因，用于担保的存货的账面价值；存货的具体构成情况。这表明华康公司对其存货进行了如下认定：

与存货相关的交易、事项和其他情况已经发生，且与华康公司有关；

资产负债表中的存货项目，在附注中已经全部作了说明；

与存货相关的全部信息已经进行了恰当的披露，且表述清楚；

与存货相关的财务信息和其他信息已经公允披露，且金额的确认是正确无误的。

二、审计总体目标

注册会计师最终责任是按照审计准则的要求对财务报表发表审计意见，这是注册会计师的审计责任，也是注册会计师要达到的审计目标。概括地说，审计的总体目标是注册会计师通过执行审计工作，对财务报表整体是否不存在由舞弊或错误导致的重大错报获取合理保证，使得注册会计师能够对财务报表是否在所有重大方面按照适用的财务报告编制基础编制发表审计意见，并且按照审计准则规定，根据审计结果对财务报表出具审计报告，并与管理层和治理层沟通。

对于注册会计师审计来说，审计总体目标是注册会计师通过执行审计工作，对财务报表的合法性和公允性发表审计意见。

合法性是指被审计单位的财务报表是否遵循适用的会计准则和相关会计制度的规定编制。公允性是指被审计单位的财务报表是否在所有重大方面公允反映其财务状况、经营成果和现金流量。

三、审计具体目标

审计具体目标与管理层认定密切相关，注册会计师的基本职责就是确定被审计单位管理层对其财务报表的认定是否恰当。

针对被审计单位对财务报表每一项目所表现出的各项认定，注册会计师相应地确定审计具体目标，然后通过执行一系列审计程序获取充分、适当的审计证据以实现审计目标，并以此作为评估重大错报风险以及设计和实施进一步审计程序的基础。

1．与各类交易和事项相关的审计目标

（1）发生：已记录的交易和事项是否真实发生，且与被审计单位有关。

（2）完整性：所有应当记录的交易和事项是否均已记录。

（3）准确性：与交易和事项有关的金额及其他数据是否已恰当记录。

（4）截止：交易和事项是否已记录于正确的会计期间。

（5）分类：交易和事项是否已记录于恰当的账户。

举例 方平会计师事务所对广西华康公司 2016 年财务报表进行审计过程中，注册会计师李某对营业收入项目审计时制定的具体审计目标为：确定利润表中记录的营业收入是否已经发生，且与华康公司有关；确定所有应当记录的营业收入是否均已记录；确定与营业收入有关的金额及其他数据是否已恰当记录，包括对销售退回、销售折扣与折让的处理是否适当；确定营业收入是否已记录于正确的会计期间；确定营业收入是否已按照《企业会计准则》的规定在财务报表中做出恰当的列报。

2．与期末账户余额相关的审计目标

（1）存在：记录的资产、负债和所有者权益是否存在。

（2）权利和义务：记录的资产是否由被审计单位拥有或控制，记录的负债是否为被审计单位应当履行的偿还义务。

（3）完整性：所有应当记录的资产、负债和所有者权益是否均已记录。

（4）计价和分摊：资产、负债和所有者权益是否以恰当的金额包括在财务报表中，与之相关的计价或分摊调整是否已恰当记录。

举例 方平会计师事务所对广西华康公司 2016 年财务报表进行审计过程中，注册会计师李某对应收账款项目审计时制定的具体审计目标为：确定资产负债表中记录的应收账款是否存在；所有应当记录的应收账款是否均已记录；记录的应收账款是否由华康公司拥有或控制；应收账款是否以恰当的金额包括在财务报表中，与之相关的坏账准备是否已恰当记录；应收账款是否已按照企业会计准则的规定在财务报表中做出恰当列报和披露。

3．与列报和披露相关的审计目标

（1）发生以及权利和义务：披露的交易、事项和其他情况是否已发生，且与被审计单位有关。

（2）完整性：所有应当包括在财务报表中的披露是否均已包括。

（3）分类和可理解性：财务信息是否已被恰当地列报和描述，且披露内容表述清楚。

（4）准确性和计价：财务信息和其他信息是否已公允披露，且金额恰当。

举例 方平会计师事务所对广西华康公司 2016 年财务报表进行审计过程中，注册会计师李某制定与固定资产项目的列报和披露有关的具体目标为：资产负债表所列示的固定资产是否属于华康公司；华康公司所拥有或控制的固定资产项目是否全部披露；与固定资产相关的财务信息是否已经被恰当列报和描述，且披露内容表述清楚；固定资产的净值、累计折旧的方法选择和金额计算是否已公允披露，且金额恰当。

第二节　审计程序

各项审计目标是在审计过程中通过制订计划、实施审计程序、收集证据、发表意见来得以实现的。审计程序是指从签订审计业务约定书后开始实施审计工作到结束的整个过程。一般来说，审计程序包括五个阶段：接受业务委托、计划审计工作、实施风险评估、实施进一步的审计程序、审计终结。

一、接受业务委托

会计师事务所应当按照执业准则的规定，谨慎决策是否接受或保持某客户关系和具体审计业务。会计师事务所通过初步调查，在接受被审计单位的委托前，应当初步了解被审计单位的基本情况，包括被审计单位行业状况、法律环境与监管环境以及其他外部因素；被审计单位的性质、会计政策的选择和运用；被审计单位的内部控制情况，以及业务约定事项和可能对审计业务产生重大影响的事项、交易、条件和惯例等其他事项。只有在了解后认为符合专业胜任能力、独立性和应有的关注等职业道德要求，并且拟承接的业务具备审计业务特征时，注册会计师才能决定是否接受审计委托。

二、计划审计工作

计划审计工作十分重要，对于任何一项审计业务，注册会计师在执行具体审计程序之前，都必须根据具体情况制订科学、合理的计划，使审计业务以有效的方式得到执行。一般来说，计划审计工作主要包括：在审计业务开始时开展初步业务活动，制定总体审计策略，制订具体审计计划等。计划审计工作不是审计业务的一个孤立阶段，而是一个持续的、不断修正的过程，贯穿于整个审计业务的始终。

三、实施风险评估

审计准则规定，注册会计师必须实施风险评估。进行风险评估的目的，一是发现重大错误、舞弊，所以要了解被审计单位的环境、业务流程等因素，分析被审计单位可能发生的错误或舞弊领域；二是提高审计效率，对高风险审计领域实施相应充分的审计程序，对低风险审计领域可以更加依赖审计抽样。一般来说，实施风险评估程序的主要工作包括：了解被审计单位及其环境；识别和评估财务报表层次以及各类交易、账户余额和披露认定层次的重大错报风险。

四、实施进一步的审计程序

注册会计师实施风险评估程序本身并不足以为发表审计意见提供充分、适当的审计证据，还应当实施进一步的审计程序，包括实施控制测试（必要时或决定测试时）和实质性程序。控制测试的主要目的在于提高审计效率，即对各业务过程的关键控制环节进行测试，以确定被审计单位的内部控制系统能够防止出现错误或舞弊从而影响财务报表的合法性和公允性的可靠程度。实质性程序是对具体的交易、余额和列报采取有效的方法获取充分、适当的证据的过程，无论被审计单位的内部控制系统多么有效，都必须实施实质性程序才能作为对财务报表发表意见的基础。

五、审计终结

审计终结阶段主要包括完成审计工作和出具审计报告。这一过程的主要工作有：整理、评价执行审计业务中收集到的审计证据；复核审计工作底稿；审计期后事项；汇总审计差异，并提请被审计单位调整或做出适当披露；形成审计意见，编制审计报告。在这一过程中，为了实现审计目标，注册会计师必须正确运用职业判断，综合所收集到的各种证据，并根据审计准则，形成适当的审计意见，最终出具审计报告。

第三节　错报

3-3

一、错报的含义和分类

1．错报的含义

错报，是指某一财务报表项目的金额、分类、列报或披露，与按照适用的财务报告编制基础应当列示的金额、分类、列报或披露之间存在的差异；或根据审计人员的判断，为使财务报表在所有重大方面实现公允反映，需要对金额、分类、列报或披露做出的必要调整。

2．错报的分类

错报可能是由于错误或舞弊导致的，根据错报产生的原因，错报可分为事实错报、判断错报和推断错报。

1）事实错报

事实错报是毋庸置疑的错报，是被审计单位对财务报表所反映事项做出的不正确陈述或列报。这类错报产生于被审计单位收集和处理数据的错误，对事实的忽略或误解，或故意舞弊行为。

举例　方平会计师事务所的注册会计师李某通过对广西华康公司的存货的审计，发现华康公司购入存货的实际价值为 80 000 元，但其存货账面记录金额为 70 000 元，因此可知华康公司的存货被低估了 10 000 元。这里被低估的 10 000 元，就是事实错报。

2）判断错报

判断错报是指由于审计人员认为被审计单位管理层对会计估计做出不合理的判断或不恰当地选择和运用会计政策而导致的差异。

举例　方平会计师事务所的注册会计师李某通过对广西华康公司的长期股权投资的审计，得知华康公司拥有阳光公司 35%的股权，华康公司采用成本法核算。李某认为华康公司对阳光公司的长期股权投资应该采用权益法核算。这种情况下，成本法和权益法对长期股权投资的账面价值确认的差异，以及成本法和权益法对长期股权投资的投资收益金额确认的差异，为判断错报。

3）推断错报

推断错报是指注册会计师根据样本中识别的错报来推断总体的错报，推断错报是一个具体金额。通常情况下，审计人员并不对所有的事项都做测试，而是选取一定样本进行测试，然后根据对样本中识别出的错报来推断总体的错报。推断错报通常包括通过测试样本估计出的总体的错报减去在测试中发现的已经识别的具体错报，以及通过分析程序推断出的估计错报。

举例　广西华康公司 2016 年应收账款年末余额 3 000 万元，方平会计师事务所的注册会计师李某抽查的样本中发现金额有 100 万元的高估，高估部分为账面金额的 10%，据此李某推断总体错报金额为 300 万元（3 000 × 10%）。因为其中 100 万为已识别的错报，则其余的 200 万元（300−100）为推断错报。

二、对错报的评价

评价审计过程中识别出的错报，主要是定性评估错报是否重大，具体从下面几个方面评价：

（1）错报对遵守监管要求的影响程度；

（2）错报涉及对某些信息的遗漏；

（3）错报对增加管理层薪酬的影响程度；

（4）错报掩盖收益的变化或其他趋势的程度；

（5）错报对涉及特定机构或人员的项目的相关程度；

（6）错报对用于评价被审计单位财务状况、经营成果或现金流量的有关比率的影响程度；

（7）错报对遵守债务合同或其他合同条款的影响程度；

（8）相对于注册会计师所了解的以前向财务报表使用者传达的信息，错报是重大的；

（9）错报与会计政策的不正确选择或运用相关，可能对未来期间财务报表产生重大影响；

（10）错报影响其他信息，并且可能影响财务报表使用者做出的经济决策；

（11）错报对财务报表中列报的分部信息的影响程度。

第四节　审计重要性

一、审计重要性的含义

审计的重要性是指被审计单位财务报表中错报或漏报的严重程度，这一程度在特定环境下可能影响财务报表使用者的判断或决策。理解审计重要性的含义，必须注意以下几点：

1．重要性的判断离不开特定的环境

对重要性的判断是根据具体环境做出的。在不同的环境下，被审计单位的规模、性质、报表使用者对信息的需求不尽相同，因此，注册会计师确定的重要性也不相同。例如，某一金额的错报对一个规模较小的被审计单位的财务报表来说可能是重要的，而对另一规模较大的被审计单位的财务报表来说可能是不重要的。

2．重要性概念必须从财务报表使用者的角度来考虑

财务报表是为满足报表使用者的信息需求而编制的，因此，审计人员必须站在报表使用者的角度，而不是站在审计人员或被审计单位管理层的角度来考虑重要性。

3．重要性概念是针对财务报表而言的

判断一项错报重要与否，应视其对财务报表使用者依据财务报表做出经济决策的影响程度而言，如果财务报表中的某些错报足以改变或影响财务报表使用者的相关决策，则该项错报就是重要的，否则就不重要。

二、审计重要性水平

一般来说，重要性水平是指用金额额度表示的会计信息错报与错弊的严重程度，该错报错弊未被揭露足以影响会计信息使用者的判断或者决策。重要性水平，可以理解为审计重要性的量化标准。在审计过程中，审计人员应当考虑两个层次的重要性水平，即财务报表整体的重要性和特定类别的各交易、账户或披露的重要性水平。

1. 财务报表整体的重要性水平

如果一项错报单独或连同其他错报可能影响财务报表使用者依据财务报表做出的经济决策，则该项错报是重大的。注册会计师在制定总体审计策略时应当确定财务报表整体的重要性，以便能够评价财务报表整体是否公允反映。

财务报表整体重要性水平是被审计单位总的可容忍错报，超过这一水平，审计人员不能发表无保留意见。

举例　审计人员初步判断被审计单位财务报表整体的重要性水平为200万元，经过审计，实际发生的错报为230万元，则审计人员不能发表无保留意见。

2. 各交易、账户或披露的重要性水平

各交易、账户或披露的重要性水平，它是财务报表每一项目的重要性水平，它的确定以审计人员对财务报表整体重要性水平的初步评估为基础。交易、账户或披露的重要性水平也称为“可容忍错报”，即使某一项错报超过重要性水平，只要各项目错报累计低于财务报表总体上重要性水平，仍可以发表无保留意见。

举例　审计人员初步判断被审计单位财务报表整体的重要性水平为200万元，其中货币资金重要性水平为20万元、应收账款重要性水平为80万元、存货重要性水平为70万元，固定资产重要性水平为30万元（假设只有上述几项）。如果货币资金实际错报为24万元，但这几项总体错报一共为160万元，小于财务报表整体的重要性水平，则审计人员可以发表无保留意见的审计报告。

三、重要性水平的确定

审计人员对重要性水平做出初步判断时，可综合考虑以下主要因素：

（1）以往的审计经验。如果对被审计单位以往审计时确定的重要性水平适当，则可作为本次审计时确定重要性水平的依据。

（2）被审计单位的经营规模及性质。不同规模、不同性质的企业，重要性水平的确定也不相同。

（3）内部控制的评估结果。被审计单位的内部控制情况不同，重要性水平的确定也不同，通常来说，内部控制健全的被审计单位，重要性水平可定得高一些。

1. 财务报表整体重要性水平的确定

在制定总体审计策略时，审计人员应当确定财务报表整体的重要性。在确定财务报表整体重要性水平时，审计人员通常先选定一个基准，再乘以某一百分比作为财务报表整体的重要性。选择适合具体情况的适当基准和百分比，是注册会计师运用职业判断的结果。

1）判断基础

判断基础是指审计人员在确定财务报表重要性水平时选定的基准，该基准取决于被审计单位的具体情况，包括各类报告收益（如税前利润、营业收入、毛利和费用总额），以及所有者权益或净资产。对于以营利为目的的实体，通常以经常性业务的税前利润作为基准。如果经常性业务的税前利润不稳定，选用其他标准可能更加合适，如毛利或营业收入。下表举例说明一些实务中较为常用的基准：

被审计单位的情况	可能选择的基准
1．企业的盈利水平保持稳定	经常性业务的税前利润
2．企业近年来经营状况大幅波动，盈利和亏损交替发生	过去 3～5 年经常性业务的税前利润/亏损绝对数的平均值
3．企业为新设企业，处于开办期，尚未开始经营，目前正在建造厂房及购买机器设备	总资产
4．企业处于新兴行业，目前侧重于抢占市场份额，扩大企业知名度和影响力	主营业务收入
5．为某开放式基金，致力于优化投资组合、提高基金净值、为基金持有人创造投资价值	净资产
6．为某国际企业集团设立在中国的研发中心，主要为集团下属各企业提供研发服务，并向相关企业收取成本	成本与营业费用总额
7．为公益性质的基金会	捐赠收入或捐赠支出总额

2）计算方法

财务报表整体重要性水平通常采用固定比率法进行计算。固定比率法，是在审计人员选定判断基础后，乘以一个固定百分比，计算出财务报表整体的重要性水平的方法。不同的判断基础，适用的百分比也不尽相同。下表是实务中的常用比率：

判断基础	适用百分比
净利润	5%（净利润较大时）～10%（净利润较小时）
资产总额	0.5%（资产总额较大时）～1%（资产总额较小时）
净资产	1%
营业收入	0.5%（营业收入较大时）～1%（营业收入较小时）

审计人员应当首先对每张财务报表确定一个重要性水平，如果同一期间各财务报表的重要性水平不同，审计人员应当取其最低者作为财务报表整体重要性水平。

举例 方平会计师事务所接受广西华康公司 2016 年度的财务报表审计委托，华康公司未审计的 2016 年度营业收入为 60 000 万元，资产总额为 130 000 万元。审计小组负责人拟根据营业收入的 1%和总资产的 0.5%确定财务报表层次的重要性水平。经过计算，利润表的重要性水平为 60 000 × 1%=600（万元），资产负债表的重要性水平为 130 000 × 0.5%=650（万元），两者相比，600 万元小于 650 万元，因此，财务报表整体的重要性水平确定为 600 万元。

2．各交易、账户或披露的重要性水平确定

对于各交易、账户或披露的重要性水平的确定，审计人员可以采用分配的方法或不分配的方法。分配的方法是将财务报表整体的重要性水平按一定方法分配至各账户或各类交易；不分配的方法是单独确定各账户或各类交易的重要性水平。

举例　审计人员初步确定财务报表整体的重要性水平为 220 万元。审计人员按分配的方法，确定各资产账户（假设只有货币资金、应收账款、存货和固定资产）的重要性水平，通过分析，认为货币资金的重要性水平为 10 万元，应收账款的重要性水平为 30 万元，存货的重要性水平为 75 万元，固定资产的重要性水平为 105 万元。（注意：按分配的方法，各交易、账户或披露的重要性水平合计数与财务报表整体的重要性水平是一致的，在此例中，即有 220=10+30+75+105）

举例　审计人员初步确定财务报表整体的重要性水平为 220 万元。如果审计人员按不分配的方法，确定各资产账户（假设只有货币资金、应收账款、存货和固定资产）的重要性水平，通过分析，认为货币资金的重要性水平为财务报表整体重要性水平的 10%，应收账款的重要性水平为财务报表整体重要性水平的 20%，存货的重要性水平为财务报表整体重要性水平的 40%，固定资产的重要性水平为财务报表整体重要性水平的 50%，则货币资产、应收账款、顾虑货和固定资产的重要性水平，分别为 22 万元、44 万元、88 万元和 110 万元。（注意：按不分配的方法，各交易、账户或披露的重要性水平的重要性水平合计数与财务报表整体的重要性水平没有关系，在此例中，可知 220≠22+44+88+110）

无论采用分配的方法还是不分配的方法，审计人员在确定各交易、账户或披露的重要性水平时，应考虑以下主要因素：

（1）各交易、账户或披露的性质及错报的可能性。

（2）各交易、账户或披露的重要性水平与财务报表层次重要性水平的关系。

需要注意的是，在实际工作中，预测哪些账户或交易可能发生错报或漏报比较困难，因此，重要性水平的确定是一个非常困难的专业判断过程。在审计过程中如修改审计计划，注册会计师应当重新考虑部分或全部账户及交易的重要性水平。

四、重要性的运用

1．重要性运用的一般原则

注册会计师对运用重要性原则的一般要求，可以从以下几个方面来理解：

1）在审计过程中，需要运用重要性原则的两种情形

一是在确定审计程序的性质、时间和范围时，此时重要性被看成所允许的可能或潜在的未发现错报的限度，即注册会计师在运用审计程序以检查财务报表的错报时所允许

的误差范围；二是在评价审计结果时，此时重要性被看成某一错报或漏报的汇总数是否会影响到财务报表使用者判断和决策的标准。

2）注册会计师在审计过程中需要合理运用重要性原则

合理运用重要性原则一方面可以提高审计效率，另一方面可以保证审计质量。如果不适当地降低重要性水平，就会增加审计成本，造成人力和时间上的浪费；如果盲目提高重要性水平，则会加大审计风险，提高做出错误的审计结论的可能性。

3）注册会计师对重要性的评估需要运用专业判断

注册会计师在对某一被审计单位进行审计时，必须根据客户面临的环境，并考虑其他因素，运用专业判断，合理确定重要性水平。

2. 金额和性质的考虑

重要性的判断受错报的金额或性质的影响，或受两者共同作用的影响。

错报金额的大小是判断重要性的一个重要因素，同样类型的错报或漏报，数额大的显然要比数额小的更严重。另外，在考虑金额大小的时候，还要注意多项小额错报的累计影响，单独一项错报看来并不重要，但如果多次出现，积少成多，就变得重要了。

注册会计师在运用重要性原则时，还应当考虑错报或漏报的性质。在某些情况下，某些金额的错报从金额上考虑并不重要，但从性质方面考虑，则可能是重要的。例如，涉及舞弊与违法行为的错报和漏报；可能引起履行合同义务的错报或漏报；影响收益趋势的错报或漏报；不期望出现的错报或漏报；等等。

举例 审计人员受委托对某公司会计报表进行审计时，初步判断的会计报表层次的重要性水平按资产总额的 1%计算为 140 万元，即资产账户可容忍的错误或漏报为 140 万元。并采用两种分配方案将这一重要性水平分给了各资产账户。某公司资产构成及重要性水平分配方案见下表：

重要性水平的分配 单位：万元

项　目	金　额	甲 方 案	乙 方 案
现金	700	7	2.8
应收账款	2 100	21	25.2
存货	4 200	42	70
固定资产	7 000	70	42
总计	14 000	140	140

要求：根据上述资料，说明哪一种方案较为合理，并简要说明理由。

分析 乙方案较为合理。因为现金账户属于重要的资产账户，其重要性水平应当从严制定；而应收账款和存货项目出现错报中漏报的可能性较大，为节约审计成本，其重要性水平可确定得高些；固定资产项目出现错报或漏报的可能性较小，可将其重要性水平确定得低些。因此乙方案较为合理。

第五节 审计风险

一、审计风险的概念及特征

审计风险是指会计报表存在重大错误或漏报，而注册会计师审计后发表不恰当审计意见的可能性。审计风险不仅包含财务报表本身所带来的风险，还包含审计人员发表错误审计意见可能带来的风险。

审计风险主要具有以下几个方面的特征：

1．客观性

在抽样审计下，根据样本审查结果来推断总体，总会产生一定程度的误差，即审计人员要承担一定程度的做出错误审计结论的风险。即使是详细审计，由于经济业务的复杂、管理人员道德品质等因素，仍存在审计结果与客观实际不一致的情况。因此，风险总是存在于审计活动过程中，人们只能认识和控制审计风险，尽量降低其发生的频率和减少损失的程度，而不可能完全消除风险。

2．普遍性

导致审计风险的因素有很多，它存在于审计过程的每一个环节，任何一个环节的审计失误，都会增加最终的审计风险，所以说，审计风险具有普遍性。

3．可控性

虽然审计风险无法完全消除，但是审计人员可以运用专业技能和经验，对审计风险进行恰当的预测和评估，并采取相应的审计程序和方法，使其得到有效的控制。

二、审计风险的要素

审计风险取决于重大错报风险和检查风险。因此，重大错报风险和检查风险是审计风险的构成要素。

1．重大错报风险

重大错报风险，是指财务报表在审计前存在重大错报的可能性。重大错报风险与被审计单位的风险相关，且独立于财务报表审计而存在。重大错报风险包括两个层次：财务报表层次的重大错报风险和认定层次的重大错报风险。

1）财务报表层次的重大错报风险

财务报表层次的重大错报风险与财务报表整体存在广泛联系，可能影响多项认定。财务报表层次的重大错报风险通常与控制环境有关，如管理层缺乏诚信、监督层不能对管理层进行有效监督等；但也可能与其他因素有关，如经济萧条、金融危机、企业所处行业处理衰退期等。

2）认定层次的重大错报风险

认定层次的重大错报风险包括传统的固有风险和控制风险。

固有风险是假设不存在相关的内部控制，某一认定发生重大错报的可能性。导致固有风险的因素有很多，主要有以下几个方面：被审计单位所处的外部环境和竞争能力；被审计单位经营管理人员的品行和能力；容易产生错误和舞弊的账户或交易；要利用专家工作结果予以佐证的重要交易或事项的复杂程度；等等。

控制风险是指某项认定发生了重大错报，而该错报没有被企业的内部控制及时防止、发现和纠正的可能性。控制风险取决于财务报表编制单位内部控制的设计和运行的有效性。因为内部控制的固有局限性，控制风险是不可避免的，控制风险的影响因素主要包括被审计单位内部控制制度的健全和有效性程度、管理人员的诚信度以及被审计单位的经济情况等。

因为固有风险和控制风险经常互相交织，有时很难单独进行评估，因此将两者合并称为“认定层次的重大错报风险”。

2．检查风险

审计检查风险是指注册会计师通过预定的审计程序未能发现被审计单位会计报表上存在的某项重大错报或漏报的可能性。换言之，审计人员在审计过程中采取任何审计方法，都不能发现被审计单位的错误和舞弊的可能性；以及审计人员在审计过程中出现了审计判断的失误，导致不能发现被审计单位的错误和舞弊的可能性，就是审计检查风险。

检查风险是不受固有风险和控制风险的影响而独立地存在于审计过程中的一种风险，它与审计人员工作的有效性直接相关，它是唯一能够通过注册会计师的主观努力而加以控制的风险。例如，使用更有效的审计程序可降低检查风险。

三、审计风险和各要素之间的关系

审计风险受重大错报风险和检查风险的共同影响，三者的关系如以下公式所示：

审计风险=重大错报风险×检查风险

从以上公式可以看出，重大错报风险与检查风险存在反向关系，当审计风险既定时，评估的重大错报风险越高，可接受的检查风险水平越低。

举例 假设针对某一认定，审计人员将可接受的审计风险水平设定为 6%，审计人员实施风险评估程序后，将该认定的重大错报风险评估为 30%，则根据上述公司，可接受的检查风险水平为 20%（6%/30%）。

四、注册会计师针对评估的财务报表层次重大错报风险确定的总体应对措施

（1）向项目组强调在收集和评价审计证据过程中保持职业怀疑态度的必要性；

（2）分派更有经验或具有特殊技能的注册会计师，或利用专家的工作；

（3）提供更多的督导；

（4）在选择进一步审计程序时，应当注意使某些程序不被管理层预见或事先了解；

（5）对拟实施审计程序的性质、时间和范围做出总体修改。

五、审计风险与审计重要性水平之间的关系

审计重要性水平与审计风险之间存在反向关系。重要性水平越高，审计风险越低；重要性水平越低，审计风险越高。这里所说的重要性水平高低指的是金额的大小，重要性水平高是指金额较大，重要性水平低是指金额较小。例如，5 000 元的重要性水平比 3 000 元的重要性水平高。

在理解两者之间的关系时，必须注意，重要性水平是审计人员从财务报表使用者的角度进行判断的结果。如果重要性水平是 5 000 元，则意味着低于 5 000 元的错报不会影响到财务报表使用者的决策，此时审计人员需要通过执行有关审计程序合理保证能发现高于 5 000 元的错报。如果重要性水平是 3 000 元，则金额在 3 000 元以上的错报就会影响财务报表使用者的决策，此时注册会计师需要通过执行有关审计程序合理保证能发现金额在 3 000 元以上的错报。显然，重要性水平为 3 000 元时审计不出这样的重大错报的可能性即审计风险，要比重要性水平为 5 000 元时的审计风险高。

值得注意的是，虽然重要性水平和审计风险存在上述反向关系，注册会计师不能为了降低审计风险，而不合理地人为调高重要性水平。因为重要性水平是依据相关判断标准确定的，而不是由审计人员主观期望的审计风险水平决定的。

延伸阅读

浙江杭萧钢构股份有限公司是一家主要经营钢结构工程、安装、地基与基础施工、专项工程设计的公司。2003 年 11 月 10 日在上海证券交易所 A 股上市。简称“杭萧钢构”，交易代码 600477。这一家公司在 2007 年突然成了轰动中国乃至世界投资界的焦点：由于杭萧钢构公司声称获得了安哥拉安居家园建设工程的 344 亿元的天价合同，而且这项合同的签订情况被提前泄露，杭萧钢构股票从 2 月 12 日起出现了十多个涨停板，而且

增幅惊人，杭萧钢构股票一夜成名。

有天价大单保驾，杭萧钢构不仅连拉十几个涨停板，而且还能在一度被证监会停牌后，依然牛气不减，继续保持高位。杭萧钢构事件反映了现今上市公司信息造假这一在当今全球证券市场上普遍存在的现象，尤其近年来，国内上市公司会计造假事件不断涌现，严重损害了广大投资者的合法权益，引起了社会各方面的关注。广大投资者在个人利益受到损害的同时，提出了一系列质疑：事发之前，那些被誉为维护市场经济秩序的“经济警察”，资本市场的“守门员”的注册会计师，怎么没有及时地发现问题，给投资者以风险警告？会计师事务所又要采取什么措施来降低审计风险？审计风险是指被审计单位的财政收支、财务收支存在重大错弊而审计人员没有发现，做出不恰当审计结论的可能性。加强审计风险管理，有效控制和规避审计风险，提高审计质量，塑造审计人员的公正社会形象，已成为每一个审计工作者的重要职责。

信息不对称是公司治理结构缺陷的表现，所有权与经营权的分离，必然导致上市公司投资者与管理层之间存在严重的信息不对称。由于会计信息供给和使用者双方对会计信息的掌握存在差异，形成会计信息的不对称性。信息生产者正是利用这种信息优势的不对称性，向外界披露对自己有用的信息使自己获利甚至进行舞弊和欺诈。此案中，由于杭萧钢构与广大投资者之间存在严重信息不对称，投资者对杭萧钢构披露的信息的真伪无从考证，只能盲从。尤其后期广大投资者及开始质疑杭萧钢构签订天价合同的真实性和可履行性，不排除公司内幕人员利用消息进行内幕交易及操纵市场的行为。这些因素，都因为投资者得不到与上市公司同等信息造成的。因而，信息不对称是会计造假的诱因之一，并可能带来不利选择和道德风险问题。

为规范企业对外投资的会计核算，财政部 1998 年 6 月 24 日正式对外公布《企业会计准则——投资》，于 1999 年 1 月 1 日起施行。2001 年 1 月 18 日，财政部对此准则进行了修订。后于 2006 年 2 月 15 日发布了第二次修订后的《企业会计准则第 2 号——长期股权投资》，使投资成本、投资收益的会计核算和信息披露更加严谨、规范。但是由于没有具体的价格敏感性信息披露指南，我国的价格敏感性披露制度没有可操作性，价格敏感性信息披露制度在我国没能完全发挥作用。杭萧钢构案例中，2007 年 2 月 12 日，公司高层泄露了股价敏感信息，但是公司并没有及时披露信息，而等到股价连拉三个涨停板后，才根据上市交易规定发布公告。根据发达国家的指南，杭萧钢构应该在 2 月 12 日就公布信息，而不是在两天以后。从杭萧钢构事件看，没有具体指引的价格敏感性制度其实并没有发挥应有的作用。上市公司正是利用这一点蒙蔽了广大投资者的眼睛，获得了巨大的利润。

加大宣传、教育力度，营造全社会诚信环境，在当今社会已刻不容缓。缺乏健康的社会诚信环境，频频发生上市公司为了牟取暴利，利用虚假消息欺骗广大投资者的行为，有些投资者甚至血本无归。另外，广大投资者的维权意识比较薄弱，大部分人还不知道可以通过起诉上市公司维护自己的合法权益。杭萧钢构事件中，年仅 24 岁的杭州人殷琴，由于杭萧钢构的信息披露虚假而造成自己投资亏损 1 万多元，企图通过法律途径向上市公司及相关高官提出赔偿。一纸诉状将杭萧钢构告上法庭，一夜之间成为股市的“名人”。这一举动，成为全国首例针对杭萧钢构发布虚假证券信息造成经济损失而要求赔偿的案例，此案因而成为凸显证券行业维权的一个法律争议的焦点。许多社会人士认为，无论结局如何，这次诉讼无疑是“一场股民的教育运动”，使会计诚信的概念深入人心。

由此可知，审计方法、审计人员的素质、客观经济活动的复杂性、法律法规的规范程度对审计风险的形成都有重大影响。

第四章

审计计划与审计方法

学习目标

1. 掌握审计计划的内容
2. 了解审计计划的编制与审核
3. 理解审计计划的修正与记录
4. 掌握审计方法
5. 了解抽样技术在审计中的应用

导入案例

广夏（银川）实业股份有限公司（以下简称广夏公司）1998—2001 年间，采取虚构进货单位、虚构材料采购、虚构销售收入等方法，导致虚增利润达 77 156.70 万元人民币。然而广夏公司的财务报表经深圳中天勤会计师事务所审计后，均被认可，即中天勤会计师事务所认为广夏公司的财务报表没有问题。原来，中天勤会计师事务所在审计广夏公司的财务报表时，注册会计师严重违反了审计准则的规定，在审计方法上存在严重缺陷。例如在实施函证程序时，对函证对象的选择、询证函的编制和寄发以及回函未保持应有的控制。注册会计师在函证时，竟然委托被审计单位代替注册会计师发函和收函，致使被审计单位伪造函证结果。可见，审计方法的恰当与否，在很大程度上决定了审计的效果。

第一节　审计计划

审计计划是指审计人员为完成各项审计业务，达到预期的审计目标，在执行审计程序之前编制的工作计划。审计计划是对审计工作的一种预先规划，在执行审计过程中，可能情况会发生变化，因此对审计计划的补充和修订会贯穿于整个审计工作过程。

一、审计计划的内容

审计人员在整个审计过程中，应当按照审计计划执行审计业务。审计计划包括总体审计策略和具体审计计划两个层次。

1．总体审计策略

总体审计策略主要用以确定审计范围、时间和方向；明确审计业务的报告目标、时间安排和所需要的沟通；确定审计方向以及审计资源的规划和调配，并指导制订具体审计计划。总体审计策略的基本内容一般包括：

（1）确定审计业务的特征，包括被审计单位采用的会计准则和相关会计制度、特定行业的报告要求以及被审计单位组成部分的分布等，以界定审计范围。

（2）明确审计业务的报告目标，主要说明所接受的是由董事会委托的例行年度财务报表审计，还是为拟上市公司首次发行股票审计，或者是其他的专项审计。

（3）重要会计问题及重点审计领域，主要根据被审计单位业务的复杂程序和账户的重要性、对重大错报风险的评价和审计人员以往的审计经验来决定。

（4）审计小组组成及人员分工，主要指在审计小组人员的选派上要充分考虑其数量、经历、经验、合理分工搭配。向高风险领域分派有适当经验的项目组成员，向具体审计领域分配资源的数量，例如安排到重要存货存放地观察存货盘点的项目组成员的数量，以及在一定情况下，利用专家、内部审计人员及其他审计人员工作。

（5）审计工作进度及时间、费用预算，主要指对审计工作中何时开始实施审计，检查各个账户所需要的时间、财务报表截止日前后所要完成的工作、有时间限制的审计程序（如盘点）什么时候执行、现场工作结束日及报告签发日的规划和说明。

（6）审计重要性的确定及审计风险的评估。

（7）其他有关内容。

总体审计策略的详略程度应随被审计单位的规模及该项审计业务的复杂程度的不同而进行调整。如果被审计单位规模小，或者审计业务的内容比较简单，则总体审计策略的制定可以相对简单。总体审计策略制定后，注册会计师还可以根据实施风险评估程序的结果对上述内容予以调整。

总体审计策略记录模式范例如下。

总体审计策略记录模式范例

客户名称	广西华康股份有限公司	财务报表期间	2016 年度	工作底稿索引号	BE

编制人及复核人员签字：

编制人：刘林	日期：2016 年 12 月 31 日
复核人：王佳	日期：2016 年 12 月 31 日

目　　录

1．审计工作范围

适用的财务报告准则	《企业会计准则》
适用的审计准则	《中国注册会计师审计准则》
与财务报告相关的行业特别规定	《上市公司信息披露管理办法》
需要阅读的含有已审计财务报表的文件中的其他信息	《上市公司年报》
制定审计策略需考虑的其他事项	1．内部审计工作具有较高的可信赖性 2．使用用友有限公司开发的有关审计软件，精通财务会计实务中有关财务会计软件 3．华康公司计划于 2016 年 12 月 31 日进行存货盘点，方平会计师事务所计划同时进行存货监盘

2．重要性

重要性	确定性
按照《中国注册会计师审计准则第 1221 号——重要性》确定	财务报表 净利润的 5%，或总收入的 0.5%，或总资产的 0.2%。 各类交易、账户余额、列报： 货币资金：600 元 存货：5 000 元 应收账款：3 000 元 固定资产：4 000 元 长期股权投资：900 元 应付职工薪酬：500 元 应付股利：900 元 所有者权益：1 400 元

3. 报告目标、时间安排及所需沟通

计划的报告报送及审计工作时间安排如下：

对外报告时间安排

对外报告	时间
提交财务报告	2017 年 3 月 20 日

执行审计时间安排

执行审计	时间
期中审计，包括：	
——制定总体审计策略及具体审计计划	审计约定书签署日即开始，直至审计工作结束
——与治理层和管理层沟通	在审计过程中，计划就审计工作的性质、范围与时间等情况与治理层和管理层举行两次专门会议，具体时间和内容待制定具体审计计划时确定
——出具与治理层等沟通函	出具时间为 2017 年 3 月 5 日
——项目预备会议	于 2017 年 1 月 10 日召开
——与专家或有关人士和其他注册会计师沟通	在审计过程中，根据工作需要，项目组中方平会计师事务所成员随时进行沟通
——与前任注册会计师进行沟通	计划于 2017 年 1 月 12 日和 3 月 10 日
期末审计，包括：	
——监盘	2016 年 12 月 31 日
——提交审计报告	2017 年 2 月 26 日
——审计总结会议	2017 年 3 月 19 日

4. 人员安排

职位	姓名	主要责任
项目负责人	王佳	负责项目的全面工作
项目经理	刘林	负责项目的日常管理和内部协调
注册会计师	张玉、王冰	负责审计的具体实施工作
会计师	刘天、李盈、何志	协助注册会计师完成审计取证工作
审计助理人员	孙一、赵红、杨胜	协助注册会计师完成审计取证工作

5. 对专业或有关人士工作的利用（如适用）

对内部审计工作的利用

主要会计科目	拟利用的内部审计工作
存货	内部审计部门对各仓库的存货每半年至少盘点一次，在期中审计时，项目组已经对内部审计部门盘点步骤进行观察，其结果满意，因此项目组将审阅其年底的盘点结果，并缩小存货监盘的范围
生产成本 制造费用	内部审计部门对公司财务报表进行的年度审计，其中成本与费用审计部分的审计程序与方法较为科学、合理与合规，所作的审计工作底稿较完整与健全，结论有一定的可信度，注册会计师可利用之

对专家工作的利用

主要会计科目	专家名称	主要职责及工作范围	利用专家工作的原因
在建工程	中建咨询公司技术专家李彬鹏工程师	测定在建工程的发生额	由于所涉及工程进行标准的技术限制，需由专门技术人员测定其发生额

2．具体审计计划

具体审计计划比总体审计策略更加详细，是依据总体审计策略制定的，对实施总体审计策略所需要的审计程序和性质、时间和范围所作的详细规划与说明。具体审计计划一般包括下列内容：

（1）按照《中国注册会计师审计准则第 1211 号——通过了解被审计单位及其环境识别和评估重大错报风险》的规定，为了足够识别和评估财务报表重大错报风险，注册会计师计划实施的风险评估程序的性质、时间和范围；

（2）按照《中国注册会计师审计准则第 1231 号——针对评估的重大错报风险采取的应对措施》的规定，针对评估的认定层次的重大错报风险，注册会计师计划实施的进一步审计程序的性质、时间和范围；

（3）根据中国注册会计师审计准则的规定，注册会计师针对审计业务需要实施的其他审计程序。其他审计程序是指上述进一步程序的计划中没有涵盖的、根据其他审计准则的要求注册会计师应当执行的既定程序。

具体审计计划中应列明审计目标、审计步骤、执行人及执行时间、审计工作底稿的索引号及其他有关内容，其繁简程度取决于被审计单位的经营规模和预定审计工作的复杂程度。

具体审计计划范例如下。

具体审计计划范例

——方平会计师事务所有限公司具体审计计划

被审计单位名称：

委托审计期间：

项目负责人：　　　日期：

部门经理：　　　日期：

主任会计师：　　　日期：

目录：

一、风险评估程序

（一）一般风险评估程序

（二）针对特定项目的程序

（三）评估结论

二、了解被审计单位及其环境（不包括内部控制）

（一）行业状况、法律环境与监管环境以及其他外部因素

（二）被审计单位的性质

（三）会计政策的选用

（四）目标、战略及相关经营风险

（五）财务业绩的衡量和评价

三、了解内部控制

（一）控制环境

（二）被审计单位的风险评估过程

（三）信息系统与沟通

（四）控制活动

（五）对控制的监督

四、对风险评估及审计计划的讨论

五、评估的重大错报风险

（一）评估的财务报表层次的重大错报风险

（二）评估的认定层次的重大错报风险

六、计划的进一步审计程序

（一）重要账户或列报的计划总体方案

（二）计算机辅助审计技术的应用

一、风险评估程序

（一）一般风险评估程序

实施的评估程序	执行人及日期	工作底稿索引
1．询问程序		
2．观察和检查程序		
……		

1．询问程序

被询问人	职务	询问内容	执行人及日期	工作底稿索引

2．观察和检查程序

观察对象	观察地点或方式	执行人及日期	工作底稿索引

（二）针对特定项目的程序

（三）评估结论

未见重大风险

二、了解被审计单位及其环境（不包括内部控制）

（一）行业状况、法律环境与监管环境以及其他外部因素

了解内容	执行人及日期	工作底稿索引
1．行业状况		
2．法律环境		
……		

（二）被审计单位的性质

了解内容	执行人
1．所有权结构	
2．治理结构	
……	

……

三、了解内部控制

了解内容	执行人及日期	工作底稿索引
1．控制环境		
2．企业的风险评估过程		
……		

……

二、审计计划的编制

审计计划通常由审计项目负责人在审计工作开始时起草，项目组其他关键成员也要参与审计计划的编制工作。审计计划应形成书面文件，并最终形成审计工作底稿的一部

分。审计计划的文件形式多种多样，主要有表格式、问卷式和文字叙述式三种主要形式。无论采用哪种形式，均不能生搬硬套，因为不同的被审计单位，具体情况和审计目标不同，因此，计划文件的格式和内容需要根据实际情况酌情调整。

在编制总体审计策略时，至少需要考虑以下几方面情况：

（1）编制拟审计的财务信息所依据的财务报告编制基础。

（2）特定行业的报告要求，如某些行业监管机构要求提交的报告。

（3）预期审计工作涵盖的范围，包括应涵盖的组成部分的数量及所在地点。

（4）拟审计的经营分部的性质，包括是否需要具备专门知识。

（5）内部审计工作的可获得性及注册会计师拟信赖内部审计工作的程度。

（6）信息技术对审计程序的影响，包括数据的可获得性和对使用计算机辅助审计技术的预期。

（7）与被审计单位人员的时间协调和相关数据的可获得性。

（8）除为合并目的执行的审计工作外，对个别财务报表进行法定审计的需求。

（9）对利用在以前审计工作中获取的审计证据（如获取的与风险评估程序和控制测试相关的审计证据）的预期。

在编制总体审计策略中，时间预算是一个十分重要的内容。时间预算是指对执行审计程序的每一步骤需要的人员和工作时间所做的计划。当然，在执行审计业务过程中，如果出现新问题或审计环境发生变化，应对时间预算进行调整。如果时间预算与实际耗用时间存在较大差异，审计人员应说明差异的原因。时间预算表示例如下表所示。

时间预算表

单位：小时

耗用时间 审计项目	上年实际耗用时间	本年预算	本年实际				本年实际与预算差异	差异说明
			总时数	其中：刘某	王某	张某		
现金	10	8	7	7			−1	
应收账款	40	35	35	10	25		0	
存货	50	40	42	12	10	20	+2	
固定资产	20	15	15		5	10	0	
……	…	……	……	……	……	……	……	
总计								

因为具体审计计划是对审计程序进行的详细规划与说明，所以在实际工作中，通常以编制“审计程序表”的方式体现。审计程序表示例如下表所示。

审计程序表

广西华康股份有限公司　　　　总页次______索引号______

2016 年 12 月 31 日　　　　编制人______日期______

××账户　　　　复核人______日期______

步骤	审计程序	执行人	日期	工作底稿索引
1				
2				
…				

虽然编制总体审计策略的过程通常在具体审计计划之前，但是两项活动并不是孤立的、不连续的过程，而是内在紧密联系的，对其中一项的决定可能会影响甚至改变对另一项的决定。在实务中，审计人员将制定总体审计策略和具体审计计划相结合进行，可能会使计划审计工作更有效。

三、审计计划的审核

按照审计准则规定，编制完成的审计计划最终需经会计师事务所的有关业务负责人审核和批准。重大审计项目的审计计划，应经主任会计师审核和批准，甚至需经事务所最高决策层集体讨论决定。对在审核中发现的问题，应及时进行相应的修改、补充、完善。对审计计划的审核和批准意见应记录于审计工作底稿。

在审核总体审计策略时，应注意审核以下事项：审计目标、审计范围及重点领域的确定是否恰当；时间预算是否合理；审计项目组成员的选派与分工是否恰当；对被审计单位的内部控制制度的信赖程度是否恰当；对审计重要性的确定及审计风险的评估是否恰当；对专家、内部审计人员及其他审计人员工作的利用是否恰当。

在审核具体审计计划时，应注意审核以下事项：审计程序能否达到审计目标；审计程序是否适合各审计项目的具体情况；重点审计领域中各审计项目的审计程序是否恰当；重点审计程序的制定是否恰当。

举例　方平会计师事务所接受委托审计广西华康集团 2016 年度财务报表业务。华康集团由 1 家母公司、4 家子公司、3 家采用权益法核算的合营企业，以及其他投资实体 15 家构成。方平会计师事务所委派注册会计师刘某担任集团项目合伙人。集团项目根据所了解到的具体情况，拟订了审计计划，部分内容如下：

（1）在确定组成部分时，应当根据企业会计准则，以合并财务报表的合并范围以及控制为基础加以确定，将华康集团中 1 家母公司和 4 家子公司作为集团财务报表的组成部分。

（2）集团项目在确定重要组成部分时，确定存在下列特征之一的组成部分，即重要组成部分：单个组成部分对集团具有财务重大性；单个组成部分虽然不具有财务重大性，但仍可能存在导致集团财务报表发生重大错报的风险。

（3）为保证审计质量，集团项目组在与组成部分的注册会计师沟通中明确各自的责任：组成部分的注册会计师对组成部分所有发现的问题、得出的结论以及形成的意见负责，集团项目合伙人及其所在会计师事务所对集团审计意见负责，如果组成部分的注册会计师没有发现组成部分存在的重大错报，由此导致的审计风险集团项目组免责。

（4）基于集团审计的目的，只有计划要求由组成部分的注册会计师执行组成部分财务信息的相关工作时，集团项目组才需要了解组成部分的注册会计师，如果集团项目组仅在集团层到对某些组成部分实施分析程序，就无须了解这些组成部分的注册会计师。

（5）在制定集团总体审计策略时，集团项目组确定集团财务报表整体的重要性水平，并按照比例分配的方式，确定各组成部分的重要性水平，对于各组成部分的重要性的汇总数不能高于集团财务报表整体的重要性水平。

（6）集团项目组在针对评估的财务报表重大错报风险设计和实施进一步审计程序时，决定对所有重要组成部分进行审计，对于不重要的组成部分在集团层面实施分析程序，如果已经执行的工作不能获取充分、适当的审计证据时，再追加某些重要的组成部分进行审计。

针对上述（1）～（6）项，分别指出集团项目审计组在所拟订的审计计划中是否存在不当之处，并简要说明理由。

分析

（1）存在不当之处。集团财务报表与合并财务报表的范畴不同，集团结构决定了其组成部分，根据华康集团的组织结构规定，其母公司、子公司、合营企业以及按照权益法或成本法核算的其他投资实体均应被视为组成部分。

（2）存在不当之处。（2）中应将虽然不具有财务重大性，但仍可能存在导致集团财务报表发生重大错报的特别风险视为重要组成部分，这里的风险应是特别风险。

（3）存在不当之处。《中国注册会计师审计准则》规定，集团项目组对整个集团财务报表审计工作及审计意见负全部责任，这一责任不因利用组成部分注册会计师的工作而减轻，所以，尽管组成部分的注册会计师对组成部分所有发现的问题、得出的结论以及形成的意见负责，但集团项目合伙人及其所在会计师事务所仍应对集团审计意见负全部责任。

（4）正确。

（5）存在不当之处。组成部分的重要性水平必须低于集团财务报表整体的重要性水平，但在确定组成各组成部分的重要性水平时，无须采用将集团财务报表整体按比例分配的方式，因为对于不同组成部分确定的重要性水平的汇总数，有可能高于集团财务报表整体的重要性水平。

（6）存在不当之处。如果集团项目组已经执行的工作不能获取充分、适当的审计证据，应当选择某些不重要的组成部分执行一项或多项审计程序，因为此时对于重要组成部分已经实施了全面审计。

四、审计计划的修正与记录

1．审计计划的修正

计划审计工作是一个持续的、不断修正的过程，贯穿于整个审计业务的始终。由于未预期事项、条件的变化或在实施审计程序中获取的审计证据等原因，注册会计师经常需要在审计过程中对总体审计策略和具体审计计划做出必要的更新和修改。一般来说，重大的总体审计策略的更新和修改要报经事务所主要负责人审查批准；具体审计计划的更新和修改则授权该市审计项目的负责人进行决策。审计人员应根据更新和修改后的总体审计策略和具体审计计划，相应调整实施审计工作。

2．审计计划的记录

注册会计师应当记录审计计划，既包括总体审计策略和具体审计计划，也包括在审计工作过程中做出的任何重大更改。对总体审计策略的记录，应当包括为恰当计划审计工作和向项目组传达重大事项而做出的关键决策；对具体审计计划的记录，应当能够反映计划实施的风险评估程序的性质、时间和范围，以及针对评估的重大错报风险计划实施的进一步审计程序的性质、时间和范围。审计人员应当记录对总体审计策略和具体审计计划做出的重大更改及其理由，以及对导致此类更改的事项、条件或审计程序结果采取的应对措施。无论采用何种方法，审计人员均要注意对计划更改的记录应当符合准则的要求。

举例 方平会计师事务所几年来一直承接对广西华康公司的审计工作。由于华康公司各方面的情况都令人满意，且财务报表向来合法、公允，因此方平会计师事务所从未对华康公司出具过非标准审计报告。2017年，方平会计师事务派一位新招聘的注册会计师张某负责这项审计工作。主任会计师告诉张某2017年的时间预算应当与以前年度保持一致。审计期间，张某对以下事项向会计师事务所进行了报告：该公司最近对其存货系统实行电算化改造；总会计师此间辞职；控制测试发现许多错误。尽管如此，原定的时间预算并未做修改。为了在预算的时间内完成审计任务，张某负责的审计小组并未对电算化系统进行测试。最终出具了标准审计报告。但几个月后，华康公司陷入严重的财务困境，调查表明，由于计算机系统错误的存货定价，未考虑存货的过期贬值，由此导致了对存货价值的高估。新任总会计师伪造发票，以维持销售收入水平与以前年度相当，由此高估收入和债权。此外，负责存货审计的助理人员是一名刚毕业的学生，只测试了很少的存货样本。这些样本中存在的存货计价错误被认为不重要，因此没有追加进一步的审计程序。这些情况导致了此次审计失败。可见，在实施审计程序之前做充分的审计计划，在实施审计过程中不断修正审计计划，对于审计成败是十分重要的。

第二节 审计方法

审计方法是指审计人员为了行使审计职能、完成审计任务、达到审计目标所采取的各种专业手段和技术的总称。

科学、合理地选用审计方法，对做好审计工作，提高审计工作质量具有重要意义。审计方法通常包括审查书面资料的方法和证实客观事物的方法两大类。

一、审查书面资料的方法

审查书面资料的方法是最基本的方法，这类方法审查的对象主要是会计凭证、会计账簿和财务报表。

审查书面资料的方法，可以按技术、顺序、数量等不同的标准进行分类。

1．按审查书面资料的技术分类

按审查书面资料的技术可分为审阅法、核对法、询证法、比较法和分析法。

1）审阅法

审阅法是指对凭证、账簿和报表，以及经营决策、计划、预算、合同等文件和资料的内容详细阅读和审查，以检查经济业务是否合法规，经济资料是否真实正确，是否符合会计准则的要求的一种审计方法。审阅法主要是查验证、账、表等会计资料。

在审阅原始凭证、记账凭证时，既要从形式和技术上审查，也要从内容上审查。从形式上审查主要是审查凭证是否完整正确，如日期、摘要、金额、大小写、签章等的填写是否齐全，有无涂改；从技术上审查主要是审查经济业务是否符合有关手续，有无违反财经纪律、财会制度规定，甚至从事非法经营活动的事实等。

在审阅账簿时，主要是审阅明细记录的内容是否真实、正确，其账户对应关系是否正常合理；有无错误或舞弊。

在审阅财务报表时，主要是审阅报表项目是否按会计准则规定编制；对应关系是否正确，双方合计数是否相符；核对各报表之间有关项目的勾稽关系及数据；审阅各项目是否合理、合规、合法。

2）核对法

核对法是指将会计记录及其相关资料中两处以上的同一数值或相关数据相互对照，用以验明内容是否一致，计算是否正确的一种审计方法。核对法的目的是查明证、账、表之间是否相符，证实被审单位财务状况和财务成果的真实、正确、合法。一般要在下列资料间核对：

（1）原始凭证与记账凭证，核对内容是记账凭证所附或有关的原始凭证数量是否齐全，日期、业务、内容、金额同记账凭证上的会计科目及金额是否相符，原始凭证之间、记账凭证之间内容上是否一致。

（2）凭证与账簿，主要核对凭证的日期、会计科目、明细科目、金额同账簿记录内容是否一致。

（3）明细分类账与总分类账，主要核对期初余额、本期发生额和期末余额是否相符。

（4）账簿与报表，主要核对账户记录同有关报表项目是否相符。

（5）报表与报表，主要核对报表是否按制度规定要求编制，报表之间的相应关系是否正确。

举例 方平会计师事务所在对广西华康公司进行审计时，注册会计师刘某发现有一张销售发票上的价款金额有涂改痕迹（此审计行为运用审阅法），相应的记账凭证和会计账簿的数据，均与销售发票涂改后的价款金额一致。审计人员调取了该笔销售的销售合同，发现销售合同约定的销售价款与销售发票涂改后的金额不一致。（上述审计行为运用核对法）

3）询证法

询证法是指审计人员对审计过程中所发现的疑点和问题，通过向被审计单位内外有关人员调查和询问，弄清事实真相并取得审计证据的一种审计方法。

举例 方平会计师事务所在对广西华康公司进行审计时，注册会计师王某发现对阳光公司的应收账款期末余额为零，而根据账面记录反映，阳光公司是华康公司的长期客户，交易频繁，每笔交易额也不低，王某觉得华康公司对阳光公司设置的应收账款明细账期末余额为零有些令人怀疑。因此王某编制询证函，将审计期内华康公司与阳光公司的所有往来款项的金额进行列示，将询证函送至阳光公司，阳光公司将询证函上列示的金额与其账簿的记录进行核对后回函，王某据此回函以验证华康公司对阳光公司设置的应收账款明细账的记录的真实性和完整性。

4）比较法

比较法是指通过相同被审项目的实际与计划、本期与前期、本企业与同类企业的数额进行对比分析，检查有无异常情况和可疑问题，以便跟踪追查提供线索，取得审计证据的一种审计方法。

5）分析法

分析法是指通过对会计资料的有关指标的逻辑推理、分解和综合，以提示其本质和了解其构成要素的相关关系的一种审计方法。

举例 方平会计师事务所在对广西华康公司进行2016年度财务报表审计时，注册会计师孙某发现2016年度华康公司A产品主营业务收入发生额为40 000万元，主营业务成本发生额为37 000万元；而2015年度华康公司A产品主营业务收入发生额为39 000万元，主营业务成本发生额为38 000万元。孙某通过了解，已知华康公司的生产能力近三年都未调整；经过对比，发现A产品主营业务收入2016年度比2015年度有所提高，但主营业务成本却有所下降。孙某觉得这些情况有些可疑，于是开展了进一步的审计程序。（上述审计行为，孙某运用了比较法和分析法）。

2. 按审查书面资料的顺序分类

按审查书面资料的顺序可分为顺查法和逆查法。

1）顺查法

顺查法是指按照会计核算程序的先后顺序，依次审核和分析凭证、账簿和报表的一种审计方法。

具体做法是：首先审查原始凭证及记账凭证，然后进一步结合凭证审查账簿，最后根据账簿审阅会计报表。

顺查法的主要优点是简便易行，审计结果较为可靠；主要缺点是费时费力，审查无重点方向，因此一般适用于对规模较小、业务不多的单位审计。

举例　方平会计师事务所在对广西华康公司进行审计时，注册会计师王某想要了解华康公司是否有漏记或错记的主营业务收入，采用了顺查法，先审阅销售发票、发货单等原始凭证，然后核对相应的记账凭证，根据记账凭证核对主营业务收入的明细账和总账，根据总账的金额核对利润表，在此过程中，看是否存在有销售发票、发货单等原始凭证，而没有记账凭证的情况，是否存在有原始凭证、记账凭证，而没有相应的账簿记录的情况，以及是否存在账簿记录并没有全部反映在利润表中的情况。同时也要检查金额的记账期间是否一致。

2）逆查法

逆查法是指按照会计核算程序的相反次序，先审查会计报表，从中发现错弊和问题，然后有针对性地依次审查和分析报表、账簿和凭证的一种审计方法。这种方法的主要优点是审查的重点和目的比较明确，审计功效较高；不足之处是可能遗漏或疏忽某些更重要的问题，难以揭露错弊。而且逆查法难度较大，对审计人员业务素质要求较高。

举例　方平会计师事务所在对广西华康公司进行审计时，注册会计师李某发现华康公司的资产负债表中应收账款数据明显偏高，与其销售业务量不相符，因此，李某采用逆查法，根据报表记录，审查应付账款总账和明细账，看是否有重复记录或异常记录，再根据账簿记录，审查相应的记账凭证和原始凭证，看是否有虚构销售行为，例如账簿有销售记录，却没有相应的凭证。

在实质审计工作中，不能机械地只运用顺查法或只运用逆查法，而应将二者有机地结合起来，顺查法与逆查法相互结合、相互渗透。在灵活运用过程中，既尽快抓住会计错弊存在的重点环节，又及时、准确地捕捉住会计错弊的疑点或线索。

3．按审查书面资料所涉及的数量分类

按审查书面资料所涉及的数量可分为详查法和抽查法。

1）详查法

详查法是指对被计审单位的被审计期内的全部证、账、表或某一重要（或可疑）项目所包括的全部账项进行全面、详细的审查的一种审计方法。

2）抽查法

抽查法是指从被审计单位的被审计对象中抽取其中一部分进行审查；根据审查结果，借以推断审计对象总体有无错误和弊端的一种审计方法。

举例 方平会计师事务所承接广西华康公司2016年的财务报表审计，审计小组负责人注册会计师赵某了解到华康公司规模较大，如果采用详查法，工作量巨大，审计效率低，而且考虑到华康公司会计核算健全，因此赵某带领审计小组对华康公司的年度审计采用抽查法，从华康公司2016年会计资料中选取具有代表性的样本，根据对所选取的样本审查结果，来推断华康公司2016年会计报表整体的合法性和公允性。

二、证实客观事物的方法

除了收集书面资料方面的信息，审计工作还必须取得实物存在方面的资料，即证明和落实客观事物的形态、性质、存在地点、数量、价值等，以审核是否与相关账目相符，有无错误和弊端。这类方法被称为证实客观事物的方法，主要有包括盘点法、调节法、观察法和鉴定法。

1．盘点法

盘点法是指审计人员通过对各项财产物资的实地盘存，检查实物的数量、品种、规格、金额等实际情况，借以确证经济资料和经济活动是否真实正确，经济资料与实物是否一致的一种审计方法。

盘点法分为直接盘点法和监督盘点法两种。直接盘点法是由审计人员亲自到场盘点，为了明确责任，审计人员一般不采用这种方法。监督盘点法是审计人员亲临现场观察监督，由被审计单位自行组织盘点清查，必要时审计人员可以进行抽查、复点，保证盘点的质量。

举例 方平会计师事务所对广西华康公司进行审计时，负责货币资金审计的注册会计师赵某怀疑华康公司存在私设小金库的问题，对华康公司的库存现金进行突击性的监盘。监盘过程中，由华康公司的出纳进行盘点，华康公司的财务负责人和赵某在一旁进行监督，观察盘点方法和现金实存数，盘点结束后，赵某填制了“库存现金监盘表”。

2．调节法

如果现成的数据和需要证实的数据在表面不一致时，为了证实数据的真实性，就要运用调节法。调节法就是从一定出发点上的数据着手，对已发生的正常业务而出现的数据进行必要的增减调查的一种审计方法。

运用调节法可以证实财产物资是否账实相符，当盘点日与书面资料结存日不同时，结合实物盘点，将盘点日与结存日之间新发生的出入数量与结存日有关财产物资的结存数进行调节，以验证或推算结存日有关财产物资的应结存数。其计算公式为：

结存日（书面资料日）数量=盘点日盘点数量＋结存日至盘点日发出数量－结存日至盘点日收入数量

通常运用调节法编制银行存款调节表，以便根据银行对账单的余额来验证银行存款账户的余额是否正确。调节法还可用于编制有关财产物资的调节表，以验证有关财产物资结账日账面数与实存数是否相符，其基本方法是：当盘点日与书面资料结存日不同时，先进行实物盘点，得出实存数，即盘点日盘点数量，然后运用调节法，计算出结存日的实存数，与结存日的账面数量相对比，审查账实是否一致。

举例　方平会计师事务所的注册会计师刘某于 2017 年 1 月 15 日下班后监盘了广西华康公司 A 材料，实存数量为 2 700 千克。刘某通过审阅、核对 A 材料的账面数量，得知：2016 年 12 月 31 日 A 材料账面结存数量为 2 400 千克，且未发现错弊；华康公司 2017 年 1 月 1 日—15 日期间收入 34 000 千克，发出 33 400 千克；1 月 1 日期初余额及收发数额无误。

运用调节法，计算出结存日的实存数。

结存日数量=2 700＋33 400－34 000=2 100（千克）

可知，与账面记录的 A 材料结存数量 2 400 千克不一致，刘某应要求有关人员说明原因，并进行核实。

3．观察法

观察法是指审计人员进驻被审计单位后，对于生产经营管理工作的环境、财产物资的保管情况、内部控制系统的执行情况等，亲临现场进行实地观察，借以查明被审计单位经济活动的事实真相，核实是否符合有关标准和书面资料的记载，以取得审计证据的一种审计方法。

应用观察法时，通常与其他审计方法相结合，必要时，可对现场进行摄像或拍照，作为审计证据。

举例　方平会计师事务所承接对广西华康公司的审计，在调查阶段，审计人员到华康公司的经营现场实地观察华康公司柜台中的销售货物品种和收银台的收入流程以及销售人员的构成情况，很快就清楚地了解到华康公司主要经营收入构成及存在的两种销售模式，即自营销售和大包出租柜台等形式，为下一步实施阶段审计打下良好的基础。

4．鉴定法

鉴定法是指邀请有关专业人员运用专门技术对书面资料、实物和经济活动进行确定和识别的一种审计方法。如对实物性能、质量、价值、书面资料的真伪以及经济活动的合理性、有效性等的鉴定，就超出了一般审计人员的能力，而需要聘请一定数量的工程技术人员、律师等提供鉴定结论，并做出独立的审计证据。因此，为了更好地工作，审计部门应当在法律部门和技术部门的配合下，才能有所提高。

举例 广西华康公司委托方平会计师事务所对其进行财务报表审计。审计小组负责人注册会计师张某了解到华康公司为提高进销存效率，引进了一套先进的电算化系统；为对此电算化系统进行专业测试，张某聘请了一位电算化专家王某加入到审计小组，专门负责测试电算化系统。王某对该套电算化系统进行测试后，出具了鉴定结论。

第三节 抽样技术在审计中的应用

4-3

抽样技术已运用于政治、经济、科学文化及社会生活的各个领域，并发挥着重要作用。抽样技术应用于审计工作是审计理论和实践的重大突破，实现了审计从详查到抽查的历史性飞跃。

一、审计抽样的概念

审计抽样，是指注册会计师在实施审计程序时，从审计对象总体中选取一定数量的样本进行测试，并根据测试结果，推断审计对象总体特征的一种方法。审计抽样一般可用于逆查、顺查、函证等审计程序，也可用于符合性测试和实质性测试；但审计人员在进行询问、观察、分析性复核时则不宜运用审计抽样。

二、抽样的类型

审计抽样是指审计人员对某类交易或账户余额中低于百分之百的项目实施审计程序，使所有抽样单元都有被选取的机会。在审计历史上，先后出现过任意抽样、判断抽样和统计抽样三种类型。

1．任意抽样

任意抽样是审计人员在审查总体时，从所审查的资料范围内，毫无根据地随意选择部分资料作为样本进行审查，并用审查所得结果推断总体资料可靠程度的一种审计方法。

任意抽样的优点是简便易行，并在一定程度上减轻审计工作量。缺点是可靠性差，因为在这种方法下，选样的规模、选样的技术等的确定，都是随意的，缺乏科学性，很难保证审计工作的质量。

2．判断抽样

判断抽样是指审计人员根据自己的主观意识、判断能力和被审计单位内部控制制度及核算工作质量等实际情况，找其薄弱环节，有重点、有目的地选择某一部分业务或资料作为样本进行审查，从而据以推断全部业务或全部资料可靠程度的一种审计方法。

判断抽样法的优点是：使用方便、灵活，易学易懂，同时，可以充分利用审计人员的丰富经验和判断能力，使审计工作进行得更快，提高审计工作效率。

判断抽样的缺点是：不能科学地确定规模和抽取数量，总体中各项目被抽取的机会是不均等的；判断抽样法无法计算抽样误差，也无法精确确定审计结论的可靠程度；另外，此方法还具有一定的局限性，因为，在判断抽样法下，审计结论的可靠程度取决于审计人员的文化素质、实践经验和判断能力等条件，如果审计人员文化素质好，经验丰富，判断能力强，那么审计结论的可靠程度就高，反之，就可能造成判断失误，审计结论的可靠程度就低。

3．统计抽样

统计抽样是指审计人员在审计工作中，运用概率论的原理，进行随机抽样，使被审查总体中的每一个体都有同等被抽中的机会，使样本特征尽可能接近于总体特征的一种审计方法。

统计抽样要求抽取的样本项目要广泛，有代表性。一般来说，按照随机原则进行抽样是能够达到这个要求的。所谓随机原则，是指在选取样本时，总体内务项目被选中与否必须完全由随机因素决定，不受审计人员主观意识的影响，使得每个项目被选中的机会均等。

统计抽样的优点在于：统计抽样能够科学地确定抽样规模；统计抽样是一种客观抽取样本的方法，总体内各项目被抽中的机会是均等的，可以避免人为的偏见，使样本更能体现总体的特征；同时，统计抽样能够计算抽样误差和确定审计结论的可靠程度，可以根据审计要求将审计抽样误差和审计结论控制在一定的范围之内；由于统计抽样具有一定的科学依据，因而审计人员对因采用这种方法而偶然造成的审计结论失实可以不承担主要责任；另外，采用统计抽样还便于实行审计工作的规范化和文件化。

统计抽样的缺点在于：这种方法要根据一定的公式或表式来进行抽样，运用起来比较机械，比较复杂，所以只适用于那些资料比较齐全的单位；另外，统计抽样所做出的审计结论只能是相对的接近，对一些要求提供准确结论的专案审计不宜采用这种方法。

从上可以看出，判断抽样和统计抽样各有优缺点，单独使用哪一种方法都不能获得理想的审计效果。在审计实际工作中，通常将两种方法结合起来使用，以收到更好的效果。

三、抽样风险和非抽样风险

审计人员利用抽样技术在进行审计时，有两大类不确定因素，一类不确定因素直接与抽样相关，一类不确定因素与抽样无关，前者被称为抽样风险，后者称为非抽样风险。

1．抽样风险

抽样风险是指审计人员根据样本得出的结论，和对总体全部项目实施与样本同样的审计程序得出的结论存在差异的可能性。

只要审计中利用了抽样技术，抽样风险就存在。抽样风险与样本规模呈反方向变动：样本规模越小，抽样风险越大：样本规模越大，抽样风险越小。

2．非抽样风险

非抽样风险是指由于某些与样本规模无关的因素而导致审计人员得出错误结论的可能性。这些与样本规模无关的因素，通常是由于审计人员的行为造成的，例如：审计人员未能发现样本中存在的偏差或错报；审计人员选择了不适于实现特定目标的审计程序。

由于非抽样风险是由人为错误造成的，所以可以通过仔细设计审计程序来降低或防范。

四、审计抽样的步骤

审计抽样主要包括三个环节：样本设计环节、选取样本环节和评价样本结果环节。

1．样本设计环节

这个阶段的工作主要包括以下几个步骤：

（1）确定测试目标；

（2）定义总体与抽样单元，审计人员应当确保总体的适当性和完整性；

（3）定义误差构成条件。

2．选取样本环节

这个阶段的目的是按照适当的方法从相应的抽样总体中选取所需的样本，并对其实施检查，以确定是否存在误差。主要包括以下几个步骤：

（1）确定样本规模；

（2）选取样本；

（3）对样本实施审计程序。

3．评价样本结果环节

这个阶段的目的是根据对误差的性质和原因的分析，将样本结果推断至总体，形成对总体的结论。主要包括以下几个步骤：

（1）分析样本误差；

（2）推断总体误差；

（3）形成审计结论。

五、属性抽样

属性抽样是指在精确度界限和可靠程序一定的条件下，为了测定总体性的发生频率而采用的方法。

属性抽样是用于控制测试方面的统计抽样法。在控制测试中，审计人员只要求做出某种属性的总体发生率是多少的结论，而不必做出总体错误数额大小的估计。因此，采取属性抽样，要通过对样本的审核，以证明被审计单位的内部控制系统是否有效地执行，并与以前比较，核实内部控制系统是在改善还是在恶化。

1. 属性抽样涉及的几个重要概念

（1）属性，是指总体在审计中被测试的特性。

（2）偏差，是指样本项目属性的偏差情况，在控制测试中指偏离既定控制的情况。

（3）可容忍的偏差率，是指审计人员仍愿意使用在计划阶段估计的控制风险时，允许总体中存在的偏差率。

（4）可接受的过度信赖风险，是指在审计抽样中的控制测试和业务的实质性测试中，当实际总体偏差率大于可容忍偏差率时，审计人员仍愿意认可控制的有效性时所愿意承担的风险。

（5）样本量，是指计划抽取的样本项目的个数。

2. 属性抽样的具体步骤

（1）明确审计测试目标。一般来说，控制测试的总目标在于测试某一循环中控制的应用情况。例如，在销售和收款循环测试中，测试的总目标通常为测试销售和现金收入控制的有效性。

（2）定义属性和偏差状态。采用审计抽样，审计人员必须仔细定义所测试的特性（属性）及偏差状态。相关属性和偏差状态都直接来自于审计方案。

（3）定义总体。总体是审计人员希望通过测试得到其特性的数据体，也即审计对象所包含的所有项目的综合。在定义总体时，必须使其与审计测试的目标一致。此外，在选取样本之前，审计人员应测试总体的完整性，以确保依据样本的结果而推断出的总体结果有效。

（4）定义抽样单位。定义抽样单位时，主要考虑如何使其与审计测试的目标一致。因此，在定义总体、计划审计手续时，往往同时就定义了恰当的抽样单位。

（5）确定可容忍的偏差率。偏差率确定为多大是适当的，受到定义和属性的重要程度的影响，是职业判断的结果。属性越重要，则发生偏差代表的情况越严重，可容忍的偏差率越低。

（6）确定可接受的过度信赖风险。只要使用抽样方法，则可接受的过度信赖风险就存在。在确定过度信赖风险时，审计人员必须运用专业判断。因为过度信赖风险是审计人员愿意承担的风险的量度，主要考虑的是审计人员想将控制风险的估定水平减低到什么程度，以确定余额详细测试的范围。估定的控制风险越低，过度信赖风险越低，计划的余额详细测试的范围也就越小。

（7）估计总体偏差率。为了计划适当的样本量，应当预先估计总体偏差率。如果预期总体偏差率较低，则需要较小的样本量就可以满足审计人员的可容忍偏差率的要求，这是因为不需要精确的估计。通常审计人员可以利用以前年度的审计结果来估计总体偏差率。如果没有以前年度的审计结果或者虽有但不可靠，审计人员还可以从本年度总体中选取一个较小的预备样本进行估计。如果使用预备样本，只要遵循恰当的选样程序，它也可以包括在最终样本之中。

（8）确定初始样本量。初始样本量受四个因素影响：总体容量、可容忍的偏差率、过度信赖风险和估计总体偏差率。在上述四个因素中，可容忍的偏差率与估计总体偏差率两个因素的结合对样本量影响较大。通常，属性抽样中初始样本量的确定，既可以用计算法，也可以采用查表法来确定。

（9）选取样本。选取样本采用随机选样方法。

（10）实施审计手续。审计人员在实施审计手续时，要检查样本中的每一个项目，以确定它们是否与属性一致，同时记录所有发现的偏差情况。审计手续完成后，每种属性都具有一个对应的样本量和发现的偏差数。

（11）根据样本推断总体。在属性抽样中，审计人员需要根据样本结果，计算出在特定的过度信赖风险下的偏差率上限。我们可以利用专门的属性抽样的样本结果评价表来确定偏差率上限。

（12）分析偏差。除确定每种属性的偏差率上限和估计真实总体的偏差率是否可能超过可容忍的偏差率外，还有必要分析样本偏差的性质，进而判定引发这些偏差的内部控制中的故障。

（13）决定总体的可接受性。只有当根据样本结果确定的偏差率小于或等于可容忍的偏差率且二者是以相同的 0/1 为基础时，才可以认为总体是可以接受的。在这种情况下，只要对偏差的分析并未表明内部控制的某一方面可能存在预先未曾考虑到的重大问题，则认为所测试的内部控制是可以信赖的，可以因此减少控制风险水平。当偏差率上限大于可容忍的偏差率时，无法确定总体的可接受性时，审计人员可以采取如下措施：

① 修正可容忍的偏差率或可接受的过度信赖风险。只有在审计人员认为当初设定的可容忍的偏差率或可接受的过度信赖风险过于保守时，才可以采取此种方法。因为一旦发生诉讼，这个措施的采用会给审计人员带来败诉的风险。

② 扩大样本量。采用这个措施，样本量偏差率可能降低，但也可能提高。

③ 修正估定控制风险。如果控制测试和业务实质性测试结果都不支持计划的估定风险水平，则应当调增估定的控制风险，这将会导致余额详细测试的增加。是增加样本量，

直到抽样风险足够小，还是修正估定控制风险水平，这一决策必须在权衡成本与效益的基础上进行，必须将增加的控制测试成本与增加的实质性测试成本进行比较。如果扩大后的样本继续产生不可接受的结果，那么必须增加实质性测试。

六、变量抽样

变量抽样是用于实质性测试方面的统计抽样方法。它通过检查财务报表各项目数据的真实性和正确性，来取得做出审计结论所需的直接证据。变量抽样有平均值估计、差异估计和比率估计等多种形式。变量抽样方法通常用于：检查应收账款的金额；检查存货的数量与金额；检查工资费用；检查交易活动，以确定未经适当批准的交易金额。

变量抽样的基本工作步骤如下：

1）决定测试目标

实质性测试目标的确定较为简单，主要是测定被审查经济业务或报表、资料的真实性、正确性和有效性。具体有以下两种形式：

（1）假设测试，即确定所检查数额（量）的正确性。抽查的目的主要是验证。

（2）金额估计，即独立地对某类经济业务的数额（量）进行估计。抽查的主要目的是提供信息。

决定测试目标的一个相关问题，是对错误范围的定义。从一般意义讲，凡是影响到被审查经济业务记录金额真实、正确性的错误都应包括在内。但是，每个审查项目的目标不同，因此对于错误定义也会相应发生变化。例如，审查项目的总体目标是确定某企业一定时期实现利润数字的正确性，在审核检查中如果发现记录财产或费用账户的错误（如将应记入材料账户的业务记入了在产品等），可以不看做是错误。因为虽然它们会影响到有关账户本身的正确性，但却对整个企业的利润数字不发生影响。因此，决定测试目标时，应结合审查项目的整体目标，对错误给出一个明确的概念上的规定。

2）定义总体范围

它有两层含义：第一层含义是规定检查哪段时间内的哪类业务；第二层含义是确定准备抽查的业务资料。第一层含义的内容规定较为简单，关键是第二层，在确定检查的具体总体时，应考虑可能发生的错误是高列还是低列业务金额，或者是二者兼而有之，然后根据有关的核算程序做出规定。

变量抽样法中对总体的同质性要求较高。所谓同质性，是指总体中只包括同类性质的业务。如果定义的总体中包括不同性质的业务，如应收款中包括应收款和预付款两类业务，由于各类业务会计记录“借”“贷”方向不一致，规定的总体数额很容易被歪曲，最后的总体推算工作也过于复杂。因此，如果不同类业务所占比重较大时，应把它们作为不同的总体予以规定，分别进行抽样检查。

在实质性测试中，稽查人员对高金额的业务项目往往特别重视，并作为工作重点，要求对这些项目进行10%的检查；同时，稽查人员根据自己的职业判断，很可能不要对那些关键性的业务项目进行百分之百的详查。事实上，相对于抽样而定义的总体，往往剔除了高额项目和关键项目余下的部分，才是稽查人员准备依靠抽取具有代表性的样本来形成稽查结论的部分。

3）决定抽样组织方式

由于变量抽样审查的确定目标主要与金额有关，因而以货币额为标志的分层选样法和货币单位选样法在实践中应用较为广泛。决定抽样组织方式时，必须统筹考虑审查目标、总体范围、被稽查单位核算和管理制度以及审查资源等各方面因素。

4）计算样本规模

在变更抽样法中，为了合理计算确定样本规模，必须首先估计确定下列参数：抽样结论可靠程度、总体标准差、抽样误差或重要性指标、总体容量。

（1）抽样结论可靠程度。抽样结论可靠程度是指抽样结论可予依赖的程度。它是抽样结论风险水平的另一个表达方式。抽样结论可靠程度可以根据规定或约定俗成予以确定（一般为90%、95%或99%）。抽样结论可靠程度的高低与样本规模成正比例关系。

（2）总体标准差。总体标准差反映的是总体各项目数值之间的差异程度。具体来讲，总体标准差就是总体各项目数值偏离总体平均值的程度。

总体标准差与样本规模成正比例关系，总体标准差大，总体各项目间差异程序就大，为了保证抽到的样本具有代表性，需要的样本规模也就比较大；相反，则需要的样本规模较小。在实践中若被稽查单位已建立计算机会计信息系统，稽查人员可以利用事先编好的计算机程序直接计算实际的总体标准差；若被审计企业仍实行手工核算，稽查人员则要通过抽查初始样本，计算出相应的子样标准差作为估计的总体标准差。初始样本的规模一般为30～50个，计算结果称为子样标准差或估计的总体标准差。

选取初始样本时，采用的技术方法应与计划的抽样组织方式一致，这样就可以把初始样本作为整个需要抽样的样本的一个有机组成部分，从而减少选取样本的工作量。

（3）抽样误差。抽查误差是指由抽样而得到的结论与实际数值之间的差异。抽样误差的大小与样本规模之间有直接的联系，样本规模越大，抽样误差越小。如果对总体实行百分之百的检查，抽样误差则为零。在实践中，稽查人员总是希望将抽样误差规定得大一些，以提高工作效率。但是，计划的抽样误差的确定，取决于下列两种情况：

① 总体中容许存在的错误的最高水平。在变量抽样中它以绝对数表示，称为重要性指标。该指标的意义在于，如果被检查的业务或会计资料中存在的金额错误低于这一指标，那么稽查人员可以认为财务报表中未包含重大的错误，从而给予基本肯定的评语。该指标的水平，需要根据稽查报告及有关的财务信息使用者的要求确定。

② 预计总体中存在的错误。根据前一年稽查中发现的问题，以及对于被审企业的各方面的了解，稽查人员可以对总体中可能存在的错误做出主观的估计。在总体中允许的错误的最高值和预计总体中存在的错误确定之后，抽样误差也就决定了，它等于二者之差。

（4）总体容量。总体容量的大小与样本规模一般成正比例关系，其大小由总体范围和样本单位的定义所决定。

5）实施抽样计划

变量抽样的实施包括两个内容：随机地选取样本和按照确定的审查程序对每一个样本项目进行检查。对于某些抽到的样本项目，若由于种种原因无法按照原定的审查程序检查，应将这些样本项目或视同为错误，或采取其他审查程序进行检查。由于实质性测试的是关于被查总体的数量特征，因此样本项目检查的结论不单单是正确与错误两种，而且要具体搞清楚错误如果存在，数额为多少。如果检查中发现的错误不属于规定的范围，应该将它们单独列出，根据性质分别予以处理。

6）评价抽样结果

其基本内容是推断总体的合理数值，其中包括点估计和区间估计两个方面。总体数值的点估计，即估计推算出一个被审查总体的正确数值。估计的办法，一种是用根据样本检查结果计算的样本均值乘以总体容量求得；另一种办法是先估计推算总体的错误金额，再计算总体的正确金额。由于抽样误差的存在，总体数值的推断更准确地讲应该是一个范围，称为总体数值的区间估计，它等于总体数值的点估计加、减实际抽样误差。

最后，稽查人员根据上述的估算推算，形成抽查结论。将实际检查结果与计划中的有关要求、原来的账面值对比，稽查人员可以得出以下几种结论：原来的账面值落入总体数值的估计区间内；被查总体的账面记录在总体数值的估计区间之外，但是与点估计的差额小于重要性指标；被查总体的账面记录落在总体数值的估计区间以外，但是与点估计的差额大于重要性指标。

（1）否定被审总体。确认它原来的账面记录基本上是不正确的，要求被稽查单位按照由抽样稽查确定的总体数值的点估计更正原有记录。

（2）增抽新的样本。样本规模与抽样误差成反比例关系，样本规模越大，抽样误差越小。增抽样本的目的是缩小实际抽样误差。若稽查人员在计划编制中是以原始样本的标准差代替总体标准差计算样本规模，而实际抽查的样本标准差大于原始样本标准差，则说明计划中确定的样本是不够的，稽查人员应该增抽新的样本。新抽样本的检查结果，应与原有样本检查结果结合在一起进行总体数值的推断，并形成相应的稽查结论。若计划确定的样本规模是充分的，稽查人员可以主观地确定需要增抽的样本（如 30 个、50 个、80 个，但是不能太少），然后将新抽样本的检查结果与原有样本的检查结果结合，进行评价，得出结论。

（3）要求被稽查单位更正检查中发现的错误。被查总体的账面记录与总体数值的点估计的差额包括：发现的被查总体的账面记录中的错误和未被发现但抽查后认为可能存在的错误。对于已经发现的错误，可以要求被稽查单位予以更正，其结果同样可以减少被查总体的账面记录与总体数值的点估计的差额，当这种差额小于重要性指标时，稽查人员就可以对被查总体作一个肯定的结论。

（4）对发现的错误进行分析。如果它们属于同一类型或性质，可以从原来定义的总体中将它们划分出来，专门进行检查，剩下的部分仍按照统计抽样的方法进行计划、检查和评价。

在变量抽样中，样本的检查结果也需要同时注意数量和性质两个方面。对于性质严重的错误或舞弊行为，应该进行更深入的检查，搜集充分、确凿的证据，并形成结论和处理意见。

举例 广西华康股份有限公司（以下简称华康公司）是方平会计师事务所的常年审计客户。注册会计师刘某和王某负责对华康公司 2016 年度会计报表进行审计，并确定会计报表层次的重要性水平为 1 200 000 元。其他相关资料如下：

审计华康公司 2016 年度主营业务收入时，为了确定华康公司销售业务是否真实、完整，会计处理是否正确，刘某和王某拟从华康公司 2016 年开具的销售发票的存根中选取若干张，核对销售合同和发运单，并检查会计处理是否符合规定。华康公司 2016 年共开具连续编号的销售发票 4 000 张，销售发票号码为第 2001 号至第 6000 号，刘某和王某计划利用随机数表选样，从中选取 10 张销售发票样本。随机数表（部分）列示如下：

	（1）	（2）	（3）	（4）	（5）
（1）	10480	15011	01536	02011	81647
（2）	22368	46753	25595	85313	30995
（3）	24130	48360	22527	97256	76393
（4）	42167	93093	06243	61680	07856
（5）	37570	39975	81837	16656	06121
（6）	77921	06907	11008	42751	27756
（7）	99562	72905	56420	69994	98872
（8）	96301	91977	05463	07972	18876
（9）	89759	14342	63661	10281	17453
（10）	85475	36857	53342	53988	53060

刘某和王某以随机数表所列数字的后4位数与销售发票号码一一对应，确定第2列第4行为起点，选号路线为自上而下，自左而右。选出10张销售发票样本的发票号码分别为3093、2905、4342、5595、2527、5463、3661、3342、2011、5313。经查阅，此10笔销售业务的账面价值为1 000 000元，审计后认定的价值为1 000 300元，可知，样本的平均错报为30元(1 000 300−1 000 000)/10)。估计总体错报为120 000元(30 × 4 000)。华康公司2016年度主营业务收入账面价值为180 000 000元，已知误差与账面价值不成比例关系，刘某与王某运用差额估计抽样法推断华康公司2016年度主营业务收入的总体实际价值为180 120 000元（180 000 000+120 000）。

延伸阅读

总体审计策略与具体审计计划的制定——SM企业财务报表审计

A会计师事务所接受SM企业的委托，审计SM企业的2007年度的财务报表。A会计师事务所委派注册会计师李豪担任项目经理，负责编制审计计划。

李豪分派了助理人员张雷、王景对SM企业财务报表项目进行趋势分析性测试。如表1～表3所示。

李豪在复核张雷、王景编制的趋势分析性测试工作底稿的基础上，形成了分析性测试汇总表。如表4所示。

表1　资产负债表横向趋势分析

被审计单位：SM企业　　　　编制人：张雷　　26/1/2008　　　　索引号：

会计期间和截止日：2007年12月31日　　　　复核人：李豪　　26/1/2008　　　　页　次

会计报表项目	2006年	2007年	2007年比2006年增长		说　明
	已审数	未审数	金额	百分比	
	①	②	③=②－①	④=③/①	
营业收入	38 019	28 399	−9 620	−25.3	2007年度未审财务报表项目与2006年度已审财务报表项目的比较分析： 1．营业收入、营业成本同比分别减少了25.3%、27%，致使营业利润也减少了19.9%，说明2007年度A企业产品销售情况不良，审计时应关注影响销售的因素，如何影响2007年度的利润情况。 2．利润总额、净利润同比分别减少了428%、467%，说明除由于2007年销售的影响外，还要关注其他业务利润、费用、营业外支出对本年利润的影响。 3．存货同比减少了16.6%，同营业成本减少基本同步。
营业成本	29 842	21 762	−8 080	−27	
营业利润	7 685	6 159	−1 526	−19.9	
利润总额	310	−1 017	1 327	−467	
净利润	277	−1 017	1 294	−467	
存货	23 034	19 206	−3 828	−16.6	
应收账款	21 847	25 488	3 641	−16.7	
速动资产	22 661	26 907	4 246	18.7	
流动资产	52 125	55 023	2 898	5.6	
流动负债	50 088	51 979	1 891	3.8	

续表

会计报表项目	2006 年	2007 年	2007 年比 2006 年增长		说　明
	已审数	未审数	金额	百分比	
	①	②	③=②－①	④=③/①	
流动资产净额	82 837	85 367	2 530	6.3	4. 应收账款同比增加了 16.7%，同营业收入减少相比，不合理。审计时要关注应收账款是否包括不属于交易债权的事项。 5. 速动资产同比增加 18.7%，与应收账款增加基本同步，合理。 6. 在建工程同比减少 43.1%。审计时要关注在建工程的减少对利润的影响
固定资产	45 354	46 811	1 457	4.5	
在建工程	1 822	1 036	−786	−43.1	
资产总额	82 837	85 367	2 530	8.3	
负债总额	63 351	66 276	2 925	4.7	
实收资本	13 421	14 053	632	6.3	
净资产额	19 486	19 091	−395	−2	

表 2　资产负债表纵向趋势分析

被审计单位：SM 企业　　编制人：张雷　26/1/2008　　索引号：

会计期间和截止日：2007 年 12 月 31 日　　复核人：李豪　26/1/2008　　页　次

会计报表项目	2006 年		2007 年		增减数	说明
	已审数	%	未审数	%		
	①	②	③	④	⑤=④−②	
流动资产	52 125	62.9	55 023	64.4	1.5	2007 年度未审财务报表项目与 2006 年度已审财务报表项目的比较分析： 资产、负债和权益各项目前后各期变动不大，无重大异常变动
长期投资	554	0.7	554	0.7		
固定资产净额	27 857	33.6	27 358	32.1	1.5	
在建工程	1 822	2.1	1 036	1.2	−0.9	
长期待摊费用	479	0.7	1 285	1.5	0.8	
无形资产	0		111	0.1		
待处理财产净损失	0		0			
资产合计	82 837	100	85 367	100		
会计报表项目	2006 年		2007 年		增减数	说明
	已审数	%	未审数	%		
	①	②	③	④	⑤=④−②	
流动负债	50 088	79.1	51 979	78.4	−0.7	
长期负债	13 263	20.9	14 297	21.6	0.7	
负债合计	63 531	100	66 276	100		
实收资本	13 421	68.9	14 053	76.1	7.2	
其他权益	6 065	31.1	5 038	23.9	−7.2	
权益合计	19 486	100	19 091	100		

表 3 比率趋势分析

被审计单位：SM 企业　　编制人：王景　26/1/2008　　索引号：

会计期间和截止日：2007 年 12 月 31 日　　复核人：李豪　26/1/2008　　页 次

<table>
<tr><th rowspan="2">比率指标</th><th rowspan="2">计算公式</th><th>2006 年</th><th>2007 年</th><th rowspan="2">增减数
③=②-①</th><th rowspan="2">说明</th></tr>
<tr><th>①</th><th>②</th></tr>
<tr><td>偿债能力比率</td><td colspan="4"></td><td rowspan="15">2007 年度未审计报表项目与 2006 年度已审会计报表项目的比较分析：
1．同比，应收账款周转率减低了 35.8%，有两个方面的原因：销售收入同比有较大幅度减少，平均应收账款余额有较大增加。审计时要关注销售收入和应收账款变动对企业经营的影响。
2．同比，利息保障系数减低了 44.1%，经分析，主要是利润盈亏逆转所致，要关注影响利润亏损的因素。
3．同比，存货、应收账款和总资产的周转率均有大幅度下降，审计时要关注影响存货、应收账款变动对企业经营的影响</td></tr>
<tr><td>1．流动比率</td><td>流动资产/流动负债</td><td>1.04</td><td>1.06</td><td>2%</td></tr>
<tr><td>2．速动比率</td><td>速动资产/流动负债</td><td>0.52</td><td>0.62</td><td>10%</td></tr>
<tr><td>财务杠杆比率</td><td colspan="4"></td></tr>
<tr><td>1．负债比率</td><td>负债总额/资产总额</td><td>0.76</td><td>0.78</td><td>2%</td></tr>
<tr><td>2．资本对负债比率</td><td>资本额/负债总额</td><td>0.2119</td><td>0.212</td><td>0.1%</td></tr>
<tr><td>3．利息保障系数</td><td>（税前利润+利息支出）/利息支出</td><td>1.11</td><td>0.62</td><td>-48.6%</td></tr>
<tr><td>经营效率比率</td><td colspan="4"></td></tr>
<tr><td>1．存货周转率</td><td>销售成本/平均存货</td><td>1.3</td><td>1.03</td><td>-27%</td></tr>
<tr><td>2．应收账款周转率</td><td>销售成本/平均应收账款</td><td>1.87</td><td>1.2</td><td>-67%</td></tr>
<tr><td>3．总资产周转率</td><td>营业收入/平均资产</td><td>0.47</td><td>0.34</td><td>-13%</td></tr>
<tr><td>获利能力比率</td><td colspan="4"></td></tr>
<tr><td>1．销售利润率比率</td><td>利润总额/营业收入</td><td>0.008</td><td>-0.003 6</td><td>-4.4%</td></tr>
<tr><td>2．资产报酬率</td><td>净利润/平均净资产</td><td>0.014</td><td>-0.053</td><td>-6.7%</td></tr>
<tr><td>3．总资产报酬率</td><td>净利润/平均总资产</td><td>0.003</td><td>-0.012</td><td>-1.5%</td></tr>
</table>

说明：栏仅分析增减比例超过 10%的项目。

表 4　分析测试情况汇总

被审计单位：SM 企业　　编制人：王景　　26/1/2008　　索引号：
会计期间和截止日：2007 年 12 月 31 日　　复核人：李豪　　26/1/2008　　页　次

测试项目	重要事项说明
横向趋势分析表	1．营业收入、营业成本同比分别减少了 25.3%、27%，致使营业利润也减少了 19.9%，说明 2007 年度 A 企业产品销售情况不良，审计时应关注影响销售的因素，如何影响 2007 年度的利润情况。 2．利润总额、净利润同比分别减少了 428%、467%，说明除由于 2007 年销售的影响外，还要关注其他业务利润、费用、营业外支出对 2007 年利润的影响。 3．应收账款同比增加了 16.7%，同营业收入减少相比，不合理。审计时要关注应收账款是否包括不属于货物交易债权的事项。 4．在建工程同比减少 43.1%，审计时要关注在建工程的减少对利润的影响
资产负债表纵向趋势分析表	无重大异常变动
损益表纵向趋势分析表	盈亏发生逆转造成的，审计时要关注影响 B 企业由盈利转向亏损的原因
比率趋势分析表	存货、应收账款和总资产的周转率均有大幅下降，审计时要关注影响存货、应收账款变动对企业经营的影响
项目经理对测试结果的综合分析或初步确定的审计重点	初步确定审计的重点领域有： 1．营业收入、营业成本项目； 2．影响利润的其他业务利润、费用、营业外支出项目； 3．应收账款项目； 4．存货项目 5．在建工程项目

总体审计策略

被审计单位：SM 企业　　编制人：李豪　26/1/2008　　索引号：
会计期间和截止日：2007 年 12 月 31 日　　复核人：王一　26/1/2008　　页　次

一、委托审计的目的、范围

审计 SM 企业 2007 年 12 月 31 日资产负债表、所有者权益变动表和该年度损益表和现金流量表。

二、审计策略

审计策略（是否实施预审，是否进行符合性测试;实质性测试按业务循环还是按报表项目等）由于 B 企业是常年客户，不进行全面符合性测试，但对于变动较大的项目实施双重目的测试；按会计报表项目进行实质性测试。

三、评价内部控制和审计风险

内部控制制度尚健全，但由于本年度企业由盈转亏，可能存在某种程度的财务问题，审计风险较大。

四、重要会计问题及重点审计领域

1．营业收入、营业成本项目；
2．影响利润的其他业务利润、费用、营业外支出项目；
3．应收账款项目；
4．存货项目；
5．在建工程项目。

五、重要性标准初步估计

采用总收入法：
按前三年平均营业收入（万元）38 088×0.5%=190.44
按 2007 年营业收入（万元）28 399×0.5%=141.99
综合考虑 B 企业的审计风险，B 企业报表总体重要性水平可初步评价为 120 万元。

六、计划审计日期

外勤工作自 2003 年 1 月 26 日至 2003 年 2 月 2 日，共计 8 天 48 人次。
编写报告自 2003 年 2 月 3 日至 2 月 10 日。

七、审计小组组成及人员分工

姓名	职务或职称	分工	备注
王一	副主任会计师	审批审计计划、复核底稿	
李豪	注册会计师	编制审计计划、综合类底稿，复核底稿　项目小组组长	
王景	注册会计师	损益类项目	
张雷	注册会计师	资产类、负债类项目	
赵华	助理人员	盘点，协助张雷审计资产类项目	
周文	助理人员	发函证，协助张雷审计负债类项目	

八、修订计划记录

具体审计计划

应收账款审计程序表

索引号 C7

查验人员：　　　　日　期：

复核人员：　　　　日　期：

一、审计目标

1. 确定应收账款是否存在；
2. 确定应收账款是否归被审计单位所有；
3. 确定应收账款增减变动的记录是否完整；
4. 确定应收账款是否可收回，准备的计提是否恰当；
5. 确定应收账款年末余额是否正确；
6. 确定应收账款在会计报表中的披露是否恰当。

二、审计程序

审计重点	审计程序	执行情况说明	索引号
	1．核对应收账款明细账余额与总账、报表余额是否相符	√	
	2．获取或编制应收账款余额明细表，复核加计数额是否正确	√	
√	3．分析应收账款的账龄及余额构成，选取账龄长、金额大的应收款项向债务人进行函证，并根据回函情况编制函证结果汇总表。回函金额不符的，要查明原因做出记录或适当调整	√	
√	4．对未回函的或未发询证函的应收账款，可采用替代审计程序进行检查，根据替代检查结果判断其债权的真实性与可收回性	√	
	5．检查应收账款中是否有无法收回的款项	√	
	6．检查有无不属于结算业务的债权，如有，应做出记录或作适当调整	√	
	7．对于用非记账本位币结算的应收账款，检查其采用的汇率及折算方法是否正确	不适用	
	8．分析应收账款明细账余额，对于出现贷方余额的项目，应查明原因，必要时作重分类调整	√	
	9．验明应收账款是否已在资产负债表上恰当披露	√	

应收账款审计程序表

索引号 C7-1

查验人员： 日期：

复核人员： 日期： 单位：元

上期末审定数	索引号	未审数核对		索引号	调整分录金额（+、-）	重分类分录金额（+、-）	审定数
		项目	金额				
127 804 532.78		报表数	151 670 893.14		-1 531 128.25		150 139 764.89
		明细账					
		AB	458 812		-8 088.12		450 723.88
		AC	22 543.65		-225.44		22 318.21
		AD	2 121 567.32		-212 156.78		21 003 521.54
		AE	325 858.32		-3 258.58		322 599.74
		AF	545 966		-16 378.98		529 587.02
		AG	129 102 034.85		-1 291 020.35		127 811 014.50
		合计	151 670 893.14	C9-1			150 139 764.89

重分类分录：

调整分录：见 C9-1

审计结论：调整后可以确认

1. 获取或编制应收账款明细表（客户名称、金额、账龄）（略）
2. 应收账款函询情况表（略）
3. 应收账款函询未回函替代程序检查表（略）

第五章

审计证据与审计工作底稿

学习目标

1. 理解审计证据的特征
2. 了解审计证据的分类
3. 掌握获取审计证据的审计程序
4. 掌握审计工作底稿的要素
5. 了解审计工作底稿的编制、复核和归档

导入案例

审计助理李某去华康公司验证存货的账面余额，在盘点前，李某听到有工人在议论存货中可能存在不少无法出售的变质产品。李某对存货进行了实地抽点，并比较了库存量与最近销量。抽点结果表明，存货数量合理，收发也较为有序。由于该产品技术含量较高，李某无法鉴别出存货中是否有变质产品，于是，他去询问华康公司的存货部高级主管，得到的答复是存货无质量问题。李某在盘点工作结束后，开始编制审计工作底稿，并将“听说有变质产品”的情况写在备注中，并建议在下阶段的存货审计中，应注意是否存在变质产品。赵某在复核审计工作底稿时，向李某了解了有关变质产品的情况，并找来相关工人询问，但工人否认有变质产品。于是赵某与存货部高级主管进行商讨，得

出结论："存货价值公允且均可出售。"赵某在备注栏中填写了"变质产品问题经核实尚无证据，但下次审计时应加以考虑。"本次审计注册会计师出具了无保留意见的审计报告。两个月后，华康公司周转不灵，主要原因是存货中存在大量变质产品无法出售，导致银行贷款无法偿还。银行提起诉讼，在债权人的要求下，会计师事务所向法庭出示了审计工作底稿，债权人认为注册会计师没有揭示财务报告中存在的问题，具有重大过失，应承担银行的贷款损失。由此可知，工人的议论虽然不是有效的证据，但它提供了相关审计线索，注册会计师应执行进一步的审计程序，而不是简单地询问公司有关部门的主管人员。另外，注册会计师不应忽视审计工作底稿具有法律效力的严肃性，将"下次审计时应加以考虑"的话写在审计工作底稿中。这些行为导致已有的审计证据无法支持得出恰当的审计结论。

第一节　审计证据

5-1

一、审计证据的含义及特征

1. 审计证据的含义

审计证据是指注册会计师为了得出审计结论、形成审计意见时使用的所有信息。审计证据包括构成财务报表基础的会计记录中所含有的信息和其他信息。

1）构成财务报表编制基础的会计记录中含有的信息

依据会计记录编制财务报表是被审计单位管理层的责任，注册会计师应当测试会计记录以获取审计证据。会计记录主要包括原始凭证、记账凭证、总分类账和明细分类账、未在记账凭证中反映的对财务报表的其他调整，以及支持成本分配、计算、调节和披露的手工计算表和电子数据表。上述会计记录是编制财务报表的基础，构成注册会计师执行财务报表审计业务所需获取的审计证据的重要部分。

2）其他信息

其他信息的范围很广，可用作审计证据的其他信息包括：①注册会计师从被审计单位内部或外部获取的会计记录以外的信息，如被审计单位会议记录、内部控制手册、询证函的回函、分析师的报告、与竞争者的比较数据等；②注册会计师通过询问、观察和检查等审计程序获取的信息，如通过检查存货获取存货存在性的证据等；③注册会计师自身编制或获取的可以通过合理推断得出结论的信息，如注册会计师编制的各种计算表、分析表等。

2. 审计证据的特征

注册会计师应当获取充分、适当的审计证据，以得出合理的审计结论，作为形成审计意见的基础。审计证据的特征主要表现在充分性和适当性两个方面。

1）充分性

审计证据的充分性是对审计证据数量的衡量，它是指审计证据的数量能足以支持注册会计师的审计意见。因此，充分性是注册会计师为形成审计意见所需审计证据的最低数量要求，与注册会计师确定的样本量有关。

为得出客观公正的审计意见，必须有足够数量的审计证据，但考虑到审计工作的效率和效益，审计证据的数量并非越多越好，审计人员通常把需要足够数量审计证据的范围降到最低限度。审计人员判断审计证据是否充分时，主要考虑以下因素：

（1）审计风险大小。一般来说，在可接受的审计风险水平一定的情况下，重大错报风险越高，审计人员就应当实施越多的测试工作，收集越多的审计证据，将检查风险降至可接受水平，以保证审计风险控制在可接受的低水平范围内；反之，重大错报风险越低，所需收集的证据的数量就少。

（2）具体审计项目的重要性。越是重要的审计项目，注册会计师就越需要获取充分的审计证据以支持其审计结论或意见；对于不太重要的审计项目，审计人员可相应减少审计证据的数量。

（3）审计人员的审计经验。丰富的审计经验，可使审计人员从较少的审计证据中判断出被审事项是否存在错误或舞弊行为，可减少对审计证据数量的依赖程度。相反，当审计人员缺乏审计经验时，就应增加审计证据的数量。

（4）审计证据的类型与获取途径。如果审计证据的质量较高，可靠性较强，审计人员所需获取的审计证据的数量就可相对减少；反之，审计证据的数量就应增加。

2）适当性

审计证据的适当性是对审计证据质量的衡量，是指审计证据在支持审计结论方面具有相关性和可靠性。相关性是指审计证据与审计目标相关联；可靠性是指审计证据能如实地反映实际情况。

（1）相关性。审计证据的相关性只能结合具体审计目标来考虑。在确定审计证据的相关性时，注册会计师通常考虑：①特定的审计程序可能只为某些认定提供相关的审计证据，而与其他认定无关。例如，通过对应收账款函证获取应收账款询证函的回函，可以证明应收账款的存在，但是不能证明应收账款的完整性。②针对同一项认定可以获取不同来源或不同性质的审计证据。例如，为证明应收账款的存在可以通过函证，但是如果函证无法实施时，也可以执行检查文件和记录。③只与某项认定相关的审计证据并不能替代与其他认定相关的审计证据。例如，有关存货实物存在的审计证据并不能替代与存货计价相关的审计证据。

（2）可靠性。可靠性是指审计证据的可信程度，主要受审计证据的来源和性质影响。

审计人员通常按照下列原则考虑审计证据的可靠性：

① 从外部独立来源获取的审计证据比从其他来源获取的审计证据可靠。从外部独立来源获取的审计证据由完全独立于被审计单位以外的机构或人员提供，没有经过被审计单位人员之手，减少了被伪造、篡改的可能性，因而较可靠。例如，从银行、律师或顾客那里取得的外部证据，一般认为比从被审计单位获取的会计记录更可靠。

② 内部控制有效时内部生成的审计证据比内部控制薄弱时内部生成的审计证据可靠。被审计单位内部控制健全且一贯遵循，所生成的会计记录等可信赖程度较强；而内部控制薄弱时所生成的会计记录可信赖程度较低。例如，如果与销售业务相关的内部控制有效，审计人员就能从销售发票和发货单中取得比控制不健全时更加可靠的证据。

③ 直接获取的审计证据比间接获取或推论得出的审计证据更可靠。例如，审计人员通过观察某项控制的运行得到的证据比询问被审计单位某项内部控制的运行得到的证据更可靠。间接获取的审计证据，有被涂改及伪造的可能性，可靠性会受到影响。

④ 以文件、记录形式（无论是纸质、电子或其他介质）存在的审计证据比口头形式的审计证据更可靠；从原件获取的审计证据比从传真或复印件获取的审计证据更可靠；客观证据比需要经过大量主观判断才能确定其是否正确的证据更可靠。

⑤ 不同来源或不同性质的审计证据能够相互印证时，审计证据更可靠；反之，若通过某一来源所获取的证据与通过其他来源所获取的证据相互印证时不一致，或者不同性质的证据相互矛盾时，该证据就不值得信任，审计人员需进一步审计。

审计证据的适当性会影响其充分性。一般而言，审计证据的适当性越强，即相关与可靠程度越高，则所需审计证据的数量就可减少；反之，审计证据的数量就要相应增加。例如，被审计单位内部控制健全时生成的审计证据更可靠，注册会计师只需获取适量的审计证据，就可以为发表审计意见提供合理的基础。

需要注意的是，如果审计证据的质量存在缺陷，那么审计人员仅靠增加审计证据的数量可能无法弥补其质量上的缺陷。例如，注册会计师应当获取与销售收入完整性相关的证据，实际获取到的却是有关销售收入真实性的证据，审计证据与完整性目标不相关，即使获取的证据再多，也证明不了收入的完整性。

对于审计证据来说，充分性和适当性两者缺一不可，只有充分且适当的审计证据才是有证明力的，才能为审计人员最终得出恰当的审计意见提供有效保证。

举例　注册会计师张杰在对广西华康公司 2016 年度财务报表进行审计时，收集到以下 6 组证据，分析每组证据中哪项审计证据较为可靠：

（1）收料单与购货发票：购货发票比收料单可靠。因为购货发票来自于公司以外的机构或人员，而收料单是公司自行编制的。

（2）销货发票副本与产品出库单：销货发票副本比产品出库单可靠。因为销货发票是在外部流转的，并获得公司以外的机构或个人的承认，而产品出库单只在公司内部流转。

（3）领料单与材料成本计算表：领料单比材料成本计算表可靠。因为领料单预先被连续编号，并且经过公司不同部门人员的审核，而材料成本计算表只在公司的会计部门内部流转。

（4）工资计算单与工资发放单：工资发放单比工资计算单可靠。因为工资发放单须经会计部门以外的工资领取人签字确认，而工资计算单只在会计部门内部流转。

（5）存货盘点表与存货监盘记录：存货监盘记录比存货盘点表可靠。因为存货监盘记录是注册会计师自行编制的，而存货盘点表是公司提供的。

（6）银行询证函回函与银行对账单：银行询证函回函比银行对账单可靠。因为银行询证函回函是注册会计师直接获取的，未经公司有关职员之手，而银行对账单经过公司有关职员之手，存在伪造、涂改的可能性。

二、审计证据的分类

审计证据可按照不同的标准进行分类，通常会根据审计证据的表现形式、来源和与审计事项的相关程度进行分类。

1. 按照审计证据的表现形式进行分类

按照表现形式进行分类是对审计证据的基本分类，主要包括书面证据、实物证据、口头证据和环境证据。

1）书面证据

书面证据是指以书面文件形式存在的一类证据。书面证据是审计证据的主要组成部分，也称为基本证据，包括与审计关的各种原始凭证、会计记录、会议记录、各种合同、报告函件等。

2）实物证据

实物证据是指通过检查有形资产或观察等手段取得的、用以确定某些实物资产是否确实存在的证据。比如，通过对库存现金、存货和固定资产等的监盘，可以取得这些资产的实物证据，以证实它们是否确实存在。

实物证据通常被认为是最可靠的证据，具有很强的证明力，但是实物证据并不能完全证明被审计单位对实物资产拥有所有权，另外对实物资产的质量情况有时也难以判断。因此，对于取得实物证据的账面资产，还应就其所有权归属及其价值情况另行审计。

3）口头证据

口头证据是指由被询问人员的口头回答所形成的一类证据。一般而言，口头证据本身并不足以证明事情的真相，但审计人员可以根据口头证据挖掘出一些重要线索，有利于进一步的调查。在审计过程中，审计人员还应把各种重要的口头证据尽快做成记录，并注明是何人、何时、在何种情况下所做的口头陈述，必要时还应获得被询问者的签名确认。

4）环境证据

环境证据是指那些对被审计单位产生影响的各种环境事件。它主要包括被审计单位的内部控制情况、被审计单位管理人员的素质、各种管理条件和管理水平等。例如，当注册会计师获知被审计单位有着良好的内部控制制度并且管理水平较高时，就可以认为被审计单位现行的内部控制制度为会计报表项目的真实性提供了强有力的环境证据。环境证据一般不属于主要的审计证据，但它可帮助注册会计师了解被审计单位及其经济活动所处的环境，是注册会计师进一步审计所必须掌握的资料。

2. 按照审计证据取得的来源进行分类

审计证据按来源可以分为内部证据、外部证据和亲历证据。

1）内部证据

内部证据是指审计人员从被审计单位内部取得的证据。它主要包括被审计单位的会计记录、被审计单位管理当局声明书，以及其他各种由被审计单位编制和提供的有关书面文件。

2）外部证据

外部证据是指审计人员从被审计单位以外的有关单位取得的证据。外部证据主要包括：①由被审计单位以外的机构或人员编制，并由其直接递交给注册会计师的外部证据。例如，应收账款函证回函，保险公司、寄售公司、证券经纪人的证明等，此类证据不仅由完全独立于被审计单位的外界机构或人员提供，而且未经被审计单位有关职员之手，从而排除了伪造、更改凭证或业务记录的可能性，其证明力最强；②由被审计单位以外的机构或人员编制，但为被审计单位持有并提交给审计人员的书面证据。例如，银行对账单、购货发票、应收票据、顾客订购单、有关的契约及合同等，由于此类证据已经过被审计单位有关职员之手，在评价其可靠性时，注册会计师应考虑被涂改或伪造的难易程度及其已被涂改的可能性。

3）亲历证据

亲历证据是审计人员通过观察或亲自在被审计单位执行某些活动而取得的证据。例如，审计人员监盘存货形成的监盘表、自己动手编制的各种计算表、分析表等。这类证据的可信程度取决于审计人员观察误差的风险大小。

一般来说，亲历证据最可靠，证明力最强，而外部证据比内部证据更加可靠、证明力更强。

3. 按照审计证据与审计事项的相关程度进行分类

按照审计证据与审计事项的相关程度进行分类，审计证据分为直接证据和间接证据。

1）直接证据

直接证据是指对审计事项具有直接证明力，能单独、直接地证明审计事项真相的资料和事实。例如，通过函证方式验证应收账款余额，所获取的证据可以证明应收账款余额是否正确，该证据就属于直接证据。审计人员亲自监督实物和现金盘点情况下的盘点实物和现金的记录，就是证明实物和现金实存数的直接证据。

2）间接证据

间接证据，是指对审计事项只起间接证明作用，需要与其他证据结合起来，经过分析、判断、核实才能证明审计事项真相的资料和事实。如：环境证据就是间接证据，无法直接说明某一报表项目是否正确；各种原始凭证和记账凭证也属于间接证据，它们无法直接说明某一报表项目是否正确。

直接证据和间接证据是相对的，例如，凭证对于财务报表是间接证据，但对于会计账簿则是直接证据。在审计工作中，单凭直接证据就能直接影响审计人员的意见和结论的情况并不多见。一般情况下，在直接证据以外，往往需要一系列的间接证据才能对审计事项做出完整的结论。

三、获取审计证据的审计程序

审计的主要工作是通过实地测试来收集和整理审计证据，以此作为审计人员对被审计单位财务报表发表审计意见的基础。因此，获取审计证据是审计工作的主要内容。审计准则明确规定，获取审计证据的程序包括：检查、观察、询问、函证、重新计算、重新执行和分析程序。

1．检查

检查是指审计人员对被审计单位内部或外部生成的，以纸质、电子或其他介质形式存在的记录和文件进行审查，或对资产进行实物审查。可知，检查的内容包括两个方面：一是对记录和文件进行的检查，例如，被审计单位通常对每一笔销售交易都保留一份顾客订单、一张发货单和一份销售发票副本，这些凭证对于审计人员验证被审计单位记录的销售交易的正确性是有用的证据；二是对有形资产进行检查。其中对有形资产检查通常采用监盘的方法。

2．观察

观察是指审计人员察看被审计人员正在从事的活动或执行的程序。常用于对生产经营管理、财产物资保管、内部控制系统的遵守执行、资源的利用、劳动效率和工作纪律等情况的观察。审计人员通过观察可以获得较为可信的审计证据，但是也应注意，观察获取的审计证据仅限于观察发生的时点，而且被观察人员的行为可能因被观察而受到影响，这也会使观察提供的审计证据受到限制。

3．询问

询问是指审计人员以书面或口头方式，向被审计单位内部或外部的知情人员获取财务信息和非财务信息，并对答复进行评价的过程。口头询问时，审计人员应作书面记录，并要求被询问人员签字作证。询问本身不足以发现认定层次存在的重大错报，也不足以测试内部控制运行的有效性，审计人员还应当实施其他审计程序以获取充分、适当的审计证据。

4．函证

函证是指审计人员直接从第三方（被询证者）获取书面答复以作为审计证据的过程，书面答复可以采用纸质、电子或其他介质等形式。例如，对应收账款或银行存款进行函证，了解应收账款和银行存款的余额以及交易情况。

函证要求对方将书面答复签章后直接寄送给审计人员，可靠性较高。因此，函证是审计人员常用的一种重要程序。

5．重新计算

重新计算是指审计人员对记录或文件中的数据计算的准确性进行核对。重新计算可通过手工方式或电子方式进行。重新计算不仅包括对被审计的会计凭证、会计账簿和财务报表中有关数字的验算，而且包括对会计资料中有关项目的加总或其他运算。例如，计算销售发票和存货的总金额、加总日记账和明细账，检查折旧费用的计算，检查应纳税额的计算等。

6．重新执行

重新执行是指审计人员独立执行原本作为被审计单位内部控制组成部分的程序或控制。例如，注册会计师按照被审计单位相关内部控制制度的规定，重新编制银行存款余额调节表，来验证相应内部控制是否有效运行。

7．分析程序

分析程序是指注册会计师通过分析不同财务数据之间以及财务数据与非财务数据之间的内在关系，对财务信息做出评价。例如，将被审计单位的应收账款周转率与同行数据比较，将工资总额与工人总数相比较，等等。

分析程序主要适用如下情形：

（1）分析不同财务数据之间的内在关系，对财务信息做出评价；

（2）分析财务数据与非财务数据之间的内在关系，对财务信息做出评价；

（3）分析已识别出的、与其他相关信息不一致或与预期值差异重大的波动或关系进行调查。

举例 以下审计程序对应获取的审计证据，相关的具体目标见下表。

审计程序分析

序号	审计程序	审计证据类型	审计具体目标
1	从有关记录审查至“已付款”支票	书面证据	真实性
2	重新计算应付利息费用	书面证据	计价
3	向管理当局询问存货过时情况	口头证据	计价
4	调节年末银行存款账户	书面证据	准确性
5	向债务人函证应收账款余额	书面证据	真实性、计价、截止、所有权
6	从销货账记录审查至销货发票	书面证据	完整性
7	审查应予资本化却计入修理费的证据	书面证据	计价、分类、披露
8	分析行业成本数据变化趋势	环境证据	真实性、完整性、计价
9	审查年度中所购买的土地所有权契约	书面证据	所有权
10	抽查报表日后销售收入、退货记录、发货单和货运凭证	书面证据	截止
11	盘点库存现金	实物证据	真实性

第二节　审计工作底稿

一、审计工作底稿的含义和作用

1．审计工作底稿的含义

审计工作底稿包括审计人员在审计过程中形成的审计工作记录和获取的资料，是审计人员对制订的审计计划、实施的审计程序、获取的相关审计证据，以及得出的审计结论做出的记录。

审计工作底稿应当包括审计人员认为恰当实施审计和为审计报告提供依据所必需的全部信息。

2．审计工作底稿的作用

审计工作底稿在计划和执行审计工作中发挥重要的作用，主要表现在以下几个方面：

（1）提供充分、适当的记录，作为审计报告的基础。

（2）提供证据，证明审计人员按照审计准则的规定执行了审计工作。

（3）有助于审计项目组计划和执行审计工作，以及说明执行审计工作的情况。

（4）便于审计机构实施质量控制复核与检查，便于监管机构对审计机构实施执业质量检查。

二、审计工作底稿的要素

通常，审计工作底稿包括下列要素：

1．被审计单位名称

注册会计师应当在审计工作底稿上注明被审计单位的名称全称，并且该名称应当是审计期间被审计单位对外公开使用的名称，如公章上的名称。例如广西华康公司，全称为“广西华康股份有限公司”，则在对其进行审计形成的审计工作底稿注明的被审计单位名称为“广西华康股份有限公司”。

2．审计项目名称

每一张审计工作底稿都应该将具体的审计项目名称写清楚，例如是审查销售收入还是对固定资产实施审计。

3．审计项目时点或期间

审计工作底稿上应该记录审计工作的时间，对于资产负债表项目应注明发生的时点，而对于利润表项目则应该注明发生的期间。

4．审计过程记录

在记录审计过程时，应当特别注意以下几个方面：

（1）具体项目或事项的识别特征。在记录实施审计程序的性质、时间安排和范围时，审计人员应当记录测试的具体项目或事项的识别特征。识别特征是指被测试的项目或事项表现出的征象或标志。如在对被审计单位生成的订购单进行测试时，以订购单的日期或编号作为测试订购单的识别特征；询问被审计单位特定人员时，以询问的时间、被询问人的姓名及职务作为识别特征；在观察程序中，审计人员可以以观察的对象或观察过程、相关被观察人员及其各自的责任、观察的地点和时间作为识别特征。

（2）重大事项。审计人员应当根据具体情况判断某一事项是否属于重大事项。重大事项通常包括：引起特别风险的事项；实施审计程序的结果，该结果表明财务信息可能存在重大错报，或需要修正以前对重大错报风险的评估和针对这些风险拟采取的应对措施；导致审计人员难以实施必要审计程序的情形；导致出具非标准审计报告的事项。

（3）针对重大事项如何处理不一致的情况。如果识别出的信息与针对某重大事项得出的最终结论不一致，审计人员应当记录如何处理不一致的情况。

5．审计结论

审计工作的每一部分都应包含与已实施审计程序的结果及其是否实现既定审计目标相关的结论，还应包括审计程序识别出的例外情况和重大事项如何得到解决的结论。审计人员需要根据所实施的审计程序及获取的审计证据得出结论，并以此作为对财务报表发表审计意见的基础。

6. 审计标识及其说明

审计工作底稿中可使用各种审计标识，但应说明其含义，并保持前后一致。以下是审计人员在审计工作底稿中列明标识并说明其含义的例子，供参考。

∧：纵加核对；

<：横加核对；

B：与上年结转数核对一致；

T：与原始凭证核对一致；

G：与总分类账核对一致；

S：与明细账核对一致；

T/B：与试算平衡表核对一致；

C：已发询证函；

C\：已收回询证函。

在实务中，审计人员也可以依据实际情况运用更多的审计标识。

7. 索引号及页次

审计工作底稿需要注明索引号及顺序编号，相关审计工作底稿之间需要保持清晰的勾稽关系。通常，审计人员可以按照所记录的审计工作的内容层次进行编号。例如，固定资产汇总表的编号为C1。按类别列示的固定资产明细表的编号为C1—1，房屋建筑物的编号为C1—1—1，机器设备的编号为C1—1—2，运输工具的编号为C1—1—3，其他设备的编号为C1—1—4。相互引用时，需要在审计工作底稿中交叉注明索引号。

8. 编制人员及复核人员的姓名及编制日期

为明确审计责任和便于查阅有关事项，审计工作底稿上应该写明编制人员的姓名以及编制工作底稿的日期。另外，由于审计工作底稿需要复核，因此复核人员也应该签名并且写明复核日期，如果是多级复核应该分别签名。

9. 其他应说明事项

审计工作底稿示例

示例一：

资本公积审定表

项目	股本溢价	接受捐赠资产准备	资产评估增值准备	股权投资准备	被投资单位接受捐赠准备	被投资单位评估增值准备	被投资单位股权投资准备	其他资本公积转入	外币资本折价差额	被投资单位外币资本折价差额	其他	合计
年初余额												
本期增加												
本期减少												

续表

项目	股本溢价	接受捐赠资产准备	资产评估增值准备	股权投资准备	被投资单位接受捐赠准备	被投资单位评估增值准备	被投资单位股权投资准备	其他资本公积转入	外币资本折价差额	被投资单位外币资本折价差额	其他	合计
期末余额												
调整数												
审定数												

审计说明及调整	审计结论：
1．与总账余额核对情况：相符（　　）　不相符（　　）； 2．与明细账余额核对情况：相符（　　）　不相符（　　）； 3．与试算平衡表余额核对情况：相符（　　）　不相符（　　）； 4．资本公积增加变动的内容及依据核对情况：合规（　　）　不合规（　　） 5．资本折算差额的会计处理的核对情况：正确（　　）　不正确（　　）不适用（　　） 6．接受捐助的实物资产的入账价值确认核对情况：正确（　　）　不正确（　　）　不适用（　　） 7．资本公积在会计报表上的披露情况：恰当（　　）　不恰当（　　）	经审计无调整事项，余额可以确认（　　）。 经审计调整后，余额可以确认（　　）。

编制人员：________　　日期：________　　复核人员：________　　日期：________

示例二：

控制测试审计抽样

被审计单位：甲公司	索引号：CGL—3
项目：采购订单授权控制测试	财务报表截止日/期间：2016年度
编制：A	日期：2017年1月16日
复核：B	日期：2017年1月18日

1．样本设计

（1）确定测试目标 拟测试的控制：采购订单需经总经理C签字确定 测试目标：确认在本期间内该项控制的运行是有效的 相关交易和账户与认定：存货、应付账款、预付账款等账户的存在认定 初步评估的控制运行有效性：有效 初步评估的重大错报风险水平：低
（2）定义总体与抽样单元 总体：2016年发生的所有采购 代表总体的实物：2016年签订的所有采购订单 抽样单元：每份采购订单
（3）定义偏差 采购订单上没有总经理或其授权人签字
（4）确定样本规模 总体规模：500 样本规模：25

2．选取样本并实施审计程序

（1）选取样本 选择方法（随机数选样/系统选样/随意选样）：系统选样 如果选择系统选样，则： 计算选样间距（总体规模÷样本规模）：20 确定样本起点（在 1 到选样间距之间选择）：10 样本编号列表： 10，30，50，70，90，110，130，150，170，190，210，……
（2）实施审计程序 工作底稿索引号：CGL-3 样本中发现控制偏差数量：1

示例三：

货币资金审计程序表

被审计单位名称________　　索引号 I-000　　页次________

审计项目名称 货币资金　　执行人________　　日期________

会计报表截止日________　　复核人________　　日期________

是否属于评估的重大错报风险相关科目：是（ √ ） 否（　　）

审计程序	适用与否	工作底稿索引号
一、审计目标		
1．确定货币资金是否存在		
2．确定货币资金的收支记录是否完整		
3．确定库存现金、银行存款以及其他货币资金的余额是否正确		
4．确定货币资金的披露是否恰当		
二、审计程序		
（一）分析程序		
1．根据被审计单位融资政策等复核现金和银行存款余额		
……		
（二）细节测试		
1．核对现金日记账、银行存款日记账与总账的余额是否相符		
……		

三、审计工作底稿的编制要求

在我国，编制审计工作底稿的文字应当使用中文，少数民族自治地区可以同时使用少数民族文字。

1．总体要求

审计人员编制的审计工作底稿，应当使得未曾接触该项审计工作的有经验的专业人士清楚了解审计程序、审计证据与审计结论三个方面的内容，具体地说：

（1）按照审计准则和相关法律法规的规定实施的审计程序的性质、时间安排和范围；

（2）实施审计程序的结果和获取的审计证据；

（3）审计中遇到的重大事项和得出的结论，以及在得出结论时做出的重大职业判断。

2．具体要求

审计工作底稿作为审计人员在整个审计过程中形成的审计工作记录资料，在编制上应满足以下几个方面的要求：

（1）资料翔实。即记录在审计工作底稿上的各类资料来源要真实可靠，内容完整。

（2）重点突出。即审计工作底稿应力求反映对审计结论有重大影响的内容。

（3）繁简得当。即审计工作底稿应当根据记录内容的不同，对重要内容详细记录，对一般内容简单记录。

（4）结论明确。即按审计程序对审计项目实施审计后，审计人员应在审计工作底稿中对该审计项目明确表达其最终的专业判断意见。

（5）要素齐全。即构成审计工作底稿的基本内容应全部包括在内。

（6）格式规范。即审计工作底稿所采用的格式应规范、简洁。

（7）标识一致。即审计符号的含义应前后一致，并明确反映在审计工作底稿上。

（8）记录清晰。即审计工作底稿上记录的内容要连贯，文字要端正，计算要准确。

四、审计工作底稿的复核

审计工作底稿编制完成后需要进行复核，因为复核可以减少或消除人为的审计误差，以降低审计风险，提高审计质量；并且可以及时发现和解决问题，保证审计计划顺利执行。

对审计工作底稿的复核遵循三级复核制度。所谓的三级复核制度，是指审计工作底稿应由项目经理、部门经理和审计机构的主任会计师或专职的复核机构或复核人员对审计工作底稿进行逐级复核的一种复核制度。

第一级复核是项目经理（或者项目负责人）的复核，称为详细复核。它要求项目经理对下属审计助理人员形成的审计工作底稿逐张复核，发现问题及时指出，并督促审计人员及时修改完善。

第二级复核是部门经理（或者是签字注册会计师）的复核，称为一般复核。它是在项目经理完成了详细复核之后，再对审计工作底稿中重要会计账项的审计、重要审计程序的执行，以及审计调整事项等进行复核。部门经理复核是对项目经理复核的一种再监督，也是对重要审计事项的重点把握。

第三级复核是主任会计师（或者合伙人）的复核，是最后一级复核，又称为重点复核。它是对审计过程中的重大会计师审计问题、重大审计调整事项及其重要的审计工作底稿进行的复核。主任会计师复核既是对前面两级复核的再监督，也是对整个审计工作的计划、进度和质量的重点把握。

一般来说，复核时应做好以下几项工作：

（1）做好复核记录，对审计工作底稿中存在的问题和疑点要明确指出，并以文字记录于审计工作底稿中。

（2）复核人签名和签署日期，这样，有利于划清审计责任，也有利于上级复核人对下级复核人的监督。

（3）书面表示复核意见。

（4）督促编制人员及时修改、完善审计工作底稿。

五、审计工作底稿的归档

1．审计工作底稿归档的期限

审计工作底稿形成后，可以按照审计循环或会计报表项目，以及审计工作底稿的使用期限长短进行分类，再标上相应的标识号和页次后，分别存档。

审计工作底稿的归档期限为审计报告日后 60 天内。如果审计人员未能完成审计业务，审计工作底稿的归档期限为审计业务中止后的 60 天内。

2．审计档案的分类

通常情况下，会计师事务所应将审计档案分为永久性档案和当期档案。永久性档案是指那些记录内容相对稳定，具有长期使用价值，并对以后审计工作具有重要影响和直接作用的审计档案。例如，被审计单位的组织结构、批准证书、营业执照、章程、重要资产的所有权或使用权的证明文件复印件等。当期档案是指那些记录内容经常变化，仅供当期审计使用和下期审计参考的审计档案。例如，总体审计策略和具体审计计划、应收账款询证函的回函等。

目前，一些大型国际会计师事务所不再区分永久性档案和当期档案，主要以电子形式保留审计工作底稿，但大部分事务所仍然既保留电子版又保留纸质的审计档案。

3．审计档案的所有权和保存期限

审计档案的所有权属于接受委托进行审计的会计师事务所。

会计师事务所应当自审计报告日起，对审计工作底稿至少保存 10 年。如果注册会计师未能完成审计业务，会计师事务所应当自审计业务中止日起，对审计工作底稿至少保存 10 年。对于保管期限届满的审计档案，会计师事务所可以决定将其销毁。销毁时，应履行必要的手续。

延伸阅读

立承会计师事务所有限责任公司是在北京注册登记的国内大型事务所，现有从业人员 349 人，其中注册会计师 172 人，注册资产评估师 172 人，注册资产评估师、注册工程造价师、高级咨询顾问、注册税务师共 87 人，平均年龄 38 岁。

现有上市公司当宜股份有限公司（以下简称当宜公司）连续委托立承会计师事务所进行 2014 年度财务报表审计。以下是审计承接阶段相关的审计工作底稿。

表 1 承接业务的风险初步评价表

被审计单位名称：当宜公司　　编制：李新　　日期：2014 年 11 月 5 日　　索引号：PGFX-1

内容：承接业务的风险初步评价　　复核：李童　　日期：2014 年 11 月 6 日　　页码：1/1

会计期间：2014 年 1 月 1 日—12 月 31 日

项　目		说　明	风险评估
当宜公司	委托原因	法律法规规定	中等
	审计内容	当宜公司 2014 年度财务报表	中等
	行业环境	同行业竞争激烈，当宜公司的竞争优势一般	高
	公司背景	当宜公司是 1981 年成立的大型国有企业，1996 年股份制发行之后上市	较低
	产品销售情况	当宜公司开发和生产日用化学制品及原辅材料、清洁制品、卫生制品、消毒制品等，营销渠道比较成熟	中等
	以前会计期间是否经过审计及审计意见类型	自 2012 年起连续委托立承会计师事务所进行审计，一直出具无保留意见审计报告	较低
	是否连续亏损	近 3 年经审计确认的净利润逐年稳步增长	较低
	资产负债率	近 3 年资产负债率均在 60%左右	中等
	内部控制制度	比较健全	中等
	有无潜亏因素	无	较低
会计师事务所及其注册会计师	独立性	在实质上和形式上均独立于客户	较低
	胜任能力	有专业胜任能力，经常受到业务培训	较低
	是否向客户提供了其他服务	无	较低
	是否具有充足的时间和人力执行该业务	有充足的审计人员和时间保证	较低
评价结论：审计风险中等偏下，在会计师事务所可以接受的范围之内，可以接受委托。			

表 2　评估财务报表层次的重大错报风险

被审计单位名称：当宜公司　　编制：李新　　日期：2014 年 11 月 5 日　　索引号：PGFX-2
内容：评估财务报表层次的重大错报风险　　复核：李童　　日期：2014 年 11 月 6 日　　页码：1/1
会计期间：2014 年 1 月 1 日—12 月 31 日

（一）了解被审计单位及其环境所识别的风险汇总

公司开发和生产的产品季节性和周期性并不明显，顾客对新产品和服务的品质感日益增加；能源消耗在成本中所占比重不大，能源价格的变化对成本的影响较小。

该公司属于化工行业，同行业生产厂家众多，同时，国内日用品市场开放较早，世界一流的日用品公司均已进入我国，行业内部竞争较激烈。

项目组依据上述情况，识别出当宜公司可能存在的经营风险，其领域主要集中于行业发展、监管要求、业务扩张、新实施的会计法规等方面。

（二）被审计单位整体层面内部控制的评价结论

当宜公司对诚信和道德价值观念的沟通与落实情况良好；治理层和管理层对相关人员的胜任能力比较重视；董事会建立了审计委员会；管理层的理念和经营风险风险适中；组织结构及职权与责任的分配比较明确。

通过对内部控制的了解，该公司的内部控制制度基本健全且执行有效，评估的重大错报风险为中等水平。

（三）舞弊风险汇总

舞弊风险存在的可能性很小。

（四）评估财务报表层次的重大错报风险——结论

被审计单位总体风险评估为：风险中等，在可控制的范围内。

表 3　评估认定层次的重大错报风险

被审计单位名称：当宜公司　　编制：李新　　日期：2014 年 11 月 5 日　　索引号：PGFX-3
内容：评估认定层次的重大错报风险　　复核：李童　　日期：2014 年 11 月 6 日　　页码：1/1
会计期间：2014 年 1 月 1 日—12 月 31 日

重大账户	认定	识别的重大错报风险	风险评估结果
			重大错报风险
应收账款	存在、完整	控制风险	高水平
短期借款	存在、权利和义务	控制风险	中等水平
所得税费用	计价和分摊	经营风险	中等水平
原材料	存在、计价和分摊	固有风险	中等水平
应交税费	完整、计价和分摊	经营风险	中等水平
主营业务收入	发生、完整、截止、准确性	控制风险	高水平
应付职工薪酬	存在、完整	经营风险	中等水平
坏账准备	计价和分摊	控制风险	中等水平

表 4 重要性水平评估表

被审计单位名称：当宜公司 编制：李新 日期：2014 年 11 月 5 日 索引号：PGFX-4

内容：重要性水平评估 复核：李童 日期：2014 年 11 月 6 日 页码：1/1

会计期间：2014 年 1 月 1 日—12 月 31 日

	年份或项目	利润总额	营业收入	资产总额	净资产
重要性水平评估	前 3 年平均数（元）				
	当年未审数（元）	24 689 530	100 655 260	143507180	55 339 703
	重要性参考标准（元）				
	重要性标准（比例）（%）	10	1	1	2
	重要性标准（绝对值）（元）	2 468 953	1 006 553	1435072	1 106 794
	结合其他定性因素，注册会计师李新通过与项目组讨论、结合职业判断，确定当宜公司财务报表层次重要性水平为 1 000 000 元。实际执行的重要性水平确定为报表层次重要性水平的 70%。				

	项目名称	金额（元）	项目名称	金额（元）
重要性水平分配	应收账款	120 000	无形资产	100 000
	预付账款	30 000	长期待摊费用	80 000
	其他应收款	5 000	应付账款	20 000
	存货	180 000	预收账款	10 000
	长期股权投资	50 000	其他应付款	5 000
	固定资产	200 000	非流动负债	150 000
	在建工程	50 000	合计	1 000 000

说明	1．货币资金、应交税费、实收资本等账户不在重要性水平之内； 2．重要性标准计算基础以当年未审数为主，适当参考前 3 年平均数进行职业判断。

第六章

内部控制与业务循环

学习目标

1. 理解内部控制的要素
2. 掌握内部控制的三种描述方法
3. 了解内部控制的评价程序
4. 理解业务循环的概念及类型
5. 了解业务循环审计和分项审计

导入案例

罗宾斯药材公司一直聘请美国著名的沃特蒙斯会计师事务所进行财务报表审计。该所的注册会计师每年都对该公司的财务报表发表了无保留的审计意见。1938 年，美国证券交易委员会对该公司 1937 年的财务报表审核时发现：1937 年 12 月 31 日该公司的合并资产负债表中的 1 907.5 万美元的资产是虚构的；1937 年度合并利润表中，虚假的销售收入和毛利分别达 1 820 万美元和 180 万美元；该公司经理等人都是有前科的诈骗犯，他们用假名混入公司并爬上管理层，相互勾结，使欺诈活动持久没被发现。罗宾斯药材公司的最大债权人因为信赖会计师事务所的审计报告而贷款给该公司导致受到巨大损失，因此，债权人要求会计师事务所对其损失进行赔偿，最后在证券交易委员会的调解下，会计师事务所以历年来收取的审计费用作为对该债权人的赔偿。此案件暴露了当时审计程序的不足，美国注册会计师协会修订了新审计程序准则。其中要求注册会计师对企业的内部控制进行评价，以内部控制为基础进行抽样审计，从此把被审计单位的内部控制纳入审计视线，成为审计工作不可或缺的内容。

第一节　内部控制

一、内部控制概述

1．概念

内部控制是在一定的环境下，单位为提高经营效率、充分有效地获得和使用各种资源，达到既定管理目标，而在单位内部实施的各种制约和调节的组织、计划、程序和方法。

内部控制是企业生产经营活动的自我调节和自我制约的内在机制。企业规模越大，内部控制的重要性越显著。通常，企业内部控制有以下几个方面的作用：

（1）保证会计信息的真实性和准确性。健全的内部控制，可以保证会计信息的采集、归类、记录和汇总过程，从而真实地反映企业的生产经营活动的实际情况，并及时发现和纠正各种错误，从而保证会计信息的真实性和准确性。

（2）有效地防范企业经营风险。内部控制通过对企业风险的有效评估，不断加强对企业经营薄弱环节的控制，把企业的各种风险消灭在萌芽之中，是企业风险防范的一种最佳方法。

（3）维护财产和资源的安全完整。健全完善的内部控制能够科学有效地监督和制约财产物资的采购、计量、验收等各个环节，从而确保财产物资的安全完整，并能有效地纠正各种损失浪费现象。

（4）促进企业的有效经营。健全有效的内部控制，可以使各部门密切配合，充分发挥整体的作用，以顺利达到企业的经营目标。同时，由于严密的监督与考核，能真实地反映工作实绩，再配合合理的奖惩制度，便能激发员工的工作热情及潜能，从而促进整个企业经营效率的提高。

2．要素

企业建立与实施有效的内部控制，应当包括内部环境、风险评估、控制活动、信息与沟通和内部监督五项要素。

（1）内部环境。内部环境是企业实施内部控制的基础，一般包括治理结构、机构设置及权责分配、内部审计、人力资源政策、企业文化等。

（2）风险评估。风险评估是企业及时识别、系统分析经营活动中与实现内部控制目标相关的风险，合理确定风险应对策略。具体包括：目标、风险、环境变化后的管理，等等。

（3）控制活动。控制活动是企业根据风险评估结果，采用相应的控制措施，将风险控制在可承受度之内。控制活动在企业内的各个管理层和职能之间都会出现，主要包括：高层经理人员对企业绩效进行分析、相关部门进行管理、对信息处理的控制、实体控制、绩效指标的比较、分工。

（4）信息与沟通。信息与沟通是企业及时、准确地收集、传递与内部控制相关的信息，确保信息在企业内部、企业与外部之间进行有效沟通。企业所有员工必须从管理层清楚地获取承担控制责任的信息，而且必须有向上级部门沟通重要信息的方法，并对外界顾客、供应商、政府主管机关和股东等做有效的沟通。

（5）内部监督。内部监督是企业对内部控制建立与实施情况进行监督检查，评价内部控制的有效性，发现内部控制缺陷，应当及时加以改进。具体包括：持续的监控活动、个别评估、报告缺陷。

内部控制的五个要素之间不是互相孤立存在的，而是互相支撑、紧密联系的逻辑统一体。如图 6-1 所示：

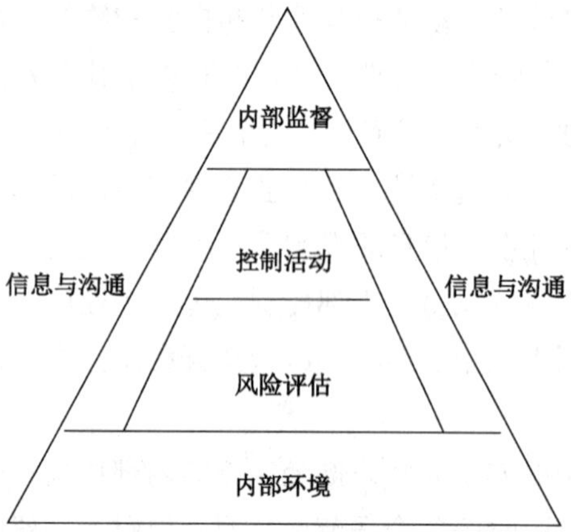

图 6-1　内部控制的五个要素

内部环境是基础，决定其他要素能否有效运行。内部监督是对内部控制的质量进行评价的过程，因此处于最高处。企业通过一定的技术手段，找出影响战略目标实现的各种因素，并对其存在的风险隐患进行分析，从而确定相应的风险应对策略，就是风险评估，它是采取控制活动的根据。而且根据明确的风险应对策略，企业采取有效控制风险的应对措施，就是控制活动。信息与沟通在五个要素中处于承上启下、沟通内外的关键地位。控制环境与其他要素之间的相互作用需要通过信息与沟通这一桥梁才能发挥作用，风险评估、控制活动和内部监督的实施需要以信息与沟通结果为依据，它们的结果也需要通过信息与沟通渠道来反映。

二、内部控制的描述方法

审计人员对被审计单位内部控制的调查结果，应该通过一定方法描述出来。常用的方法有文字说明法、调查表法和流程图法三种。

1．文字说明法

文字说明法是将被审计单位内部控制的调查结果，以简洁的文字加以叙述的方法。

举例

广西华康股份有限公司产成品收发的内部控制

2016 年 12 月

<table><tr><td>
产成品仓库由张辉师傅负责。产成品入库时，仓库会同质量检验处根据生产车间入库单的数量、等级验收产成品，并由仓库填写产成品验收入库单。验收入库单一式三联：第一联由仓库留存登记产成品卡片，第二联交销售处登记产成品明细账，第三联连同生产车间的入库单交会计处登记总账。各产成品销售部门均由专人负责签发出库单。产成品发出时，由销售部门填制出库单，凭一式三联的出库单向仓库要求发出产成品。仓库发出产成品后，将第一联出库单留存登记产成品卡片，第二联交销售处登记产成品明细账，第三联交会计处登记产成品总账和明细账。

产成品的收发采用永续盘存制记录，按实际成本计价。

销售处每月编制产成品收发存月报，并报送会计处。经管产成品明细账的会计员张灿根据销售处送来的收发存月报，与产成品明细账核对，并编制产成品收发汇总表。张灿根据产成品明细账登记产成品总账。

评价：产成品收发的内部控制系统不够健全。产成品总账和明细账都是由张灿同志登记，不相容职务未进行分离。

上述情况说明产成品收发的内部控制系统存在明显的缺陷。

审计员：赵一明
2016 年 12 月 13 日
</td></tr></table>

文字说明法的优点主要有两个方面：一是可以对调查对象做出比较深入和具体的描述，二是使用范围广泛，不受企业类型的限制。其缺点主要是对于规模较大，内部控制较为复杂的企业，用文字说明显得过于复杂，不便从总体上对内部控制系统做出全面评价。

2．调查表法

调查表法是指审计人员利用事先设计好的标准化格式的调查表来反映被审计单位内部控制状况的方法。

调查表法的优点是主要有三个方面：一是调查范围明确，问题突出，容易发现被审计单位内部控制系统中存在的缺陷和薄弱环节；二是设计合理的调查表，可广泛适用于同类型企业，从而减少审计工作量；三是调查表可由若干人分别同时回答，有助于保证调查效果。其缺点也表现在三个方面；一是反映问题不全面，仅限于被调查事项的范围；二是调查表仅要求做出是或否的回答，难以反映被审计单位事项的具体情况和存在问题的程度；三是标准格式的调查表缺乏弹性，难以适用于各类型企业。

举例

内部控制制度调查表

被调查单位：广西华康股份有限公司　　　　　调查日期：2016 年 12 月 20 日

调查内容：材料采购业务内部控制制度

被调查人：张某、王某、刘某…等

调查问题	调查结果				备注
	是	否		不适用	
		较轻	较重		
1．材料采购前是否制订材料采购计划？	√				
2．每次采购材料的数量是否超过规定的定额？		√			
3．有无材料请购审批制度？	√				
4．材料入库是否有严格的验收制度？	√				
……					

审计负责人：刘明　　　　　审计调查人：王成

3．流程图法

流程图法是指用特定的符号和图形来描述某项业务的整个处理过程，将凭证和记录的产生、传递、检查、保存及其相互关系，用图解的形式直观地表达出来的方法。

流程图法的优点主要体现在两个方面：一是可以将各项业务活动的职责分工、授权批准和复核验证等项控制措施与功能完整地显示出来，并且形象直观，能够突出现有的控制点，有助于审计人员全面了解内部控制系统的运行情况，及时识别系统中的不足之处；二是便于随时根据业务控制程序的变化对流程图做出修改。而其缺点主要是由于缺少文字说明，较复杂的业务不易理解，并且绘制流程图需要一定的技术，对相关人员的素质要求较高。

举例　原材料进货检验流程图，如图 6-2 所示。

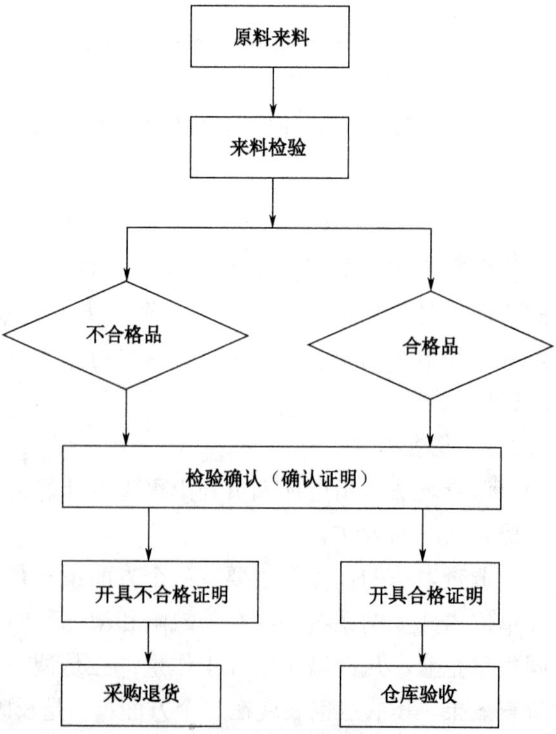

图 6-2　原材料进货检验流程图

内部控制的三种描述方法是相互依赖和补充的，在描述某单位内部控制时，可对不同业务环节使用不同的方法，也可同时使用两种或三种方法。很多情况下，多种方法结合使用，描述的效果更好。

三、内部控制的评价

内部控制评价，是指企业董事会或类似权力机构对内部控制的有效性进行全面评价，形成评价结论，出具评价报告的过程。企业应该围绕内部环境、风险评估、控制活动、信息与沟通和内部监督等要素，确定内部控制评价的内容，对内部控制设计与运行情况进行全面评价。

内部控制评价程序一般包括：设置内部控制评价部门、制订评价工作方案、组成评价工作组、实施现场测试、汇总评价结果、编报评价报告等环节。

1．设置内部控制评价部门

企业可以授权内部审计部门或专门机构（以下简称内部控制评价部门）负责内部控制评价的具体组织实施工作。

2．制订评价工作方案

内部控制评价部门应当根据企业实际情况和管理要求，分析企业经营管理过程中的高风险领域和重要业务事项，制订科学合理的评价工作方案，报经董事会或其授权机构审批后实施。评价工作方案应当明确评价主体范围、工作任务、人员组织、进度安排和费用预算等相关内容。

3．组成评价工作组

由内部控制评价工作组具体实施内部控制评价工作。评价工作组应当吸收企业内部相关机构熟悉情况的业务骨干参加。评价工作组成员对本部门的内部控制评价工作应当实行回避制度。企业也可以委托中介机构实施内部控制评价。为企业提供内部控制审计服务的会计师事务所，不得同时为同一企业提供内部控制评价服务。

4．实施现场测试

评价工作组根据评价工作方案确定的内部控制评价范围，入驻被评价单位，实施现场测试。现场测试的一般步骤如图6-3所示。

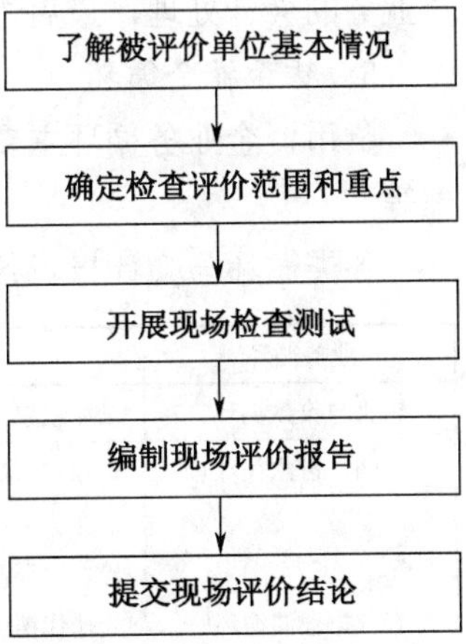

图6-3　现场测试的一般步骤

5．汇总评价结果

内部控制评价部门汇总各评价工作组的评价结果。对于认定的内部控制缺陷，内部控制评价部门应当提出整改建议，要求责任单位及时整改，并跟踪其整改落实情况；已经造成损失或负面影响的，企业应当追究相关人员的责任。

6．编报评价报告

内部控制评价部门以汇总的评价结果和认定的内部控制缺陷为基础，综合内部控制工作整体情况，客观、公正、完整地编制内部控制评价报告，并报送企业经理层、董事会和监事会，由董事会最终审定后对外披露或以其他形式加以合理利用。

第二节　业务循环

一、业务循环的概念及类型

业务循环是指处理某一类型经济业务的工作程序和先后顺序的总称。企业的业务循环主要包括销售与收款循环、采购与付款循环、存货与仓储循环、筹资与投资循环、货币资金循环等五类。

1．销售与收款循环

从处理顾客订单开始，经过确定信用条件、装运货品、记录销售、给顾客开账单等过程，再到收取并处理记录现金收入，增加坏账准备，增加其他贷项并调整项目和准备金。

2．采购与付款循环

从处理采购申请开始，经发出订购单、接收货品及服务，到处理给卖方的发票与收货报告和订购单，支付现金，最后记录货品的收取以及负债现金等项目的增减。

3．存货与仓储循环

从收取货品开始，经过货品入库、收货和入库的会计处理、处理货品（生产），到进行生产过程中的成本会计，在产品或产成品入库，最后装运出厂。

4．筹资与投资循环

从发行长期债券和股票开始，支付利息和股利、赎回证券及支付到期债券，进行融资业务的会计处理，最后进行利息与股利支付的详细簿记及正确填写税务报表。

5．货币资金循环

货币资金业务循环主要有处理单据、受理结算凭证、办理结算、收付款项和账务处理等。

各类循环与会计报表各项目间存在一定的对应关系，见下表。

业务循环	资产负债表项目	利润表项目
销售与收款循环	应收票据、应收账款、长期应收款、预收账款、应交税费	营业收入、税金及附加
采购与付款循环	预付账款、应付票据、应付账款	管理费用、销售费用
存货与仓储循环	存货（包括：材料采购或在途物资、原材料、材料成本差异、库存商品、发出商品、商品进销差价、委托加工物资、委托代销商品、受托代销商品、周转材料、生产成本、制造费用、劳务成本、存货跌价准备、受托代销商品款、包装物、低值易耗品、自制半成品）	营业成本

续表

业务循环	资产负债表项目	利润表项目
投资与筹资循环	交易性金融资产、应收股利、应收利息、其他应收款、其他流动资产、可供出售金融资产、持有至到期投资、长期股权投资、投资性房地产、其他非流动资产、一年内到期的非流动资产、短期借款、交易性金融负债、应付利息、应付股利、其他应付款、其他流动负债、一年内到期的非流动负债、其他非流动负债、应收资本（股本）、资本公积、盈余公积、未分配利润、库存股、专项储备、一般风险准备	财务费用、公允价值变动损益、投资收益
货币资金循环	货币资金、递延所得税资产、递延所得税负债	营业外收入、营业外支出、所得税费用

二、分项审计与业务循环审计

对交易和账户余额的实质性审计程序，既可按财务报表项目，也可按业务循环组织实施。按财务报表项目组织实施的称为分项审计方法，按业务循环组织实施的称为业务循环审计方法。

举例　在分项审计方法下，如果对资产负债表的进行审计，应按资产负债表的顺序，先逐项审计流动资产的相关项目，然后逐项审计非流动资产的相关项目，再逐项审计流动负债和非流动负债的相关项目，最后审计所有者权益项目。

举例　在业务循环审计方法下，如果对被审计单位的销售与收款循环进行审计，先对该循环进行内部控制测试，了解整个循环的内部控制情况，然后对该循环对应的资产负债表项目（应收票据、应收账款、长期应收款、预收账款、应交税费）和利润表项目（营业收入、税金及附加）进行详细审计，对这些具体项目进行审计时，可对审计人员进行分工，因为这些项目都属于销售与收款循环，互相之间有着密切联系，在审计中可互相核对，相互参考审计结果。

一般而言，分项审计方法与财务报表格式相吻合，操作方便，但它的弊端也非常明显，就是与按业务循环进行的控制测试严重脱节；而业务循环审计方法则可与按业务循环进行的控制测试直接联系，加深审计人员对被审计单位经济业务的理解，便于审计人员的合理分工。另外，将特定业务循环所涉及的财务报表项目分配给一个或数个审计人员，能够提高审计工作的效率与效果。基于上述优点，分项审计逐渐被业务循环审计所替代。

延伸阅读

内部控制审计案例分析——以新华制药为例

一、新华制药公司概况

1．新华制药公司简介

山东新华制药股份有限公司始创于1943年，公司于1996年股票上市，是H股和A

股上市公司，集团公司持有并行使国有股权。山东新华制药是亚洲最大的解热镇痛类药物生产与出口基地，也是国内重要的咖啡因产品生产商。公司于1998年11月经中国对外贸易经济合作部批准后，转为外商投资股份有限公司。山东新华制药公司生产的咖啡因通过了美国FDA的检查和复查，出口美国，属免检产品，产品的高质量在国内外市场享有较高的声誉。作为我国重点骨干大型制药企业、亚洲最大的解热镇痛类药物生产与出口基地，以及国内重要的心脑血管类、抗感染类及中枢神经类等药物生产企业，山东新华制药经过多年的发展，为全国乃至全球医药发展做出了巨大的贡献，解决了国内外诸多医药产品线的普及需求和特殊需求。在我国化工及医药行业具有较高的企业地位和影响力。公司年产化学原料药总量2.5万吨以上，是全球最大的安乃近、布洛芬、阿司匹林、咖啡因、左旋多巴等药物生产企业，拥有乙氧苯柳胺等10个原料药独家品种，8个原料药主导品种市场占有率居国内第一位。同时“新华牌”产品在国际上还拥有极高的荣誉，许多合作伙伴系国际知名500强企业，均纷纷称赞山东新华制药是最诚信的企业、新华品质是“No.1，全世界最好的产品!”

2．新华制药内部控制概况

山东新华制药根据《公司法》《证券法》《上市公司治理准则》等有关法律法规及香港证券市场有关的规定，制定了《公司章程》《董事会工作条例》《监事会工作条例》《总经理工作条例》《信息披露管理办法》《独立董事工作制度》《投资者关系管理制度》《募集资金管理办法》《对外担保管理规定》《关联交易管理办法》等重大规章制度，确保了公司股东大会、董事会、监事会的召开、重大决策等行为合法、合规、真实、有效。新华制药制定的内部管理与控制制度以公司的基本控制制度为基础，涵盖了财务管理、生产管理、物资采购、产品销售、对外投资、行政管理等整个生产经营过程，确保各项工作都有章可循。

新华制药公司各部门职能及相关制度如下：

新华制药按照《公司法》《证券法》和公司章程的规定建立了较为完善的法人治理结构。股东大会是公司最高权力机构，通过董事会对公司进行管理和监督。董事会是公司的常设决策机构，向股东大会负责，对公司经营活动中的重大决策问题进行审议并做出决定，或提交股东大会审议。监事会是公司的监督机构，负责对公司董事、经理的行为及公司财务进行监督。公司的总经理由董事会聘任，在董事会的领导下，全面负责公司的日常经营管理活动，组织实施董事会决议结合公司实际情况，山东新华制药公司下设办公室、人力资源部、财务资产部、发展规划部、生产运行部、安全环保部、审计部、质量检验部、研究院、机动工程部等部门，并制定了相应的岗位职责，各职能部门之间职责明确，相互牵制。公司各控股子公司在一级法人治理结构下建立完备的决策系统、执行系统和监督反馈系统，并按照相互制衡的原则设置内部机构和生产部门。总体来说，建立健全并有效实施内部控制是公司董事会的责任，监事会对董事会建立与实施内部控制进行监督，经理层负责组织领导公司内部控制的正常运行。

二、新华制药公司的内部控制评价

我们以最新的COSO报告即《企业风险管理整合框架》为依据，对新华制药内部控制体系从内部控制环境、风险评估、控制活动、信息与沟通以及内部监督五个方面进行分析，以找出新华制药内部控制的缺失，进而找出内部控制缺失原因，以对新华制药内部控制体系进行评价。

1．内部控制环境分析

内部控制环境处于内部控制五大要素之首，也说明内部控制环境是整个内部控制体系的基础。我们选取了公司治理结构、机构设置及权责分配，人力资源政策和法律环境来作分析。

1）公司治理结构、机构设置及权责分配（见下图）

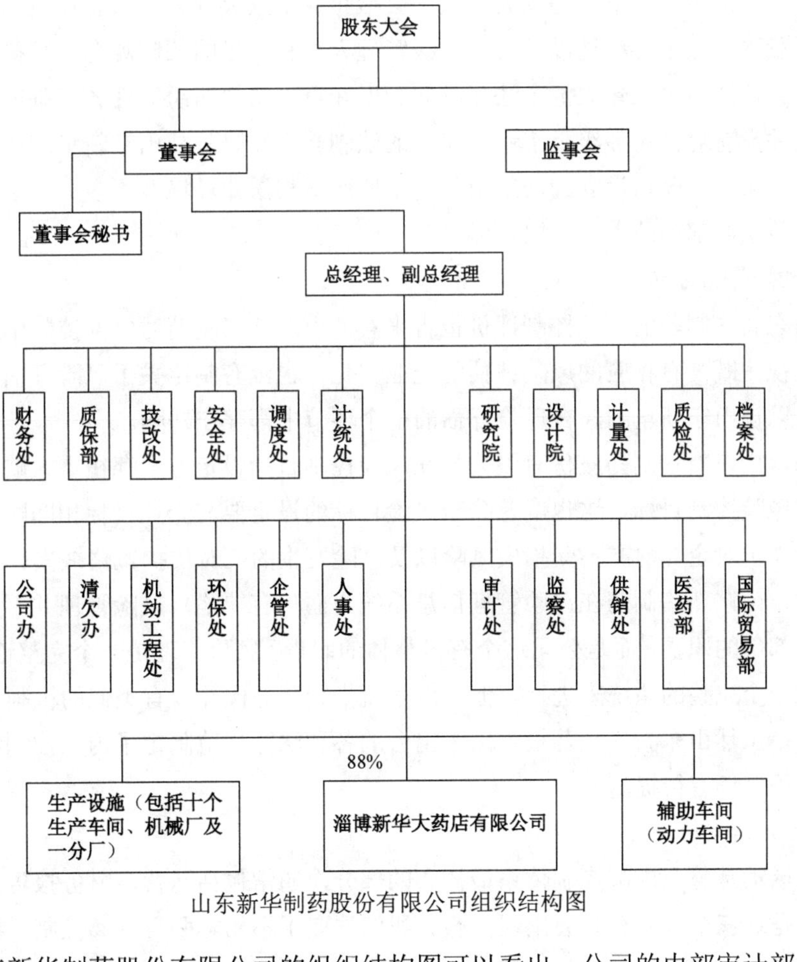

山东新华制药股份有限公司组织结构图

从山东新华制药股份有限公司的组织结构图可以看出，公司的内部审计部是直接向公司的总经理、副总经理负责的，这就导致了内部审计部门不能有效地监督公司的高级管理人员。同时山东新华制药的独立审核委员会是下设在董事会的，这也使得独立审核委员会不能充分发挥其独立性。山东新华制药股份有限公司的机构设置及职责分配也存在重大缺陷，具体表现在子公司的不同部门对同一客户有相同的授信权利。这很容易造成权责含糊不清，阻碍公司的发展。

2）人力资源政策

山东新华制药股份有限公司的人力资源政策是："以德选人，德才兼备，人各有才，人尽其才"。同时公司有薪酬与考核委员会、提名委员会两个常设的专门委员会，主要负责公司的高层管理人员、关键岗位人员的考核与提任。山东新华制药的人力资源政策保证了公司健康平稳的发展。

3）法律环境

企业如果不具有较强的法律意识，不能充分认识到法律风险的存在，并对其进行有效控制，轻则给企业带来经济损失，重则会给企业带来灭顶之灾。企业应当加强法制教育，增强董事、监事、经理以及其他高级管理人员和员工的法制观念，严格依法决策、依法办事、依法监督，建立健全法律顾问制度和重大法律纠纷案件备案制度。但是山东新华制药并没有对公司各级员工进行完善的法制教育，另外从山东新华制药的内部控制评价的报告来看，公司设立的法纪部门的主要职责与法律环境并无多大关系，山东新华制药要规整法纪部门的主要作用。

2．风险评估分析

从山东新华制药的内部控制评价报告来看，山东新华制药对内部控制中风险评估环节并不重视，既没有相应的风险评估的企业文化，也没有制定关于风险评估的内部控制制度。可以说山东新华制药在风险评估的整个环节中都存在缺陷。

首先，山东新华制药股份有限公司在风险控制目标设定方面存在重大缺失，根本就没有设定风险控制目标，这也就意味着风险目标的设定要与企业目标相匹配成为空谈，同时也缺失了对企业财产不受损失风险以及风险发生的应对保护策略缺失。

再次，山东新华制药在风险管理信息系统方面也有缺陷，风险管理并不是一个部门或者几个部门的职责，而是公司这个有机整体的职责。风险管理是一个完整连续的工作，需要建立一个完整的系统来进行。但是山东新华制药好像并没有类似的机制。

最后，虽然山东新华制药根据国家出台的各种法律规范制定了内部控制制度，但是其被执行程度还有待提高。

3．控制活动分析

控制活动是整个内部控制体系最核心的部分，通常包括运营，财务报告和合规三个方面，但是这三个方面有时会出现重叠。我们选取了不相容职务分离控制、授权审批控制、预算控制、营运分析控制来分析。

1）不相容职务分离控制

山东新华制药的内部控制评价报告中显示，山东新华制药为了防止因为职责分配不科学而产生错误或者舞弊行为，在山东新华制药的各个子公司、各个部门、各个业务环节进行了一系列较为详细的岗位职责分工。例如公司中负责收付现金的出纳员和负责记录交场的会计人员分别由不同的人员担任，又如将业务交易的审批授权和具体经办人相分离。如果企业中某些职能尚未或者无法分离，那么管理层应该对相关的活动进行详细有效的监管审核。山东新华制药在不相容职务分离控制环节的缺陷是没有对企业无法分离的职能进行补偿性控制。

2）授权审批控制

山东新华制药对不同部门的授信权限没有进行明确规定，不同的子公司和不同的部门都有对客户的授信权利，导致同一客户授信额度过大，对公司财务报告产生不利影响。另外，山东新华制药也没有对具有授信权利的部门的授信额度进行有效的控制，山东新华制药的内部控制制度对客户的授信额度有明确的规定，授信额度不大于客户的注册资金，但是在实际执行过程中，并未按照规定进行，甚至出现未授信发货的情况。

3）预算控制

从山东新华制药的内部控制评价报告中可以看出，山东新华制药的内部控制活动程序中并没有包含预算控制，说明山东新华制药对预算重视不够。

4）营运分析控制

山东新华制药仅仅是建立了内部稽核的控制程序，对营运分析非常片面。山东新华制药需要建立完善的营运分析的控制程序。

4. 信息与沟通分析

目前，山东新华制药的内部控制制度中并没有关于信息与沟通的内部控制制度，也没有建立重大事件信息传递的内部控制制度，而且信息收集和传递体系和信息共享体系也缺失。

5. 内部监督分析

虽然山东新华制药在内部监督环节有诸多的制度，公司的内部审计和法律法纪部门作为公司内部控制的日常稽核监督机构，根据事前、事中、事后监督的三项原则，专门负责企业经营活动和内部控制执行情况的监督和检查，并对每次的监督检查对象和内容进行详细的评价并提出一些改进建议和处理意见，以保证公司的内部控制彻底有效的实施和公司生产经营活动的正常进行。公司的管理层能够接受内部监督检查的结果，并能进行及时的处理。但是山东新华制药的内部监督的广度和深度仍然存在缺陷，内部监督机制并没有及时发现子公司对客户重复授信造成授信额度过大，也没有及时发现子公司对客户的授信额度超标，甚至也没有发现子公司无授信而发货的情况。所以说，山东新华制药在内部监督环节的执行力度和广度都有待改进。

三、新华制药公司内部控制评价结果

综合分析，我们认为新华制药公司内部控制在控制环境、风险评估、控制活动、信息与沟通、监督等问题上还有一定的缺陷，还存在可以改进的空间。结合美国的 COSO 报告框架和财政部等五部委发布的《内部控制基本规范》，我们提出以下改进：

1. 改善内部控制环境

（1）提高公司管理层对内部控制的重要性的认识。只有让公司的管理层认识到内部控制体系的重要性，才能建立完善有效的内部控制体系。公司应该对各层级的管理层进行内部控制原理教育，使其深刻地认识到内部控制的重要性，以身作则地执行内部控制制度，这样公司的内部控制体系才能高效的运转。

（2）将内部控制体系与公司治理结构有机结合。完善内部控制环境，还要做到内部控制体系与公司治理结构的有机结合。企业在设计组织架构时，必须考虑内部控制的要求，合理确定治理层及内部各部门之间的权力和责任并建立恰当的报告关系，既要能够保证企业高效运营，又要能够适应内部控制环境的需要进行相应的调整和变革。企业应当根据国家有关法律法规的规定，按照决策机构、执行机构和监督机构相互独立、权责明确、相互制衡的原则，明确董事会、监事会和经理层的职责权限、任职条件、议事规则和工作程序等。山东新华制药股份有限公司的组织架构中存在缺陷的是内部审计部门不能对经理层进行有效的监督，对此可以采取的措施是可以将内部审计部门下设在监事会，对监事会负责，这样可以有效地监督公司的高级管理者。

（3）提高公司员工内部控制方面的素质。山东新华制药要想建立完善的内部控制体系，就必须让全体员工参与到公司的内部控制体系中。企业应当加强全体员工对内部控制的认识，使每位员工积极参与到内部控制建设中，明确自身责任，明确内部控制对企业各层级、各部门、各岗位工作的重要性，更正内部控制制度设计和内部检查是内部审计部门的责任的错误观点。

2. 建立全面的风险评估机制

企业在竞争激烈的市场环境中，随时会发生各种危机。对此企业应当建立一套有效的内部控制体系，以更好地应对不确定的风险。企业应当注重包括治理结构、机构设置及权责分配、内部审计、人力资源部政策、企业文化等内容的内部环境建设。注重适时对企业面临的风险进行评估，按照目标设定、风险识别、风险评估、风险应对的要求管理风险的全过程。企业应当结合风险评估的结构，通过手工控制与自动控制、预防性控制与发现性控制相结合的方法，运用相应的不相容职务分离控制、授权审批控制、会计系统控制、财产保护控制、预算控制、运营分析控制和绩效考评控制等多种控制措施，将风险控制在可承受度之内。

3．改进资产管理控制

山东新华制药资产管理控制需要做的改进是：

（1）建立独立的资产管理部门。从山东新华制药股份有限公司的组织结构图中可以看出，山东新华制药一直没有独立的资产管理部，给企业资产管理带来很大的不便，建立独立的资产管理部门，明确资产管理部门的主要职责，做到责、权、利相统一，从而有利于提升资产的管理水平，充分发挥资产的效能。

（2）公司应该优化资产管理制度，加大制度的执行力度。公司应该根据每项资产的特点进行分析归纳，设计合理的业务流程，通常包括取得、验收移交、日常维护、更新改造、淘汰处置等环节，以此来制定合理的资产管理方法。同时，企业还应该建立科学、周密、可行的资产监督制约机制，保证制度的执行，避免只做表面文章。

（3）企业应该推行企业资产管理信息化建设。利用信息技术提高资产管理效率。

4．构建及时、有效的信息传递机制

山东新华制药在信息系统和信息传递方面要做的改进有：

（1）制定关于信息系统和信息传递的内部控制制度。山东新华制药现有的内部控制制度中缺少关于信息系统与信息传递的制度，公司要完善制度上的缺失。

（2）信息安全的重视。信息系统的安全程度直接影响着企业的经济运行和经营管理的效率与效果。因此，企业应当重视对信息系统的安全保障，建立相应的制度，采取必要的技术手段，以确保信息系统的安全、稳定、高效运行。

（3）安全措施的多样化。保证信息系统安全运行的措施有很多种，企业可以根据实际需求和具体条件进行选择。为确保企业信息系统的安全，企业可以同时选用几种安全防护措施。

5．加强内部监督

企业可以通过适当的奖惩措施，来加强内部控制的监督效果。可以根据具体的岗位职责需要来设立相应内部控制运行考核指标，依据内部监督评价结果对相关单位、部门或者人员实施适当的奖励和惩罚，这样既有利于充分调动员工的积极性，也有利于提高企业内部控制的实施水平。另外，可以选择多个专业中介机构共同完成对企业内部控制的外部评价，弥补内部监督的不足。为增强内部控制外部评价的有效性，防止因外部评价主体的监督能力不足给企业带来的风险，企业可以将内部控制评价分为财务部分和非财务部分，其中财务部分可以由会计师事务所完成，而非财务范围的内部控制应由具备企业实践管理经验的人员或者相关领域的学者和专家来评价，这样能够更加有效地识别企业的风险所在，真正体现出评价中的风险导向原则和公允性原则。

第七章

销售与收款循环审计

学习目标

1. 了解销售与收款循环的主要业务活动和相关会计凭证
2. 理解销售与收款循环的内部控制
3. 掌握销售与收款循环的控制测试
4. 掌握营业收入和应收账款的实质性测试
5. 了解坏账准备的实质性测试

导入案例

广西华康股份有限公司 2016 年度的会计报表由方平会计师事务所的审计人员王林和刘诚进行审计。王林和刘诚通过对华康公司内部控制的了解，记录了所了解和销售与收款循环相关的内部控制程序，其中有两项存在内部控制缺陷：①销售部门指定专人就销售价格、信用政策、发货及收款方式等具体事项与客户进行谈判，并与客户签订销售合同。就这一点来说，是不符合岗位分离制度的。销售谈判和签订销售合同属于不相容职务，应由两名人员分别担任。②需经销售经理审批方可销售退回，销售退回的货物经仓库部门清点后入库并填制退货接收报告，财务部门根据退货接收报告和退货方出具的退货凭证审核并办理相应的退款事项。对于上述情况的缺陷主要体现在退货没有经过质检部门检验，销售退回的货物应经质检部门检验和仓库部门清点后入库，并填制检验证明和退货接收报告，财务部门根据检验证明和退货接收报告和退货方出具的退货凭证审核并办理相应的退款事项。王林和刘诚通过对销售与收款循环相关的内部控制情况，制定下一步的审计程序。

第一节　销售与收款循环业务活动及控制测试

一、主要业务活动及相关会计凭证与记录（每描述一项业务活动，即介绍对应的会计记录）

典型的销售与收款循环所涉及的主要业务活动和相应会计记录、主要凭证有以下几种：

1. 接受客户订购单

接受客户订购单是整个销售与收款循环的起点。企业在批准了客户订购单之后，下一步就应编制一式多联的销售单。销售单是此笔销售的交易轨迹的起点之一。

在此项活动中，涉及的主要会计记录与凭证包括客户订货单和销售单等。客户订购单即客户提出的书面购货要求。企业可以通过销售人员或其他途径，如采用电话、信函和向现有的及潜在的客户发送订购单等方式接受订货，取得客户订购单。销售单是列示客户所订商品的名称、规格、数量以及其他客户订购单有关信息的凭证，作为销售方内部处理客户订购单的凭证。

2. 批准赊销信用

赊销业务的批准由信用管理部门根据管理层的赊销政策在每个客户的已授权的信用额度内进行。无论是否批准赊销，都要求被授权的信用管理部门人员在销售单上签署意见，然后再将已签署意见的销售单送回销售单管理部门。

在此项活动中，涉及的主要会计记录与凭证是销售单。

3. 按销售单供货并发运

企业管理层通常要求商品仓库只有在收到经过批准的销售单时才能供货。设立这项控制程序的目的是防止仓库在未经授权的情况下擅自发货。因此，已批准销售单的一联应送达仓库，作为仓库按销售单供货和发货给装运部门的授权依据。装运部门职员在装运之前，还必须进行独立验证，以确定从仓库提取的商品都附有经批准的销售单，并且，所提取商品的内容与销售单一致。

在此项活动中，涉及的主要会计记录与凭证是销售单和发运凭证。发运凭证即在发运货物时编制的，用以反映发出商品的规格、数量和其他有关内容的凭据。发运凭证的一联寄送给客户，其余联由企业保留，可用作向客户开具账单的依据。

4．向客户开具账单

向顾客开具账单包括编制和向顾客寄送事先连续编号的销售发票。为降低开具账单过程中出现遗漏、重复、错误计价或其他差错的风险，应设立以下控制程序：

（1）开具账单部门职员在开具每张销售发票之前，独立检查是否存在装运凭证和相应的经批准的销售单。

（2）依据已授权批准的商品价目表编制销售发票。

（3）独立检查销售发票计价和计算的正确性。

（4）将装运凭证上的商品总数与相对应的销售发票上的商品总数进行比较。

在此项活动中，涉及的主要会计记录与凭证是销售单、发运凭证、商品价目表和销售发票等。商品价目表是列示已经授权批准的、可供销售的各种商品的价格清单。销售发票是一种用来表明已销售商品的名称、规格、数量、价格、销售金额、运费和保险费、开票日期、付款条件等内容的凭证。销售发票的一联寄送给客户，其余联由企业保留，是让会计账簿中登记销售交易的基本凭据。

5．记录销售

记录销售的过程是按销售发票编制转账凭证（赊销）或现金、银行存款收款凭证（现销），再据以登记销售明细账和应收账款明细账或现金、银行存款日记账。

记录销售的控制程序包括以下内容：

（1）只依据附有有效装运凭证和销售单的销售发票记录销售，这些装运凭证和销售单应能证明销售交易的发生及其发生的日期。

（2）控制所有事先连续编号的销售发票。

（3）独立检查已处理销售发票上的销售金额同会计记录金额的一致性。

（4）记录销售的职责应与处理销售交易的其他功能相分离。

（5）对记录过程中所涉及的有关记录的接触予以限制，以减少未经授权批准的记录发生。

（6）定期独立检查应收账款的明细账与总账的一致性。

（7）定期向客户寄送对账单，并要求客户将任何例外情况直接向指定的未执行或记录销售交易的会计主管报告。

在此项活动中，涉及的主要会计记录与凭证是销售发票及附件、转账凭证、收款凭证、销售明细账、应收账款明细账、库存现金和银行存款日记账、营业收入明细账等。

6．办理和记录账款的收取

这项活动涉及有关货款收回，现金、银行存款的记录以及应收账款减少等。处理货币资金收入时最重要的是保证全货币资金如数、及时地记入现金、银行存款日记账或应收账款明细账，并如数、及时地将现金存入银行。在这方面，汇款通知单发挥着十分重要的作用。汇款通知单是一种与销售发票一起寄给顾客，由顾客在付款时再寄回销货单位的凭证。这种凭证注明顾客的姓名、销售发票号码、销货单位开户银行账号及金额等内容。如果顾客没有将汇款通知书随货款一并寄回，一般应由收受邮件的人员在拆邮件时再代编一份汇款通知书。

7．办理和记录销售退回、销售折扣与折让

客户如果对商品不满意，销售企业一般都会同意接受退货，或给予一定的销售折让；客户如果提前支付货款，销售企业则可能会给予一定的销售折扣。发生此类事项时，必须经授权批准，并应确保与办理此事有关的部门和职员各司其职，分别控制实物流和会计处理。

在此项活动中，涉及的主要会计记录与凭证是贷项通知单，贷项通知单是一种用来表示由于销售退回或经批准的折让而引起的应收销货款减少的凭证。这种凭证的格式通常与销售发票的格式相同，只不过它是用来证明应收账款的减少。

8．注销坏账

销售企业若认为某项货款再也无法收回，就必须注销这笔货款。对这些坏账，正确的处理方法应该是获取货款无法收回的确凿证据，经适当审批后及时作会计调整。

在此项活动中，涉及的主要会计记录与凭证是坏账审批表。坏账审批表，是一种用来批准将某些应收款项注销为坏账，仅在企业内部使用的凭证。

9．提取坏账准备

坏账准备提取的数额必须能够抵补企业以后无法收回的销货款。销售与收款循环的主要凭证和会计记录一览表见表 7-1。

表 7-1　销售与收款循环的主要凭证和会计记录一览表

主要业务活动	涉及的相关凭证及会计记录	相关部门
接受客户订单	客户订货单、销售单	销售管理
审批商业信用	销售单	销售管理
供货与发运	销售单、发运凭证	仓库与发货管理
向客户开具账单	销售单、发运凭证、商品价目表、销售发票	销售管理
记录销售	销售发票及附件、转账凭证、收款凭证、销售明细账、应收账款明细账、库存现金和银行存款日记账、营业收入明细账	财务
办理账款的收取	汇款通知单、收款凭证、库存现金和银行存款日记账、月末客户对账单	财务
办理和记录销货退回、销售折扣与折让	贷项通知单、折扣与折让明细账	销售管理、财务、仓库与发货管理
注销坏账	坏账审批表	销售管理、财务
提取坏账准备	—	财务

二、销售与收款循环的内部控制

销售与收款循环的内部控制主要包括以下方面：

（1）适当的职责分离。适当的职责分离有助于防止各种有意或无意的错误。通常办理销售、发货、收款三项业务的部门（或岗位）分别设立；赊销批准职能与销售职能必须分离；销售人员应当避免接触销货现款及开具销售发票；坏账准备的计提与批准要相互分离，坏账的核销与批准要相互分离；等等。例如，主营业务收入账如果系由记录应收账款之外的职员独立登记，并由另一位不负责账簿记录的职员定期调节总账和明细账，就构成了一项交互牵制；规定负责主营业务收入和应收账款记账的职员不得经手货币资金，也是防止舞弊的一项重要控制。

（2）恰当的授权审批。销售发票和发货单须经企业有关负责部门和人员审批；顾客的内销要经过授权审计；销售价格、付款条件、运费和销售退回、折让与折扣等的确定要经过适当的授权批准；对确实无法收回的应收账款，按规定程序批准后，方可作为坏账处理。

（3）充分的会计记录。为实现各项控制目标，需要具备充分的记账手续、会计凭证和记录。例如，企业在收到客户订购单后，就立即编制一份预先编号的一式多联的销售单，分别用于批准赊销、审批发货、记录发货数量以及向客户开具账单和销售发票等，在这种情况下，只要定期清点销售单和销售发票，就基本上可以防止漏开账单的情形。

（4）凭证的预先连续编号。对凭证进行预先连续编号，是为了防止销售以后遗漏向客户开具账单或登记入账，也可防止重复开具账单或重复记账。由收款员对每笔销售开具账单后，将发运凭证按顺序归档，而由另一位职员定期检查全部凭证的编号，并调查凭证缺号的原因。

（5）定期核对。应收账款总账、明细账，营业收入的总账、明细账等应定期进行核对。应收账款应建立核对催收制度，每月由独立的人员向客户寄送对账单，并定期检查确定账龄较长的欠款。

（6）按月寄出对账单。由不负责现金出纳和销售及应收账款记账的人员按月向客户寄发对账单，能促使客户在发现应付账款余额不正确后及时反馈有关信息。为使这项控制更加有效，最好将账户余额中出现的所有核对不符的账项，指定一位不负责货币资金也不记载营业收入和应收账款项目的主管人员处理。

（7）内部核查。内部核查是指由内部审计人员或其他独立人员核查销售交易的处理和记录，是实现内部控制目标不可缺少的一项控制措施。由财务部门内部独立的复核人定期核对账目，定期核对销售与收款交易编制的会计分录是否适当、定期检查相关原始凭证编号的完整性等，也包括由被审计单位内部审计人员或其他独立人员对销售与收款业务相关账簿和凭证的核查。

三、销售与收款循环的控制测试

在对销售与收款循环的内部控制进行控制测试时，要首先了解每项业务活动的关键控制点。关键控制点是指未加控制就会产生错弊的关键环节，销售与收款循环涉及的业务活动中的关键控制点、防范的错报与控制测试见表7-2。

表7-2　销售与收款循环的关系控制点与控制测试

主要业务活动	关键控制点	防范的错报	可能的控制测试
一、接受顾客订单	1. 确定顾客在已批准的顾客清单上； 2. 每次销售都有已批准的销售单	可能销售商品给了未经授权的顾客	审查已批准的顾客清单和销售单
二、批准信用	1. 信用部门须对所有新顾客做信用调查； 2. 在销售前，检查顾客的信用额度； 3. 要求被授权的信用部门人员在销售单上签署意见	承担了不适当的信用风险	1. 询问对新顾客做信用调查的程序； 2. 核对信用额度与销售情况 3. 审查赊销信用是否经适当的授权批准
三、按销售单发货、装运货	1. 发货、装运货都需有已批准的销售单； 2. 按销售单发货和装运的职责相分离； 3. 每次装运都编制装运凭证	1. 所发出、装运的货物可能和被订购的货物不符； 2. 可能有未经授权的发出、装运货物	1. 观察发运、装运货物的职责分工情况； 2. 审查装运凭证及独立稽核的证据
四、开单给顾客	1. 每张发票须有与之相配合的装运凭证和已批准的销售单； 2. 每张装运凭证须有与之相配合的销售发票； 3. 由独立人员对销售发票的编制做内部核查	1. 可能对虚构的交易开单或重复开单； 2. 有些装运凭证可能没有开账单； 3. 销售发票可能计价错误	1. 将发票核对至装运凭证和已批准的销售单； 2. 追查装运凭证至销售发票； 3. 检查和计算发票的计价
五、记录销售	1. 销售发票与销售账和顾客账的金额一致； 2. 每月定期给顾客寄送对账单	1. 发票可能未入销售账和顾客账户； 2. 发票可能过到错误的顾客账户	1. 复核独立检查证据； 2. 观察月末对账单情况
六、办理和记录现金、银行存款收入	1. 采用汇款通知单； 2. 独立检查入账、过账的金额与每日现金汇总表的一致性； 3. 定期编制银行存款余额调节表	1. 货币资金失窃； 2. 收款记录错误	1. 核对发运凭证与相关的销售发票和主营业务收入明细账及应收账款中的分录； 2. 审查银行存款余额调节表

（1）抽取一定数量的销售发票，作如下检查：

① 检查发票是否连续编号，作废发票的处理是否正确。

② 核对销售发票与销售订单、出库单所载明的品名、规格、数量、价格是否一致。

③ 检查销售发票中所列的数量、单价和金额是否正确。

④ 从销售发票追查至有关的记账凭证、明细账，确定被审计单位是否正确、及时地登记有关凭证和账簿。

（2）抽取一定数量的出库单，并与相关的销售发票进行核对，检查已发出的商品是否均已向顾客开出发票。

（3）抽取一定数量的销售调整业务的会计凭证，检查销售退回、折让、折扣和核准与会计核算。

① 确定销售退回、折让与现金折扣是否经过适当的授权，授权人与收款人的职责是否分离。

② 检查销售退回与折让是否附有贷项通知单。

③ 检查退回的商品是否有验收报告，并将验收报告中的数量、金额与贷项通知单等进行核对。

（4）抽取一定期间的对账单与相应的应收账款明细账的余额进行核对，确定被审计单位是否定期与顾客对账。

（5）观察员工获得或接触资产、凭证和记录的途径，观察员工在执行授权、发货、开票等职责时的表现，确定被审计单位是否存在必要的职责分离、内部控制在执行过程中是否存弊端。

举例 注册会计师A和B于2016年12月1—7日对广西华康公司的销售和收款循环的内部控制进行了解和测试，并在相关审计工作底稿中记录了了解和测试的事项，摘要如下：

（1）华康公司发出产成品时，由销售部填制一式四联的出库单。仓库发出产成品后，将第一联出库单留存登记产成品卡片，第二联交销售部留存，第三、四联交会计部会计人员刘某登记产成品总账和明细账。

（2）会计人员王某负责开具销售发票。在开具销售发票之前，先取得仓库的发货记录和销售商品价目表，然后填写销售发票的数量、单价和金额。

要求：根据上述摘录，请代注册会计师A和B指出华康公司存在的内部控制缺陷，并给出改进建议。

分析 （1）会计人员刘某同时登记产成品总账和明细账，不相容职务未进行分离。应建议甲公司由不同的会计人员登记产成品总账和明细账。

（2）会计人员王某开销售发票不能只依据发货单和价目表，因为实际销售的数量和结算价格可能会与发货单上的数量以及价目表上的价格不一致。应建议华康公司会计人员王某先核对装运凭证和相应的经批准的销售单，并根据已授权批准的商品价格填写销售发票的价格，根据装运凭证上的数量填写销售发票的数量，再根据数量和价格计算出金额。

第二节　销售与收款循环主要项目审计

销售与收款循环包括的项目有：营业收入、应收账款、坏账准备、应收票据、预收账款、应交税费、其他应交款项、税金及附加、销售费用等。下面仅就最主要的营业收入项目和应收账款与坏账准备项目的审计进行详细阐述。

一、营业收入审计

营业收入是企业在销售商品或者提供劳务等经营业务中实现的营业收入。包括基本业务收入和其他业务收入。营业收入审计是指对企业营业收入的真实性、合法性和正确性所进行的审查。

1. 营业收入审计目标

营业收入的审计目标主要有：

（1）确定利润表中记录的营业收入是否已经发生。

（2）确定所有应当记录的营业收入是否均已记录。

（3）确定与营业收入有关的金额及其他数据是否已经恰当记录。

（4）确定营业收入是否已记录于正确的会计期间。

（5）确定营业收入是否已经按照会计准则的规定在财务报表中做出恰当的列报。

2. 营业收入实质性测试程序

（1）获取或编制营业收入项目明细表。复核加计是否正确，并与报表数、总账数和明细账合计数核对是否相符。

（2）检查营业收入的确认条件、方法是否符合企业会计准则，前后期是否一致；关注周期性、偶然性的收入是否符合既定的收入确认原则、方法。

被审计单位确认销售的时点根据采取的销售方式而定。

① 采用交款提货销售方式，通常应于货款已收到或取得收取货款权利的同时已将发票账单和提货单交给购货单位时确认收入的实现。对此，审计人员应着重检查被审计单位是否收到货款或取得收取货款的权利，发票账单和提货单是否已交付购货单位。应注意有无扣压结算凭证，将当期收入转入下期入账的现象，或者虚记收入、开具假发票、虚列购货单位，将当期未实现的收入虚转为收入记账，在下期予以冲销的现象。

举例　方平会计师事务所负责审计广西华康公司2016年财务报表，注册会计师刘某监盘存货时发现甲产品账面数量大于实际库存数量100吨，询问相关人员得知，该产品已开发票，且发票账单和提货单均已交给购货单位，双方约定15天后付款，华康公司既没有保留继续管理权，也未对其实施控制。华康公司以未收到货款为由，没有作任何会计处理，该产品销售单价为 1 000 元，单位成本为 550 元。

要求：指出上述账务处理中存在的问题，并做出审计调整分录。

分析 根据《企业会计准则》的规定，采用交款提货销售方式，应于货款已收到或取得收取货款权利的同时已将发票账单和提货单交给购货单位时确认收入的实现。因此，该交易符合收入确认条件，应确认为当期销售。注册会计师刘某应提请华康公司调整报表。审计调整分录为：

借：应收账款　　117 000

　贷：营业收入（主营业务收入）　　100 000

　　　应交税费——应交增值税（销项税额）　　17 000

借：营业成本（主营业务成本）　　55 000

　贷：存货（库存商品）　　55 000

② 采用预收账款销售方式，在商品已经发出时，确认收入的实现。对此，审计人员应重点检查被审计单位是否收到了货款，商品是否已经发出。应注意是否存在对已收货款并已将商品发出的交易不入账、转为下期收入，或开具虚假出库凭证、虚增收入等现象。

举例 方平会计师事务所负责审计广西华康公司 2016 年财务报表，注册会计师王某审计时发现有一笔预收阳光公司 117 000 元的货款，产品已发出，成本为 45 000 元。但华康公司没有作任何账务处理。

要求：指出上述账务处理中存在的问题，并做出审计调整分录。

分析 根据《企业会计准则》的规定，采用预收账款销售方式，应于商品已经发出时确认收入的实现。由于该笔交易货物已经发出，相关的风险和报酬已经转移，符合收入的确认条件，应当确认销售收入实现。注册会计师王某应提请华康公司调整报表。审计调整分录为：

借：预收款项（预收账款）　　117 000

　贷：营业收入（主营业务收入）　　100 000

　　　应交税费——应交增值税（销项税额）　　17 000

借：营业成本（主营业务成本）　　45 000

　贷：存货（库存商品）　　45 000

③ 采用托收承付结算方式，通常应于商品已经发出，劳务已经提供，并已将发票账单提交银行、办妥收款手续时确认收入的实现。对此，审计人员应重点检查被审计单位是否发货，托收手续是否办妥，货物发运凭证是否真实，托收承付结算回单是否正确。

④ 采用分期收款方式销售，合同约定的收款日期分期确认收入。审计人员应审查本期是否收到货款，查明合同约定的本期应收款日期是否真实，是否存在已实现的收入不入账、少入账或缓入账的情况。

⑤ 采用委托其他单位代销方式销售，应在代销商品已经销售，并收到供销清单时确认收入实现。审计人员应查明有无编制虚假代销清单、虚增本期收入的情况。

（3）实施实质性分析程序。审计人员应实施分析程序，检查营业收入是否有异常变动和重大波动，从而在总体上对营业收入的真实性做出初步判断。审计人员通常按以下程序实施实质性分析：

① 针对已识别需要运用分析程序的有关项目，并基于对被审计单位及其环境的了解，进行以下比较：a. 将本期的营业收入与上期的营业收入、销售预算或预测数等进行比较，分析营业收入及其构成的变动是否异常，并分析异常变动的原因；b. 计算本期重要产品的毛利率，与上期或预算或预测数据比较，检查是否存在异常，各期之间是否存在重大波动，查明原因；c. 比较本期各月各类营业收入的波动情况，分析其变动趋势是否正常，查明异常现象和重大波动的原因；d. 将本期重要产品的毛利率与同行业企业进行对比分析，检查是否存在异常；e. 根据增值税专用发票或普通发票，估算全年收入，与实际收入金额比较。

② 确定可接受的差异额。

③ 将实际的情况与期望值相比较，识别需要进一步调查的差异。

④ 如果其差额超过可接受的差异额，调查并获取充分的解释和恰当的审计证据。

⑤ 评估分析程序的测试结果。

（4）审查产品售价是否合理。审计人员应该获取产品价格目录，从销售发票中选取样本，将其单价与经批准的产品价格目录比较，并分析价格的合理性，并注意销售给关联方或关系密切的重要客户的产品价格是否合理，有无以低价或高价结算的方法相互之间转移利润的现象。

（5）审查营业收入的会计处理是否恰当。审计人员应抽取本期一定数量的销售发票，进而从原始凭证到记账凭证、营业收入明细账的全过程审查，核实其记录、过账、加总是否正确。同时，将抽取的收入与应收账款明细账、现金或银行存款日记账、产成品明细账进行核对，以进一步确定发货日期、销售数量、品名、单价、金额等是否相符。

（6）实施销售的截止测试。截止测试是实质性测试中常用的一种具体审计技术，它被广泛应用于货币资金、往来款项、存货、营业收入和期间费用等许多会计报表项目的审计中，尤其在营业收入项目中的运用中更为典型。对营业收入实施截止测试，其目的主要在于确定被审计单位营业收入的会计记录归属期是否正确；应记入本期或下期的营业收入是否被推延至下期或提前至本期。

根据收入确认原则，审计人员在审计中应该注意把握三个与营业收入确认有着密切关系的日期：①发票开具日期或者收款日期；②记账日期；③发货日期（服务业则是提供劳务的日期）。营业收入截止测试的关键就是检查上述三个日期是否归属于同一适当会计期间。

在审计实务中，审计人员可以考虑选择三条审计路径实施营业收入的截止测试。

① 以账簿记录为起点。从资产负债表日前后若干天的账簿记录查至记账凭证，检查发票存根与发运凭证，目的是证实已入账的收入是否在同一期间已开具发票并发货，有无多计收入。这种方法主要是审查是否多计收入。

② 以销售发票为起点。从资产负债表日前后若干天的发票存根查至发运凭证与账簿记录，确定已开具发票的货物是否已发货并于同一会计期间确认收入。这种方法主要是审查是否少计收入。

③ 以发运凭证为起点。从资产负债表日前后若干天的发运凭证查至发票开具情况与账簿记录，确定营业收入是否已记入恰当的会计期间。这种方法主要是审查是否少计收入。

举例 方平会计师事务所接受委托对广西华康公司2016年度的财务报表进行审计。华康公司为增值税一般纳税人，增值税税率17%。为确定华康公司的销售业务是否记录于恰当的会计期间，注册会计师刘某决定对销售进行截止测试。

截止测试的简化工作底稿

销售发票号	销售收入	计入销售明细账日期	发运日	发票日	销售成本
7632	11 万元	2016 年 12 月 30 日	2016 年 12 月 28 日	2016 年 12 月 28 日	7 万元
7633	14 万元	2016 年 12 月 30 日	2016 年 1 月 3 日	2017 年 1 月 4 日	8 万元
7634	9 万元	2016 年 12 月 31 日	2017 年 1 月 4 日	2017 年 1 月 5 日	5.1 万元
7635	21 万元	2017 年 1 月 2 日	2016 年 12 月 31 日	2016 年 12 月 31 日	12.5 万元
7636	9 万元	2017 年 1 月 4 日	2017 年 1 月 3 日	2017 年 1 月 4 日	5 万元
7637	6 万元	2017 年 1 月 6 日	2017 年 1 月 5 日	2017 年 1 月 6 日	4.2 万元

要求：

（1）根据上述资料指出注册会计师刘某所执行的截止测试的具体方法及其目的。

（2）根据上述资料分析华康公司是否存在提前入账的问题。如果有，请编制调整分录。

（3）根据上述资料分析华康公司是否存在推迟入账的问题，并简要说明理由。

【解答】（1）注册会计师刘某执行的截止测试的具体方法是从资产负债表日前后若干天的主营业务收入明细账记录追查至记账凭证，检查发票存根和发运凭证，目的是证实已经入账的收入是否在同一期间开具发票并发货，有无多计收入或漏记收入的情况。

（2）华康公司主营业务收入明细账中2016年12月30日（发票号：7633）和2016年12月31日（发票号：7634）属于提前入账的销售业务。审计调整分录为：

借：营业收入（主营业务收入）　　230 000

　　应交税费——应交增值税（销项税额）　　39 100

贷：应收账款 269 100

借：存货（库存商品） 131 000

贷：营业成本（主营业务成本） 131 000

（3）华康公司不一定存在推迟入账的问题。尽管通过测试发现 2017 年 1 月 2 日入账的销售业务，其发票存根和发运凭证均是 2016 年 12 月 31 日的。但这并不能完全表明该项销售业务已经符合确认收入的条件。注册会计师刘某还应结合具体情况确定在 2016 年 12 月 31 日是否能确认为收入。如果在 2016 年未能确认为收入，则华康公司存在推迟确认收入的问题；否则就不存在推迟确认收入的问题。

（7）检查销售退回、折让与折扣。审计人员应注意检查销售退回、折让与折扣业务是否真实，内容是否完整，相关手续是否符合规定，折扣与折让的数额计算是否正确，会计处理是否恰当。对于销售退回，还应结合相关原始凭证检查其会计处理是否正确，结合存货项目审计关注其真实性。

（8）对大额销售的函证。审计人员应结合对资产负债表日应收账款的函证程序，查明有无未经认可的大额销售。若有，应做出记录并提请被审计单位做出相应调整。

（9）检查有无特殊的销售行为。对于特殊的销售行为，如附有销售退回条件的商品销售、委托代销、售后回购、以旧换新、商品需要安装和检验的销售、分期收款销售、出口销售、售后租回等，选择恰当的审计程序进行审核。

（10）确认营业收入在利润表上是否恰当披露。审计人员应审查利润表上的营业收入项目，数字是否与审定数相符，营业收入确认所采用的会计政策是否已在财务报表附注中披露。

二、应收账款与坏账准备审计

应收账款是指企业因销售商品、产品或提供劳务而形成的债权，即由于企业销售商品、产品或提供劳务等原因，应向购货客户或接受劳务的客户收取的款项或代垫的运杂费，是企业在信誉活动中所形成的各种债权性资产。应收账款审计是企业财务审计中一项非常重要的内容。加强企业的应收账款审计，是做好资产、负债、损益审计工作的主要内容之一，这对于加速企业资金周转、减少资金占用、提高资金利用率，促进资产保值增值都具有重要意义。

企业的应收账款是在销售交易或提供劳务过程中产生的。因此，应收账款的审计应结合销售交易来进行。

1．应收账款审计目标

（1）确定资产负债表中记录的应收账款是否存在。

（2）确定所有应当记录的应收账款是否均已记录。

（3）确定记录的应收账款是否被审计单位拥有或控制。

（4）确定应收账款的期末余额是否正确。

（5）确定应收账款在财务报表中的列报是否恰当。

2. 应收账款实质性测试程序

1）取得或编制应收账款明细表

复核加计正确，并与总账数和明细账合计数核对是否相符。应当注意的是，应收账款报表数是应收账款的净额，因此与报表数核对时，应结合坏账准备科目。

2）分析相关财务指标

（1）复核应收账款借方累计发生额与营业收入关系是否合理，并将当期应收账款借方发生额占销售收入净额的百分比与管理层考核指标和被审计单位相关赊销政策比较，如存在异常应查明原因。

（2）计算应收账款周转率、应收账款周转天数等指标，并与被审计单位相关赊销政策、被审计单位以前年度指标、同行业同期相关指标对比分析，检查是否存在重大异常。

3）分析应收账款的账龄

应收账款的账龄是指资产负债表中的应收账款从销售实现、产生应收账款之日起，至资产负债表日止所经历的时间。审计人员可以通过获取或编制应收账款账龄分析表来分析应收账款的账龄，以便了解应收账款的可收回性。编制应收账款账龄分析表时，可以考虑选择重要的客户及其余额列示，而将不重要的或余额较小的汇总列示。应收账款账龄分析表的合计数减去已计提的相应坏账准备后的净额，应该等于资产负债表中的应收账款项目余额。

4）向债务人函证应收账款

函证是指审计人员直接从第三方（被询证者）获取书面答复作为审计证据的过程。

函证应收账款的目的在于证实应收账款账户余额的真实性、正确性，防止或发现被审计单位及其有关人员在销售交易中发生的错误或舞弊行为。通过函证应收账款，可以比较有效地证明被询证者（即债务人）的存在和被审计单位记录的可靠性。除非有充分证据表明应收账款对被审计单位财务报表而言是不重要的，或者函证很可能是无效的，否则，注册会计师应当对应收账款进行函证。

（1）函证的对象。一般情况下，审计人员应选择以下项目作为函证对象：①大额或账龄较长的项目；②与债务人发生纠纷的项目；③关联方项目；④主要客户（包括关系密切的客户）项目；⑤交易频繁但期末余额较小甚至余额为零的项目；⑥可能产生重大错报或舞弊的非正常的项目。

（2）函证的方式。函证方式分为积极的函证方式和消极的函证方式。

① 积极式函证，又称为肯定式函证，是指向债务人发出询证函，要求其证实所函证

的欠款是否正确，无论所函证的款项是否相符都要求复函。

积极式询证函参考格式如下：

企业询证函

______________（公司）：　　　　　　　　　　　　　　　　编号：

本公司聘请的××会计师事务所正在对本公司××年度财务报表进行审计，按照中国注册会计师审计准则的要求，应当询证本公司与贵公司的往来账项等事项。下列数据出自本公司账簿记录，如与贵公司记录相符，请在本函下端"信息证明无误"处签章证明：如有不符请在"信息不符"处列明不符金额。回函请直接寄至××会计师事务所。

回函地址：

邮编：　　电话：　　传真：　　联系人：

1．本公司与贵公司的往来账项列示如下：

截止日期	贵公司欠	欠贵公司	备注

2．其他事项

本函仅为复核账目之用，并非催款结算。若款项在上述日期之后已经付清，仍请及时复函为盼。

（公司盖章）

年　月　日

结论：1．信息证明无误。

（公司盖章）

年　月　日

经办人：

2．信息不符，请列明不符的详细情况：

（公司盖章）

年　月　日

经办人：

当债务人符合下列情况时，采用积极式函证较好：个别账户的欠款金额较大；有理由相信欠款可能存在争议、差错等问题。

② 消极式函证，又称为否定式函证，是指向债务人发出询证函，如果函证的款项相符，则不必复函，只有在所函证的款项不符时才要求债务人向审计人员复函。

消极式询证函参考格式如下：

企业询证函

________________（公司）：　　　　　　　　　　　　　　编号：

本公司聘请的××会计师事务所正在对本公司××年度财务报表进行审计，按照中国注册会计师审计准则的要求，应当询证本公司与贵公司的往来账项等事项。下列数据出自本公司账簿记录，如与贵公司记录相符，则无须回复；如有不符，请直接通知会计师事务所，并请在空白处列明贵公司认为是正确的信息。回函请直接寄至××会计师事务所。

回函地址：

邮编：　　电话：　　传真：　　联系人：

1．本公司与贵公司的往来账项列示如下：

截止日期	贵公司欠	欠贵公司	备注

2．其他事项

本函仅为复核账目之用，并非催款结算。若款项在上述日期之后已经付清，仍请及时复函为盼。

（公司盖章）

年　月　日

××会计师事务所：

上面信息不正确，差异如下：

（公司盖章）

年　月　日

经办人：

当债务人同时符合以下所有条件时，可采用消极式函证：相关内部控制有效，且重大错报风险评估为低水平；预计差错率低；欠款余额小的债务人数量多；审计人员有理由确信大多数被函证者能认真对待函证。

（3）函证时间的选择。为充分发挥函证的作用，审计人员通常选择资产负债表日接近的时间进行函证。

（4）函证的控制。注册会计师应直接控制询证函的发送和回收。将被询证者的名称、单位名称和地址与被审计单位有关记录核对；将询证函中列示的账户余额或其他信息与被审计单位有关资料核对；在询证函中指明直接向接受审计业务委托的会计师事务所回函，如果被询证者以传真、电子邮件等方式回函，注册会计师应当直接接收，并要求被询证者寄回询证函原件。询证函经被审计单位盖章后，由注册会计师直接发出，并将发出询证函和收到回函的情况形成审计工作记录。

如果采用积极式函证方式实施函证而未能收到回函，审计人员应发出第二封甚至第三封询证函，如果仍然得不到答复，应考虑采用必要的替代审计程序。替代审计程序通常包括检查与销售有关的文件，包括销售合同、销售订单、销售发票副本及发运凭证等，以验证应收账款的真实性。

（5）总结和评价函证结果。审计人员应将函证的过程和情况记录在工作底稿中，并据以总结和评价应收账款情况。

① 如果函证结果表明没有审计差异，则审计人员可以合理地推论，全部应收账款总体是正确的。

② 如果函证结果表明存在审计差异，审计人员则应当估算应收账款总额中可能出现的累计差错是多少，估算未被选中进行函证的应收账款的累计差错是多少。寻找差异的原因，并要求被审计单位作适当调整。通常产生差异的原因主要有三个方面：一是双方登记入账的时间不同；二是其中一方或双方记账错误；三是虚列应收账款。

5）检查未函证应收账款

对于未函证应收账款，审计人员应抽查有关原始凭据，如销售合同、销售订购单、销售发票副本、发运凭证及回款单据等，以验证与其相关的应收账款的真实性。

6）检查坏账的确认和处理

首先，审计人员应检查有无债务人破产或者死亡的，以及破产或以遗产清偿后仍无法收回的，或者债务人长期未履行清偿义务的应收账款：其次，应检查被审计单位坏账的处理是否经授权批准，有关会计处理是否正确。

7）抽查有无不属于结算业务的债权

不属于结算业务的债权，不应在应收账款中进行核算。不属于结算业务的债权是指与销售商品、提供劳务无关的债权，例如，其他应收款、应收利息、应收股利、应收补贴款等都是不属于结算业务的债权。审计人员应抽查应收账款明细账，并追查有关原始凭证，查证被审计单位有无不属于结算业务的债权。如有，应建议被审计单位作适当调整。

8）确定已收回的应收账款金额

请被审计单位协助，在应收账款账龄明细表中标出至审计时已收回的应收账款金额，对已收回金额较大的款项进行常规检查，如核对收款凭证、银行对账单、销货发票等，并注意凭证发生日期的合理性，分析收款时间是否与合同相关要素一致。

9）分析应收账款明细账余额

应收账款明细账的余额一般在借方。在分析应收账款明细账余额时，注册会计师如果发现应收账款出现贷方明细余额的情形，应查明原因，必要时建议作重分类调整。

10）确定应收账款的列报是否恰当

财务报表附注通常应披露期初，期末余额的账龄分析，期末欠款金额较大的单位账款等情况。

举例 方平会计师事务所接受委托，审计广西华康公司2016年度的财务报表。注册会计师王某了解和测试了与应收账款相关的内部控制，并将控制风险评估为高水平。王某取得2016年12月31日的应收账款明细表，并于2017年1月13日采用积极式函证方式对所有重要客户寄发了询证函。王某将与函证结果相关的重要异常情况汇总于下表：

异常情况	函证编号	客户名称	金额（元）	回函日期	回函内容
1	10	甲	150 000	2017年1月22日	购买阳光公司150 000元货物属实，但款已于2016年12月28日用支票支付
2	26	乙	400 000	2017年1月23日	因产品质量不符合要求，根据合同，于2016年12月30日将货物退回
3	48	丙	450 000	地址错误，被邮局退回	

对于上述的异常情况，王某应分别相应实施哪些重要审计程序？

分析 对于甲客户的应收账款，应查找华康公司2016年12月28日银行存款到账通知单，核对银行存款日记账，确认应收账款是否收回。

对于乙客户的应收账款，应检查华康公司2016年12月30日货物验收入库单，并向乙公司索要退回货物的发运凭证。核对库存商品日记账。

对于丙客户的应收账款，应再次核对华康公司关于其丙客户的应收账款情况和其他相关资料，再次发函询证，若仍然被退回，则检查销售业务确认的原始凭证和相关会计资料。

3．坏账准备审计目标

（1）确定计提坏账准备比率是否恰当，坏账准备是否充分。

（2）确定坏账准备增减变动的记录是否完整。

（3）确定坏账准备年末余额是否正确。

（4）确定坏账准备在会计报表上的披露是否恰当。

4．坏账准备实质性测试程序

（1）取得或编制坏账准备明细表，复核加计是否正确，与坏账准备总账数、明细账合计数核对是否相符。

（2）核对应收账款坏账准备本期计提数与资产减值损失相应明细项目的发生额是否相符。

（3）检查应收账款坏账准备计提和核销的批准程序，取得书面报告等证明文件，评价计提坏账准备所依据的资料、假设及方法。

（4）实际发生坏账损失的，检查转销依据是否符合有关规定，会计处理是否正确。

（5）已经确认并转销的坏账重新收回的，检查其会计处理是否正确。

（6）检查函证结果。对债务人回函中反映的例外事项及存在争议的余额，审计人员应查明原因并作记录。必要时，应建议被审计单位作相应的调整。

（7）实施分析程序。通过比较前期坏账准备计提数和实际发生数，以及检查期后事项，评价应收账款坏账准备计提的合理性。

（8）确定应收账款坏账准备的披露是否恰当。企业应当在财务报表附注中清晰地说明坏账的确认标准、坏账准备的计提方法和计提比例。

举例 广西华康公司采用应收账款余额 3‰计提坏账准备，坏账准备账户年初贷方余额为 7 000 元，借方发生额为 4 000 元。另外，去年已注销的坏账今年收回 1 500 元。

该企业作分录如下：

借：银行存款 1 500

　贷：其他应付款 1 500

年末应收账款余额为 900 000 元，会计人员计提坏账准备金，作如下分录：

借：资产减值损失——计提的坏账准备 2 700

　贷：坏账准备 2 700

要求：请指出该企业这样进行账务处理是否正确。如不正确，请做出正确的账务处理并说明理由。

【解答】

（1）存在问题：收回已注销坏账应增加坏账准备余额，记“其他应付款”造成多提坏账，为私设小金库提供条件。

（2）年末应冲销坏账[900 000×3‰−(7 000−4 000+1 500)]=1 800（元），而企业计提了坏账准备 2 400 元，总计多提了坏账 4 200 元。

（3）调整分录：

借：应收账款——坏账准备 4 200

　贷：资产减值损失——计提的坏账准备 4 200

延伸阅读

*ST 大地虚增资产和收入 9 亿多元

成立于 2001 年 3 月的云南绿大地生物科技股份有限公司，前身为云南河口绿大地实业有限责任公司，是由绿大地原董事长何学葵一手做大的云南绿化苗木种植龙头企业。作为云南首家上市的民营企业，曾经风光无限的绿大地在 2011 年 3 月随着何学葵的被捕而跌入谷底。

检察机关起诉书显示，2004—2009 年间，绿大地公司在不具备首次公开发行股票并上市的条件的情况下，为达到上市目的，经过被告人何学葵、蒋凯西、庞明星的共谋、策划，由被告人赵海丽、赵海艳登记注册了一批由绿大地公司实际控制或者掌握银行账户的关联公司，并利用相关银行账户操控资金流转，采用伪造合同、发票、工商登记资料等手段，少付多列、将款项支付给其控制的公司成员、虚构交易业务，虚增资产、虚增收入。

在绿大地多家上下游公司中，大部分为关联公司，多为何学葵身边人所注册。这些公司与绿大地签订阴阳合同，把收入和利润做高，包装出“漂亮”的报表。

除此之外，2004 年—2007 年 6 月间，绿大地公司使用虚假合同、财务资料，虚增云南省马龙县旧县村委会 960 亩荒山使用权、马龙县马鸣乡 3 500 亩荒山使用权以及马鸣基地围墙、灌溉系统、土壤改良工程等项目的资产共计 7 011.4 万元。

通过虚假苗木交易销售，编造虚假会计资料或通过受绿大地控制的公司将销售款转回等手段，绿大地虚增营业收入 2.96 亿元，这被堂而皇之地写进招股说明书，成为其上市的重要筹码。

恶习不改，上市后虚增收入 2.5 亿元粉饰报表

审核十分严格的 A 股市场也未能识破绿大地的“弥天大谎”，绿大地于 2007 年 12 月 21 日在深圳证券交易所中小板挂牌上市，募集资金逾 3 亿元。闯关成功的何学葵没有就此把公司带入规范运行的轨道，而是继续使用上市前的虚增手法粉饰报表。

根据起诉书，2007—2009 年间，绿大地采用虚假苗木交易销售、编造虚假会计资料或通过受绿大地控制的公司将销售款转回等手段虚增收入 2.5 亿元。虚增土地资产的手法也依然在使用，且变本加厉。据了解，通过伪造合同和会计资料，绿大地虚增马龙县月望乡猫猫洞村 9 000 亩荒山土地使用权、月望基地土壤改良及灌溉系统工程、文山州广南县 12 830 亩林业用地土地使用权的资产 2.88 亿元。

这些数字都实实在在地写入了公司年度报告，呈现给了股东和社会公众，成为投资者重要的投资依据。

然而，肥皂泡总有破灭的一天。云南省证监局在绿大地上市之后的一次例行检查中发现了该公司存在一些不规范行为，进一步的调查更为令人吃惊，单凭证监局的力量已难以应对。2010 年 3 月，证监会对此立案稽查。

经过长达 4 个月的调查取证，证监会认定，绿大地涉嫌虚增资产、虚增收入、虚增利润等多项违法违规行为，公安机关随后以涉嫌欺诈发行股票罪对绿大地时任董事长何学葵执行逮捕。

利益链条清晰，欺诈发行罪责难逃

根据起诉书，绿大地原董事长何学葵、原财务总监蒋凯西、四川华源会计师事务所所长庞明星为主谋和策划者，绿大地原出纳主管赵海丽和原大客户中心负责人赵海艳为具体实施者，检方指控五名被告人欺诈发行股票罪、违规披露重要信息罪。

这其中，何学葵为案件中心人物。现年 41 岁的何学葵是云南省大理州永平县人，经过多年打拼成为身家不菲的上市公司董事长，在当地属于传奇式人物，也是众多家乡人励志的榜样。在很多人眼里，何学葵胆子大，有魄力，脾气有些暴躁。

检方起诉书称，绿大地公司和五名被告人在招股说明书中编造重大虚假内容，发行股票，数额巨大；向股东和社会公众提供虚假的年度财务会计报告，严重损害股东或者其他人利益；被告单位及各被告人的行为已触犯刑法第一百六十条和第一百六十一条之规定，犯罪事实清楚，证据确实充分，应当以欺诈发行股票罪、违规披露重要信息罪追究被告单位及被告人的刑事责任。

第八章

采购与付款循环审计

学习目标

1. 了解采购与付款循环的主要业务活动和相关会计凭证
2. 理解采购与付款循环的内部控制
3. 掌握采购与付款循环的控制测试
4. 掌握应付账款和固定资产的实质性测试

导入案例

1971 年在纽约证券交易所上市的美国废品管理公司是世界上最大的垃圾处理公司。进入 20 世纪 90 年代后，废品管理公司经营环境恶化，全行业业绩下滑。1998 年 2 月，废品管理公司公布了审计委员会的清查结果：1992 年至 1997 年 8 月期间，废品管理公司对外披露的财务报告严重失实，虚增了 17 亿美元的税前利润，少计了约 1.9 亿美元的所得税费用。其中一个舞弊手法是随意改变折旧方法，蓄意少计折旧费用。具体做法是随意延长垃圾车和舰队的预计使用年限，同时毫无根据地提高残值比率，达到减少当前折旧费用，夸大经营利润的目标。另外，在 1992 年至 1996 年期间，该公司累计将 1.92 亿美元的利息费用资本化，在夸大了利润总额的同时，也高估了在建工程和固定资产的价值。

第一节 采购与付款循环业务活动及控制测试

（一）主要业务活动及相关会计凭证与记录

典型的采购与付款循环所涉及的主要业务活动和相应会计记录、主要凭证有以下几种。

1. 请购商品和劳务

仓库负责对需要购买的已列入存货清单的项目填写请购单，其他部门也可以对所需要购买的未列入存货清单的项目编制请购单。由于仓库部门、生产部门及其他需要采购物资的部门都可以填列请购单，请购单不便事先编号，为加强控制，每张请购单必须经过对这类支出预算负责的主管人员签字批准。

在此项活动中，涉及的主要会计记录与凭证是请购单。请购单是由产品制造、资产使用等部门的有关人员填写，送交采购部门，申请购买商品、劳务或其他资产的书面凭证。

2. 编制订购单

采购部门在收到请购单后，只能对经过批准的请购单发出订购单。订购单应正确填写所需要的商品品名、数量、价格、厂商名称和地址等，预先连续编号并经过被授权的采购人员签名。其正联应送交供应商，副联送至企业内部的验收部门、应付凭单部门和编制请购单的部门。

在此项活动中，涉及的主要会计记录与凭证是订购单。订购单是由采购部门填写，向另一企业购买订购单上所指定的商品、劳务或其他资产的书面凭证。

3. 验收商品

验收部门首先应比较所收商品与订购单上的要求是否相符，然后再盘点商品并检查商品有无损坏。验收后，验收部门应对已收货的每张订购单编制一式多联、预先按顺序编号的验收单，作为验收和检验商品的依据。验收人员将商品送交仓库或其他请购部门时，应取得经过签字的收据，以确立他们所采购的资产应负的保管责任。验收人员还应将其中的一联验收单送交应付凭单部门。

在此项活动中，涉及的主要会计记录与凭证是验收单和订货单。验收单是收到商品、资产时所编制的凭证，列示从供应商处收到的商品、资产的种类和数量等内容。

4. 储存已验收的商品

储存部门的相关人员在验收单上签字后，对已验收商品进行入库保管。保管与采购的其他职责相分离，可减少未经授权的采购和盗用商品的风险。并且存放商品的仓储区应限制无关人员接近。

在此项活动中，涉及的主要会计记录与凭证是验收单。

5．编制付款凭单

货物验收后，确定供应商发票的内容与相关的验收单、订购单的一致性，应付凭单部门编制有预先顺序编号的付款凭单。付款凭单需要由被授权人员签字，已批准的付款凭单需送达会计部门，据以编制有关记账凭证和登记有关账簿。

在此项活动中，涉及的主要会计记录与凭证包括订货单、验收单、卖方发票和付款凭单。付款凭单是采购方企业的应付凭单部门编制的，载明已收到的商品、资产或接受的劳务、应付款金额和付款日期的凭证。付款凭单是采购方企业内部记录和支付负债的授权证明文件。

6．确认与记录负债

在收到供应商发票时，应付账款部门应将发票上所记载的品名、规格、价格、数量、条件及运费与订货单、验收单上的有关资料核对。核对相符后，准确、及时地记录负债。

在此项活动中，涉及的主要会计记录与凭证包括卖方发票、验收单、订货单、卖方对账单、转账凭证、应付账款明细账、应付凭单登记簿等。应付凭单登记簿，是应付账款部门确认负债时将应付凭单部门传递来的应付凭单按时间统一进行登记备查的簿籍，见表 8-1。

表 8-1　应付凭单登记簿

客户名称：　　　　　　　　　　　　　　　　　　　　　　　　　　　第　　页

年		验收单字号	统一发票号码	摘要	借方	贷方	余额
月	日						

7．付款

通常是由应付凭单部门负责确定未付凭单在到期日付款。企业在准备付款前，应核对付款条件，并检查资金是否充足。在签发支票的同时登记支票簿和日记账，以便登记每一笔付款。已签发的支票连同有关发票、合同凭证应送交有关负责人审核签字，并将支票送交供应商。

在此项活动中，涉及的主要会计记录与凭证包括付款凭单和支票。支票是指发票人签发的委托银行等金融机构于见票时支付一定金额给收款人或其他指定人的一种票据。

8．记录现金、银行存款支出

会计部门应根据已签发的支票编制付款记账凭证，并据以登记银行存款日记账及其他相关账簿。

在此项活动中，涉及的主要会计记录与凭证包括现金日记账、银行存款日记账、支票、付款凭证等。

采购与会计款循环的主要凭证与会计记录见表 8-2。

表 8-2　采购与会计款循环的主要凭证与会计记录

主要业务活动	对应凭证与记录	相关认定	相关部门
请购商品和劳务	请购单	发生	商品或劳务使用部门
编制订货单	订货单	完整性	采购部门
验收商品	验收单、订货单	存在或发生、完整性	验收部门
储存已验收商品	验收单上签收	存在或发生	仓库保管部门、请购部门
编制付款凭单	订货单、验收单、卖方发票、付款凭单	存在或发生、计价和分摊、完整性	应付凭单部门
主要业务活动	对应凭证与记录	相关认定	相关部门
确认与记录负债	卖方发票、验收单、订货单、卖方对账单、转账凭证、应付账款明细账、应付凭单登记簿	存在或发生、完整性、计价和分摊	会计部门
付款	付款凭单、支票	存在或发生、完整性、计价和分摊	会计部门
记录现金、银行存款支出	现金日记账、银行存款日记账、支票、付款凭证	存在或发生、完整性、计价和分摊	会计部门

（二）采购与付款循环内部控制

采购与付款循环的内部控制主要包括以下方面。

1．职责分离控制

企业应当建立采购与付款交易的岗位责任制，明确相关部门和岗位的职责、权限，确保办理采购与付款交易的不相容岗位相互分离、制约和监督。不得由同一个部门和同一个人负责采购及付款的全过程。其他的不相容岗位至少包括：请购与审批，询价与确定供应商，采购合同的订立与审批，采购与验收，采购、验收与相关会计记录，付款审批与付款执行。

2．请购控制

企业应当建立采购申请制度，依据购置商品或劳务的类型，确定归口管理部门。请购部门提出的采购需求，应明确采购类别、质量等级、规格、数量、相关要求和标准、到货时间等，由相关权责主管在相应的权限范围内，根据预算合理地签发请购申请单。

3．订货控制

采购部门在收到请购单后，应先明确订购多少、向谁订购、何时购货等问题，然后再发出购货订单。

（1）订购数量的控制

采购部门首先应对每一份请购单审查其请购数量是否在控制限额的范围内，其次是检查使用物品和获得劳务的部门主管是否在请购单上签字同意。

（2）选择供应商的控制

采购部门在正式填制购货订单前，必须向不同的供应商（通常需求两家以上）索取供应物品的价格、质量指标、折扣和付款条件以及交货时间等资料，比较不同供应商所提供的资料，选择最有利于企业生产和成本最低的供应商，与供应商签订合同。

（3）订货时间的控制

关于何时订货的问题主要由存货管理部门运用经济批量法和分析最低存货点来进行，而不是由采购部门进行。当请购单已提出，购货部门应对这些请购单的处理结果及时告知仓储和生产部门。

采购部门确定好采购数量、供应商和采购时间后，应及时填制订货单，订货单应预先进行连续编号，填制完成向供应商发出前，由专人检查该订货单是否得到授权人的签字；订货单的副本应递交给请购、保管与会计部门等，以备核对。

4．验收控制

验收的职能必须独立于请购、采购、会计的部门人员来承担，根据企业规定的验收制度和经批准的订单、合同等采购文件，对所购物品或劳务等的品种、规格、数量、质量和其他相关内容进行验收，填制验收单，并将其及时报告请购、购货和会计部门。验收单的内容包括供应商名称、收货日期、货物名称、数量和质量以及运货人名称、原购货订单编号等。

5．应付账款的控制

应付账款的记录必须由独立于请购、采购、验收、付款的职员来进行；应付账款的入账还必须在取得和审核各种必要的凭证以后才能进行；必须分别设置应付账款的总分类账户和明细分类账；对于享有折扣的交易，应根据供应商发票金额减去折扣金额的净额登记应付账款；每月应将应付账款明细账与客户发来的对账单进行核对。

6．付款控制

准备用支票付款时，所有付款都应有事前编号的支票。付款前，应复核客户发票上的数量、价格和合计数以及折扣条件等，核对支票的金额，采购和付款应有各自独立的签名，对支票应采取函寄或其他安全方式送交。对已签发的支票应将其原始凭证加盖“已付款”印章，以避免重复付款，对于空白支票应安全存放，作废的支票应立即注销等。会计部门应及时记录付款业务，定期核对总账和分类账以及日记账，注意未付账款。

（三）采购与付款循环控制测试

审计人员在进行采购与付款控制测试时，应结合业务控制环节进行。

1．请购时内部控制的测试

审计人员应抽取若干张请购单，检查摘要、数量和日期及相应文件的完整性，是否得到适当审批。

2. 订购时内部控制的测试

审计人员应注意审查订购单的日期、摘要、数量、价格、规格、质量及运输要求等是否完整，是否按顺序连续编号，以及是否经恰当的授权批准。

3. 商品验收时内部控制的测试

审计人员应检查验收单的编号、内容填写是否完整，是否附有相应的请购单、订购单。并且通过观察，了解验收人员实际验收过程。

4. 编制付款凭单，确认与记录负债时内部控制的测试

审计人员应检查与每张凭单相配合的订购单、验收单和采购发票，检查所载信息是否核对一致，发票上是否加盖了“相符”印戳。审计人员还应根据付款凭证记录的内容，分别追查应付账款和存货明细账与总账是否平行登记，金额是否一致。

5. 付款业务内部控制的测试

审计人员应检查支票样本，审核付款是否经过批准，支票是否与应付凭单一致，付款后是否注销凭单，支票是否由经过授权批准的人员签发；检查支票登记簿的编号次序，与相应的应付账款明细账以及银行存款日记账核对，审查其金额是否一致；观察编制凭证和签发支票、签发支票与保管支票的职责是否符合岗位分离制度；检查付款支票样本，确定资金支付是否完整地记录在适当的会计期间。

举例　方平会计师事务所委派注册会计师王某和刘某，于2016年11月1日至7日对广西华康公司的采购与付款循环的内部控制制度进行了解和测试，并在相关审计工作底稿中记录了了解和测试的事项，摘录如下。

（1）华康公司的材料采购需要经授权批准后方可进行，采购部根据经批准的请购单发出订购单。货物运达后，验收单根据订购单的要求验收货物，并编制一式多联的未连续编号的验收单。仓库根据验收单验收货物，在验收单上签字后，将货物移入仓库加以保管。验收单上有数量、品名、单价等要素。验收单一联交采购部登记采购明细账和编制付款凭单，付款凭单经批准后，月末交会计部；一联交会计部登记材料明细账；一联由仓库保留并登记材料明细账。会计部根据只附验收单的付款凭单登记有关账簿。采购合同规定，华康公司收货后须在7天内付款，逾期每天支付货款5‰的违约金，严重的供货方停止供货。

（2）会计部审核付款凭单后，支付采购款项。华康公司授权会计部的经理签署支票，经理将其授权给会计人员小王负责，但保留了支票印章。小王根据已适当批准的凭单，在确定支票收款人名称与凭单内容一致后签署支票，并在凭单上加盖“已支付”的印章。注册会计师王某与刘某对付款控制程序的穿行测试表明，未发现与公司规定有不一致之处。

分析华康公司采购与付款循环内部控制方面有哪些缺陷？应提出哪些建议？

分析　华康公司采购与付款循环内部控制方面的缺陷有如下方面。

（1）验收单未连续编号，不能保证所有的采购都已记录或不被重复记录。应建议华康公司对验收单进行连续编号。

（2）付款凭单未附订购单及购货发票等，会计部门无法核对采购事项是否真实，登记有关账簿时，金额或数量可能会出现差错。应建议华康公司将订购单和发票等与付款凭单一起交会计部门。

（3）会计部门月末审核付款凭单后才付款，未能及时将材料采购和债务登记入账并按约定时间付款。应建议华康公司采购部门及时将付款凭单交会计部门，按约定时间付款。

第二节　采购与付款循环主要项目审计

8-2

采购与付款循环的项目包括应付账款、固定资产、投资性房地产、预付账款、工程物资、在建工程、固定资产清理、应付票据等，下面就最主要的应付账款项目和固定资产项目进行详细阐述。

一、应付账款审计

应付账款审计是指组织内部审计机构和人员以企业应付账款为对象所进行的独立监督和评价活动。应付账款是企业因购买商品、接受劳务而形成的债务，是评价企业短期偿债能力时必须考虑的一个重要因素，与应付票据共同构成了企业主要商业信用形式，成为其重要资金来源渠道之一。

（一）应付账款审计目标

（1）确定期末应付账款是否存在；

（2）确定期末应付账款是否为被审计单位应履行的偿还义务；

（3）确定应付账款的发生及偿还记录是否完整；

（4）确定应付账款期末余额是否正确；

（5）确定应付账款的披露是否恰当。

（二）应付账款实质性测试程序

1．获取或编制应付账款明细表

复核加计是否正确，并与报表数、总账数和明细账合计数核对是否相符。分析出现借方余额的项目，应查明原因，必要时建议被审计单位作重分类调整。

2．根据被审计单位实际情况，选择以下方法对应付账款执行实质性分析程序

（1）将本期期末应付账款余额与上期期末余额进行比较，分析波动原因。

（2）分析长期挂账的应付账款，要求被审计单位做出解释，判断被审计单位是否缺乏偿债能力或利用应付账款隐瞒利润，并注意其是否可能无须支付。

（3）计算应付账款与存货的比率、应付账款与流动负债的比率，并与以前年度相关比率对比分析，评价应付账款整体的合理性。

（4）分析存货和营业成本等项目的增减变动，判断应付账款增减变动的合理性。

3．函证应付账款

一般情况下，函证应付账款并非必需测试程序，这是因为函证不能保证查出未记录的应付账款。但如果控制风险较高、某应付账款明细账户金额较大时，则仍然需要进行应付账款的函证。

对应付账款进行函证时，审计人员应选择较大金额的债权人以及那些在资产负债表日金额不大，甚至为零，但为被审计单位重要供应商的债权人，作为函证对象。

对应付账款的函证，最好采用积极函证方式，要求债权人直接回函，并根据回函情况编制与分析函证结果汇总表，对未回函的，应考虑是否再次函证。

对于未回函的重大项目，审计人员应采用替代审计程序，即检查决算日后应付账款明细账及库存现金和银行存款日记账，核实其是否已支付，同时检查该笔债务的相关凭证资料，如合同、发票、验收单，核实应付账款的真实性。

举例　方平会计师事务所的注册会计师张某对华康公司的应付账款项目进行审计。根据需要，该注册会计师张某决定对华康公司下列 4 个明细账户（见表 8-3）中的两个进行函证。

表 8-3　华康公司的 4 个明细账户

	应付账款年末余额	本年度进货总额
A 公司	240	470
B 公司	0	2100
C 公司	550	650
D 公司	150	2400

请问张某应该选择哪两位供货商进行函证，为什么？

分析　该注册会计师张某应该选择 B 公司和 D 公司进行应付账款余额的函证。因为函证客户的应付账款，主要目的在于查实有无未入账的负债，应选择两类函证对象：①审计期内有大额购货交易或期末账面余额较大；②在资产负债表日余额不大，甚至为零，但是企业重要的供应商。本年度华康公司从 B 公司和 D 公司采购了大量商品，可知 B 公司和 D 公司都为重要供应商，但其对应的应付账款期末账面余额却很低，甚至为零，存在漏记负债业务的可能性更大。

4. 查找未入账的应付账款

审计人员应检查被审计单位是否存在为了低估负债而故意漏记应付账款行为。通常通过以下程序进行测试。

（1）检查被审计单位在资产负债表日未处理的不相符的购货发票（如抬头不符，与合同某项规定不符等）及是否存在材料入库凭证单未收到购货发票的经济业务。

（2）检查资产负债表日后收到的购货发票，关注购货发票的日期，确认其入账时间是否正确。

（3）检查资产负债表日后应付账款明细账贷方发生额的相应凭证，确认其入账时间是否正确。

（4）获取被审计单位与其供应商之间的对账单，并将对账单和被审计单位财务记录之间的差异进行调节（如在途款项、在途商品、付款折扣、未记录的负债等），查找有无未入账的应付账款，确定应付账款金额的准确性。

（5）结合存货监盘程序，检查被审计单位在资产负债日前后的存货入库资料，检查是否有大额“货到单未到”的情况，确认相关负债是否计入了正确的会计期间。

5. 结合预付账款明细账余额，查明是否存在应付账款和预付账款同时挂账的项目；结合其他应付款明细账余额，查明有无不属于应付账款的其他应付款

如有，应做出记录，必要时，建议被审计单位作重分类调整或会计误差调整。

6. 检查长期挂账的应付账款的原因，做出记录

对确实无法支付的应付账款，看其是否按规定转入了营业外收入，相关依据和有关手续是否完备。

7. 异常或重大事项处理

针对异常或大额交易及重大调整事项，如大额的购货折扣或退回、会计处理异常的交易、未经授权的交易，或缺乏支持性凭证的交易等，检查相关原始凭证和会计记录，以分析交易的真实性、合理性。

8. 查明应付账款在资产负债表上的披露是否恰当

通常，应根据“应付账款”和“预付账款”科目所属明细科目的期末贷方余额的合计数，填列资产负债表上的“应付账款”项目。

举例　广西华康公司 2016 年 12 月 31 日资产负债表“应付账款”项目为 480 000 元，应付账款总账贷方余额 480 000 元，注册会计师刘某审计时发现：

应付 A 公司明细账户借方余额 400 000 元，属于正常交易的预付款项；

应付 B 公司明细账户贷方余额 440 000 元，为华康公司临时借入款项，用于结算工程价款。

要求：如果你是注册会计师刘某，你将对被审计单位提出什么建议呢？

分析　（1）A 公司账户借方余额 400 000 元，属于正常经济业务往来款项，金额较

大，华康公司应规范预付款项的管理，因此应对此做重分类调整。因此，注册会计师刘某应建议被审单位做如下调整。

借：预付账款——A 公司　　400 000

　贷：应付账款——A 公司　　400 000

（2）按规定，不属于购销原因引起的应付款项不应计入“应付账款”科目核算。B 公司账户贷方余额 440 000 元，为华康公司临时借入款项用于结算工程价款。因此，注册会计师刘某应建议被审单位做如下调整。

借：应付账款——B 公司

　贷：其他应付款——B 公司

调整后华康公司 2016 年 12 月 31 日资产负债表“应付账款”项目余额应为 440 000（480 000-440 000+400 000）元。

二、固定资产审计

固定资产审计，是指审计机构依法对被审计单位固定资产增减，使用的真实、合法和效益进行的审计监督。固定资产审计的范围是指一般设备单位价值在 500 元以上、专用设备单位价值在 800 元以上，使用年限在一年以上，并在使用过程中基本保持原有物质形态的资产。单位价值虽未达到规定标准，但耐用时间在一年以上的大批同类物资，作为固定资产管理的，也属固定资产审计范围。

（一）固定资产审计目标

（1）确定固定资产是否存在；

（2）确定固定资产是否归被审计单位所有；

（3）确定固定资产及其累计折旧增减变动的记录是否完整；

（4）确定固定资产的计价和折旧政策是否恰当；

（5）确定固定资产及其累计折旧的年末余额是否正确；

（6）确定固定资产及其累计折旧在会计报表上的披露是否恰当。

（二）固定资产实质性测试程序

1．获取或编制固定资产和累计折旧分类汇总表

检查固定资产的分类是否正确并与总账数和明细账合计数核对是否相符，结合累计折旧、减值准备科目与报表数核对是否相符。如果不符，则应将明细分类账和有关的原始凭证进行核对，查出差异原因并予以调整。

固定资产及累计折旧分类汇总表见表 8-4。

表 8-4　固定资产及累计折旧分类汇总表

被审计单位：　　　　编制：　　　　日期：
报表日：　　　　复核：　　　　日期：

固定资产类别	固定资产				累计折旧					
	期初余额	本期增加	本期减少	期末余额	折旧方法	折旧率	期初余额	本期增加	本期减少	期末余额
1. 房屋建筑物										
2. 机器设备										
3. 运输工具										
……										
合计										

2．实施实质性分析程序

（1）分类计算本期计提折旧额与固定资产原值的比率，并与上期比较。

（2）计算固定资产修理及维护费用占固定资产原值的比例，并进行本期各月、本期与以前各期的比较。

（3）计算累计折旧占固定资产原值的比例，与折旧率比较。

（4）计算当期计提折旧占固定资产原值的比例，与折旧率比较。

（5）计算固定资产减值准备占期末固定资产原值的比率，与期初该比率比较。

审计人员应深入分析相关差异，判断差异产生的原因是否合理。

3．对重要固定资产进行实地观察

实施实地观察审计程序时，审计人员可以以固定资产明细分类账为起点，进行实地追查，以证明会计记录中所列固定资产确实存在，并了解其目前的使用状况；也可以以实地为起点，追查至固定资产明细分类账，以获取实际存在的固定资产均已入账的证据。

实施实地观察审计程序时，审计人员实地观察的重点是本期新增加的重要固定资产，有时，观察范围也会扩展到以前期间增加的重要固定资产。

4．验证固定资产的所有权或控制权

审计人员应获取、收集相关证据以确定固定资产是否确归被审计单位所有；对外购的机器设备等固定资产，通常经审核采购发票、采购合同等予以确定；对于房地产类固定资产，需查阅有关的合同、产权证明、财产税单、抵押借款的还款凭据、保险单等书面文件；对融资租入的固定资产，应验证有关融资租赁合同；对汽车等运输设备，应验证有关运营证件等。

5．固定资产增加的审计

审计固定资产的增加，是固定资产实质性程序中的重要内容。固定资产的增加有多种途径，审计中应注意以下方面。

（1）询问被审计单位管理层当年固定资产的增加情况，并与获取或编制的固定资产明细表进行核对；确定增加的数量。

（2）检查本年度增加固定资产的计价是否正确，手续是否齐备，会计处理是否正确。要关注不同来源固定资产的计价方法。

6．审查本期固定资产的减少

审计固定资产减少的主要目的在于查明已减少的固定资产是否已做适当的会计处理。对各种固定资产的减少，审计重点是：审查减少固定资产的批准文件；审查减少固定资产是否进行技术检验或评估；审查减少固定资产的会计账务处理是否正确，累计折旧是否冲销；审查减少固定资产的净损益，验证其正确性与合法性，并与“银行存款”、“营业外收支”、“投资收益”等有关账户进行核对。

7．检查固定资产的后续支出

检查固定资产的后续支出，最主要的是要确认后续支出属于资本后支出还是费用化支出，确定固定资产有关的后续支出是否满足资产确认条件；如不满足，该支出在该后续支出发生时计入当期损益。

8．调查闲置的固定资产

获取暂时闲置固定资产的相关证明文件，并观察其实际状况，检查是否已按规定计提折旧，相关的会计处理是否正确

9．检查固定资产的抵押、担保情况

结合对银行借款等的检查，了解固定资产是否存在抵押、担保情况。如存在，应取证、记录，并提请被审计单位做必要的披露。

10．确定固定资产是否已按照企业会计准则的规定在财务报表中做出恰当披露

财务报表附注通常应说明：固定资产的标准、分类、计价方法和折扣方法；固定资产的预计使用寿命和预计净残值；固定资产在本期的增减变动情况；以及用作抵押、担保的固定资产的情况等。

举例　方平会计师事务所的注册会计师王某在审查广西华康公司2016年固定资产折旧时，发现本年度1月初新增已投入生产使用的设备一台，原价为800 000元，预计净残值为80 000元，预计使用年限为5年，使用年数总和法对该项固定资产进行折旧，其余各类固定资产均用年限平均法进行折旧，华康公司对这一事项在财务报表附注中未做披露。

根据上述情况，注册会计师王某应确定这一事项对华康公司资产负债表和利润表的影响，并提请华康公司在财务报表附注中做充分揭示。

分析　注册会计师王某认为该公司的固定资产折旧方法本期出现不一致，且未充分揭示，这是违反现行企业会计准则的，由此计算的该事项对资产负债表和利润表影响如下：

该设备用年数总和法计算的折旧额＝（800 000−80 000）×5/15＝240 000（元）

该设备用年限平均法计算的年折旧额 =（800 000-80 000）/5=144 000（元）

由于折旧方法的改变，使得本年度多提折旧额 96 000 元（240 000-144 000），致使资产负债表中的“累计折旧”项目增加 96 000 元，利润表中的“利润总额”减少 96 000 元。

对此，注册会计师王某应要求华康公司在财务报表附注中做这样的揭示：“本公司由于对原值 800 000 元、预计净残值 80 000 元、预计使用年限 5 年的设备采用年数总和法进行折旧，与采用年限平均法相比，使本年度的折旧额增加 96 000 元，利用总额减少 96 000 元。

三、累计折旧审计

累计折旧审计就是对固定资产折旧的核对和审查。

1．累计折旧审计目标

（1）确定折旧政策和方法是否符合国家有关的财务会计制度，是否一贯遵循；

（2）确定累计折旧增减变动的记录是否完整；

（3）确定折旧费用的计算、分摊是否正确、合理和一贯；

（4）确定累计折旧的期末余额是否正确；

（5）确定累计折旧的披露是否恰当。

2．累计折旧实质性程序

（1）获取或编制固定资产及累计折旧分类汇总表，复核加计正确，并与报表数、总账数和明细账合计数核对相符。

（2）检查被审计单位制定的折旧政策和方法是否符合国家有关财务会计制度的规定，确定其所采用的折旧方法能否在固定资产使用年限内合理分摊其成本，前后期是否一致。

（3）分析程序。

① 对折旧计提的总体合理性进行复核，方法是用应计提折旧的固定资产乘本期的折旧率；

② 计算本期计提折旧额占固定资产原值的比率，并与上期比较，分析本期折旧计提额的合理性和准确性；

③ 计算累计折旧占固定资产原值的比率，评估固定资产的老化率，并估计因闲置、报废等原因可能发生的固定资产损失。

（4）审查折旧的计提和分配。

注意有关折旧的会计处理是否符合规定，通过更新改造而增加的固定资产是否重新计算折旧费用。

（5）将“累计折旧”账户贷方的本期计提折旧额与相应的成本费用中的折旧费用明细账户的借方相比较，以查明所计提折旧金额是否已全部摊入本期产品成本或费用。

（6）结合固定资产审计，确定其折旧的计提是否正确无误，并追查至固定资产登记卡。特别应注意有无已提足折旧的固定资产继续超提折旧的情况和在用固定资产不提或少提折旧的情况。

（7）对于因资产评估调整累计折旧的，取得有关资产评估报告，检查其会计处理是否正确。

（8）验明累计折旧的披露是否恰当

举例　注册会计师吴生审计广西华康公司2016年度会计报表的固定资产项目时，发现2016年度公司对综合办公楼进行了较大的改建，并于2016年7月投入使用，改建总支出为400万元。在改建过程中实现变价收入50万元，改建后预计可使用年限为15年。截止7月31日原办公楼的原值为800万元，累计折旧为400万元，已使用年限为20年，剩余使用年限为20年。大华公司对于改建后的办公楼仍采用40年计提折旧。

分析　《企业会计制度》第三十六条规定：企业因更新改造等原因而调整固定资产价值的，应当根据调整后价值，预计尚可使用年限和净残值，按选用的折旧方法计提折旧。

据此，华康公司的上述事项，是在原有固定资产的基础上进行改建，改善或扩大了原有固定资产的经济利益的流入能力，故此，应根据原有的剩余账面价值加上新支出作为新的原值入账，即800−400+400−50=750（万元），并根据此原值扣除预计的净残值后，按改建后的预计可使用年限即15年计算每年应计提的折旧额。

延伸阅读

表 8-5 列示了应收账款和固定资产项目的若干个审计目标及可能实施的主要审计程序。

表 8-5　审计目标及审计程序

审计项目名称	审计目标	审计程序
应收账款	（1）在资产负债表日，应收账款记录完整 （2）在资产负债表日，被审计单位对所有应收账款均具有法定收款权 （3）在资产负债表日，应收账款余额正确 （4）在财务报表中，应收账款分类反映恰当	A．分析应收账款同销售的比例关系，并同前期进行比较 B．实施销售截止测试，确定销售业务和相应的存货与销售成本记录在恰当的会计期间 C．按计提坏账准备的范围和标准计处已提坏账准备是否充分，并提请调整大额差异 D．检查销售退回与折让是否附有按顺序编号并经主管人员核准的贷项通知单 E．复核所有贷款协议，确定应收账款是否已做抵押 F．抽查被审计单位职员及有关部门的暂借款项的记录 G．分析应收账款各月末余额与应付账款各月末余额的非正常比例关系

续表

审计项目名称	审计目标	审计程序
固定资产	（1）被审计单位对所审计会计期间新增固定资产享有所有权 （2）在资产负债表日，所有在册的固定资产均存在 （3）在资产负债表日，所有固定资产的净值均已正确计量	A．将固定资产明细账期初余额与上年度审计工作底稿进行核对 B．复核折旧费用的计提，并确定固定资产有效使用年限及折旧方法同以前年度一致 C．确定固定资产记录部门与保管使用部门的职责分离 D．审查固定资产契约和保险单据 E．实施截止测试，证实固定资产维护费已计入恰当的会计期间 F．确定所有机器设备均已保险 G．实地检查所有主要的机器设备

针对每一个审计目标，选出能够实现该审计目标的一项最佳审计程序，且每项审计程序最多只能被选择一次，选择的方法列示见表 8-6。

表 8-6 选项表

审计目标	（1）	（2）	（3）	（4）	（5）	（6）	（7）
审计程序	B	E	C	F	D	G	B

第九章

存货与仓储循环审计

学习目标

1. 了解存货与仓储循环的主要业务活动和相关会计凭证
2. 理解存货与仓储循环的内部控制
3. 掌握存货与仓储循环的控制测试
4. 掌握存货和应付职工薪酬的实质性测试

导入案例

蜀山股份有限公司（简称蜀山公司）是一家以农副食品加工为主，兼营化工行业的上市公司。它的前身是蜀山饲料有限公司，是由蜀山饮料有限公司整体变更并以发起方式成立的股份有限公司，注册地在四川省成都市。蜀山公司经营范围广泛，公司规模庞大，原所属行业为农副食品加工业，2008 年 5 月 31 日收购永吉股份有限公司后，增加了化工行业。在农副食品加工方面，蜀山公司的经营业务包括：生产和销售饲料、饲料添加剂、饲料原料以及农副产品等。在化工方面，蜀山公司的经营业务包括：生产、销售和开发聚氯乙烯及其系列产品等。2008 年存货占资产比重为 10%，2009 年存货占资产的比重上升为 18%。蜀山公司存货管理政策为：（1）存货发出的计价方法是：取得时按实际成本入账，领用、发出按加权平均法核算；（2）存货按照成本与可变现净值孰低计量；（3）存货采用永续盘存制度；（4）周转材料在领用时，单位价值在 500 元以上的采用五五摊销法，单位价值在 500 元以下的一次性摊销。包装物在领用时采用一次摊销法。国信会计师事务所承担蜀山公司财务报表审计工作，了解蜀山公司的存货基本情况后，分析影响存货重大错报风险可能包括以下几方面因素：①存货交易的数量和复杂性；②成本基础的复杂性；③产品多元化；④存货的可变现净值难以确定；⑤存货分布地区广泛，增加存货运输途中损毁的风险；⑥蜀山公司主营业务销售分布地区主要在西南地区、华东地区、中南地区及内部抵销，有产生转移定价的错误或舞弊的可能。因此，注册会计师考虑在进行现场监盘的同时，还应对无法实施现场监盘的存货采取替代审计程序，即检查供产销记录及相关会计处理凭证，可能的情况下，向能够接触到相关存货的第三方进行询证。

第一节　存货与仓储循环业务活动及控制测试

9-1

一、主要业务活动及相关会计凭证与记录

存货与仓储循环所涉及的主要业务活动和相应会计记录、主要凭证有以下几种。

（一）计划和安排生产

生产计划部门根据顾客订购单或者对销售预测和产品需求的分析决定是否生产授权。如果决定授权生产，需签发生产通知单。生产通知单应预先连续编号并加以记录控制。此外，还需要编制一份材料需求报告，列示所需要的材料和零件及其库存。

在此项活动中，涉及的主要会计记录与凭证是生产通知单。生产通知单，即生产指令，是企业下达制造产品等生产任务的书面文件，用以通知供应部门组织材料发放，生产车间组织产品制造，会计部门组织成本计算。

（二）发出原材料

仓库部门根据从生产部门收到的领料单发出原材料。领料单上必须列示所需的材料数量和种类，以及领料部门的名称。领料单可以一料一单，也可以多料一单，通常需一式三联，一联交给领料部门，一联留在仓库登记材料明细账，一联交会计部门进行材料收发核算和成本核算。

在此项活动中，涉及的主要会计记录与凭证包括材料发出汇总表、领料单、限额领料单、领料登记簿、退料单等。材料发出汇总表、领料单 、限额领料单、领料登记簿、退料单等都属于领发料凭证，是企业为控制材料发出所采用的各种凭证。

（三）生产产品

生产部门在收到生产通知单及领取原材料后，将生产任务分解到每一个生产工人，并将所领取的原材料交给生产工人据以执行生产任务。完成生产任务后，生产工人将完成的产品交生产部门查点，然后转交检验员验收并办理入库手续；或是将所完成的产品移交下一个部门做进一步加工。

在此项活动中，涉及的主要会计记录与凭证包括生产通知单、生产加工指令单、产量和工时记录等。生产加工指令单是生产任务下发的一个形式，它是生产相关信息的载体，主要包括：要生产的物品、生产的工位或机台、生产用时、工期要求、要生产工件的数量物料使用等。产量和工时记录是登记工人或生产班组在出勤时间内完成产品数量、质量和生产这些产品所耗费工时数量的原始记录。常见的产量和工时记录主要有工作通知单、工序进程单、工作班产量报告、产量通知单、产量明细表、废品通知单等。

（四）核算产品成本

生产过程中的各种记录、生产通知单、领料单、计工单、入库单等文件资料都要汇集到会计部门，由会计部门对其进行核算和控制。

在此项活动中，涉及的主要会计记录与凭证包括生产通知单、领料单、记工单、入库单、成本计算单、工薪汇总表及工薪费用分配表、材料分配表、制造费用分配汇总表、存货明细账等。成本计算单，是用来归依某一成本计算对象所应承担的生产费用，计算成本计算对象的总成本和单位成本的记录。工薪汇总表及工薪费用分配表是企业进行工薪费用分配的依据。工薪费用分配表反映了各生产车间各产品应负担的生产工人工薪及福利费。材料分配表，是用来记录多种产品之间分配共耗材料费用的分配标准、分配率及分配金额的原始凭证。制造费用分配汇总表，是用来汇总记录生产车间各受益对象应负担制造费用金额的原始凭证。存货明细账，是用来反映各种存货培养变动情况和期末库存数量及相关成本信息的会计记录。

（五）储存产成品

经过验收部门验收后的产成品入库，须由仓库部先行点验和检查，然后签收。签收后，将实际入库数量通知会计部门。据此，仓库部门确立了应承担的责任，并验证了验收部门的工作。仓库部门应根据产成品的品质特征分类存放，并填制标签。

在此项活动中，涉及的主要会计记录与凭证包括半成品入库单、半成品转移单、半成品出库单、产品验收单、产品入库单等。半成品入库单，是指经过一定生产过程并已检验合格但尚未制造完工成为产成品，仍需进一步加工的中间产品，交付半成品仓库保管时填制的原始凭证。半成品转移单，是指上一生产步骤完工的半成品，直接转入下一生产步骤继续加工过程中填制的原始凭证，证明上一生产部门和下一生产部门之间存在移交半成品的行为。半成品出库单，是指为加工产成品而领用已经入库的半成品时填制的原始凭证。产品验收单是验收完工产品时所编制的凭证，列示加工合格的产品的种类和数量等内容。

（六）发出产成品

产成品的发出须由独立的发运部门进行。装运产成品时必须持有经核准的发运通知单，并据此编制出库单。出库单一般为一式四联，一联交仓库部门；一联由发运部门留存；一联送交顾客；一联作为给顾客开发票的依据。

在此项活动中，涉及的主要会计记录与凭证包括发运通知单和出库单。发运通知单，是指用来通知发运部门的，载有具体发出货物的品名、种类规格、数量、发运具体时间、发运起始地点等信息的原始凭证。出库单是仓库部门为了便于记录库存货物领用发出情况而编制的原始凭证。

存货与仓储循环主要业务活动及会计记录见表 9-1。

表 9-1　存货与仓储循环主要业务活动及会计记录

主要业务活动	对应的凭证与会计记录	相关主要部门
1．计划和安排生产	生产通知单	生产计划部门
2．发出原材料	材料发出汇总表、领料单、限额领料单、领料登记簿、退料单	仓库部门
3．生产产品	生产通知单、生产加工指令单、产量和工时记录	生产部门
4．核算产品成本	生产通知单、领料单、记工单、入库单、成本计算单、工薪汇总表及工薪费用分配表、材料分配表、制造费用分配总表、存货明细账	会计部门
5．储存产成品	半成品入库单、半成品转移单、半成品出库单、产品验收单、产品入库单	仓库部门
6．发出产成品	发运通知单、出库单	发运部门

二、存货与仓储循环的内部控制

存货与仓储循环的内部控制主要包括存货的内部控制和成本会计制度的内部控制两项内容。

（一）存货的内部控制

存货内部控制是企业为管理好存货，针对存货收、发、存与供、产、销各环节的特点，事先制定的一套相互牵制、相互验证的内部监控制度。存货内部控制是企业整个内部控制中的重点内容和中心环节。企业制订存货内部控制的目的在于保障存货资产的安全完整，加速存货资金周转，提高存货资金使用效益。存货内部控制的主要内容如下。

1．采购

与采购相关的内部控制的总体目标是所有交易都已经获得了适当授权与批准。使用订货单是一项基本的内部控制措施，订货单应当预先连续编号，事先确定采购价格并获得批准。此外，对订货单还应当定期进行清点。

2．领用

此项控制主要包括所有存货的领用均应得到批准和记录。仓储部门须根据预先编号并经批准的领料单发货。领料单通常一式三份，一份存于领料部门；一份作为存储部门的收据；另一份作为会计部门记账的依据。存储部门应定期清点领料单。

3．加工（生产）

所有的生产过程应当做出适当的记录，使用生产报告是基本的内部控制措施。在生产报告中，应对产品质量缺陷和零部件使用及报废情况及时做出说明。

4．验收

验收工作应由独立于采购部门的验收部门专门负责，重点审查收到的货物的规格、质量和数量是否符合要求，并填制验收单，送会计部门和仓储部门，货物交仓储部门入库。

5．仓储

货物入库，须由储存部门点验和检查，然后签收。签收后，根据实际入库货物的数量，填制入库单，及时通知会计部门。此外，仓储部门还要规范存货存放秩序，即应根据存货的品质特征分类存放，填制标签，妥善保管并负责存货的安全。

6．装运出库

所有的装运都应当记录，使用发运凭证是基本的内部控制措施。发运凭证应当预先连续编号，定期进行清点，并作为日后开具收款账单的依据。

7．盘存制度

存货数量的盘存制度一般分为实地盘存制和永续盘存制。盘存制度不同，对存货数量的控制程度的影响也不同。即使采用永续盘存制，也应对存货进行实地盘点。与存货实地盘点相关的内部控制通常包括：制定合理的盘点计划，确定合理的存货盘点程序，配备相应的监督人员，对存货进行独立的内部验证，将盘点结果与永续存货记录进行独立的调节，对盘点表和盘点标签进行充分控制。

（二）成本会计制度的内部控制

1．授权审批

对于生产指令、领料单和工薪分配汇总表，需经过恰当的审批。

2．成本的核算

成本核算需要以经过审核的生产通知单、领发料凭证、产量和工时记录、工薪费用分配表、材料费用分配表和制造费用分配表作为依据，上述表单应预先连续编号，并附在有关成本的记账凭证之后。

3．成本核算方法

被审计单位应采用适当的成本核算方法，并保持前后各期一致；应采用适当的费用分配方法并且前后各期一致；应采用适当的成本核算流程和账务处理流程。

4．职务分离

存货保管人员与存货记录人员的职务应分离。

三、存货与仓储循环的控制测试

审计人员对存货与仓储循环进行控制测试的主要程序如下。

（1）检查凭证中的生产指令、领料单、工薪等是否经过授权；检查存货入库是否有严格的验收手续，是否与合同和原始单证进行详细核对；检查存货的发出是否按规定办理，有无不按规定发出存货的情况。

（2）检查有关成本的记账凭证是否附有生产通知单、领发料凭证、产量和工时记录、工薪费用分配表、材料费用分配表、制造费用分配表等，原始凭证的顺序编号是否完整。

（3）询问和观察存货与记录的接触控制以及相应的批准程序。

（4）询问和观察存货盘点程序。

（5）询问和观察存货的保管程序，观察是否只有经过授权批准人员才能接近存货。

（6）检查已经发生的存货购进、领用、发出的业务是否全部入账，有无没有入账的原始凭证。

（7）检查各种费用的归集和分配以及成本的计算是否正确，是否按照规定的成本核算流程进行核算和账务处理。

（8）检查是否所有已发生的料、工、费的耗费均已及时准确地计入生产成本中，有无未入账的原始凭证。

（9）检查记录的工薪是否为实际发生。检查当期实际发生的工薪支出是否全部计入成本；工资分配表、工资汇总表是否完整反映实际已发生的工薪支出。

（10）询问和观察人事、考勤、工薪发放、记录等职务是否相互分离，以及各项职责的执行情况。

需要说明的是：存货与仓储循环中某些审计测试，特别是对存货的审计测试，与其他相关业务循环的审计测试同时进行将更为有效。例如，原材料的取得和记录是作为采购与付款循环的一部分进行测试的，而装运产成品和记录营业收入与成本则是作为销售与收款循环审计的一部分进行测试的。

举例　广西华康公司是方平会计师事务所的常年审计客户，注册会计师刘某是华康公司 2016 年度财务报表审计业务的项目合伙人。注册会计师刘某将了解到的华康公司的内部控制情况记录在审计工作底稿中，部分内容摘录如下。

（1）根据经理审批的月度生产计划书，由生产经理签发预先按顺序编号的生产通知单。

（2）由质量控制人员检查每一生产阶段完工的存货，以确保其在送达产成品仓库前符合质量标准。

（3）会计部门的成本会计人员根据收到的生产通知单、领料单、计工单、入库单等文件资料，在月末编制原材料、人工与制造费用的分配表，以及完工产品与在产品成本分配表，并据以核算成本和登记相关账簿。

（4）由独立的装运部门装运货物，装运部门收到发运通知后，装运产成品出库。

（5）会计部门的人员在收到出库单、销售发票等后，编制结转成本的会计分录，登记相应明细账。

（6）产成品仓库分别于每月、每季和年度终了，对产成品存货进行盘点，由会计部门对盘点结果进行复盘。仓库管理员应编写产成品存货盘点明细表，发现差异及时处理，经仓储经理和生产经理复核后调整入账。

针对所述的内部控制，注册会计师刘某应当实施哪些控制测试程序？

分析

（1）抽取并检查生产通知单是否经过授权，编号是否连续。

（2）检查接收完工产品到产成品仓库的证据。

（3）抽取记录生产成本凭证，测试各种费用的归集和分配以及成本的计算；测试是否按照规定的成本核算流程和账务处理流程进行核算和账务处理。

（4）选取出库单，看是否有相应的发运通知单，询问和观察发运是否有独立的发运部门负责。

（5）抽取销售成本结转凭证检查与支持性文件是否一致并适当复核。

（6）抽取产成品存货盘点报告并检查是否经适当层次复核，有关差异是否得到处理。

第二节　存货与仓储循环主要项目审计

9-2

存货与仓储循环包括的项目有：存货、应付职工薪酬、物资采购、原材料、周转材料、库存商品、材料成本差异、存货跌价准备、管理费用等。下面仅就最主要的存货项目和应付职工薪酬项目的审计进行详细阐述。

一、存货审计

存货审计是指对存货增减变动及结存情况的真实性、合法性和正确性进行的审计。存货审计直接影响着财务状况的客观反映，对于揭示存货业务中的差错弊端、保护存货的安全完整、降低产品成本和费用、提高企业经济效益等，都具有十分重要的意义。

（一）存货审计目标

（1）确定存货是否存在。

（2）确定存货是否由被审计单位拥有或控制。

（3）确定存货增减变动的记录是否完整。

（4）确定存货的计价方法是否恰当。

（5）确定存货的期末余额是否正确。

（6）确定存货在财务报表上的披露是否恰当。

（二）存货的实质性测试程序

1．获取或编制存货明细表

获取或编制存货明细表，复核加计是否正确，并与报表数、总账数和明细账合计数核对是否相符；同时抽查各存货明细账与仓库台账、卡片记录，检查是否相符。

2．对存货执行分析程序

审计人员主要从以下方面对存货实施分析程序。

（1）比较前后备期及本年度各月份存货余额及其构成、存货成本差异率、生产成本、直接材料成本、工资费用的发生额、制造费用、营业成本总额以及单位销售成本等，评价其总体合理性。

（2）将存货余额与现有的订单、资产负债表日后各期的销售额和下一年度的预测销售额进行比较，以评估存货滞销和跌价的可能性。

（3）将存货跌价准备与本年度存货处理损失的金额进行比较，判断本身及单位计提足额的跌价准备是否合理。

（4）计算本期的存货周转率和毛利率，并与以前期间进行比较。存货周转率是衡量销售能力和存货是否积压的指标，存货周转率异常波动可能意味着被审计单位存在有意或无意地减少存货储备、存货管理或控制程序发生变动等情况。毛利率通常用以衡量成本控制及销售价格的变化。毛利率的异常变动可能意味着被审计单位存在销售产品总体结构、单位产品成本发生变动等情况。

3．存货监盘

存货监盘，是指审计人员现场观察被审计单位存货的盘点，并对已盘点的存货进行适当检查。存货监盘的目的在于获取有关存货数量和状况的审计证据，以确证被审计单位记录的所有存货确实存在，已经反映了被审计单位拥有的全部存货，并属于被审计单位的合法财产。存货监盘程序是存货审计实质性程序中的一项核心内容，具体程序如下。

（1）制定监盘计划前应考虑的问题

审计人员应参与被审计单位存货盘点的事前规划，或向被审计单位索取存货盘点计划。一般来说，监盘的时间以会计期末前为优，如果被审计单位的盘点在会计期末以后进行，就必须编制从盘点日到期末的存货余额调节表。即使被审计单位的盘点在会计期末以后进行，也应尽量靠近会计期末。对于监盘的存货样本，应选取重要项目或典型存货项目，同时对可能过时或损坏的项目要仔细查询，并与被审计单位管理人员就疑虑问题交换意见。

（2）确定存货盘点范围

在被审计单位盘点存货前，注册会计师应当观察盘点现场，确定应纳入盘点范围的存货是否已经适当整理和排列，并附有盘点标识，防止遗漏或重复盘点。对未纳入盘点范围的存货，注册会计师应当查明未纳入的原因。对于被审计单位存放或寄销在外地的存货，应纳入盘点的范围。

对所有权不属于被审计单位的存货，注册会计师应当取得其规格、数量等有关资料，确定是否已单独存放、标明，且未被纳入盘点范围。在存货监盘过程中，注册会计师应当根据取得的所有权不属于被审计单位的存货的有关资料，观察这些存货的实际存放情况，确保其未被纳入盘点范围。

（3）进行监盘的准备工作

首先，确定盘点顺序。为防止被审计单位弄虚作假，有必要实行封存，封存可以采取贴封条、上锁、请人看守、请人代为保管等方式。

其次，审计人员应了解有关财产物资的内部控制和管理制度，对各项制度的遵循情况进行评价，发现存在的薄弱环节，明确盘点的重点。

再次，做好盘点的人员准备，通过召开盘点预备会议，将盘点计划或指令贯彻到每一个参与人员。

最后，通知被查部门，并要求其将有关物资盘点日的账面数轧出，将已经发现的错误数剔除，并做好盘点的器具和表格文具的准备。

（4）执行存货监盘程序

在监盘过程中，审计人员不得离开盘点现场，对有关人员所实施的盘点清查要实行全过程监控，既要看最终结果，也要认真观察其盘点过程。

审计人员要特别注意一些重要的盘点环节，必要时可要求放慢速度或重复操作，演示其过程或者要求解释盘点的结果，也可以对有关盘点结果进行复核和清点。

审计人员对盘点的结果要如实记录，并执行有关手续，填写相关表格，写明盘点的实际数额，并签字。

（5）执行抽盘

审计人员应当进行适当抽查，抽查范围通常包括所有盘点工作小组的盘点内容以及难以盘点或隐蔽性较强的存货。审计人员可以从存货盘点记录中选取项目追查至存货实物，以及从存货实物中选取项目追查至盘点记录，以获取有关盘点记录准确性和完整性的审记。

（6）存货监盘结束时的工作

在被审计单位存货盘点结束前，审计人员应当再次观察盘点现场，以确定所有应纳入盘点范围的存货是否均已盘点；取得并检查已填用、作废及未使用盘点表单的号码记录，确定其是否连续编号，查明已发放的表单是否均已收回，并与存货盘点的汇总记录进行核对。

（7）总结盘点结果

在盘点表格的手续办理完毕之后，还应将盘点的结果与有关账簿记录进行核对，确定是否账实相符。对于账实不符的情形，审计人员应结合其他审计环节，进行进一步的调查研究。

举例 方平会计师事务所接受委托，对常年审计客户广西华康公司2016年度财务报表进行审计。华康公司为钻石加工企业，其中丁公司委托华康公司加工钻石，该部分未加工的钻石存放于华康公司的仓库。华康公司拟于2016年12月30日盘点存货，以下是注册会计师王某撰写的存货监盘计划的部分内容：

（1）存货监盘的目标：检查华康公司2016年12月31日存货数量是否真实完整；

（2）存货监盘范围：库存的所有存货，包括受托加工业务中的钻石；

（3）监盘时间：存货的观察与检察时间均为2016年12月31日；

（4）在监盘存货时，采用观察以及检查收发结存记录的方法，确定存货的数量；

（5）检查相关凭证以证实盘点截止日前所有已确认为销售但尚未装运出库的存货均已纳入盘点范围。

要求：针对上述存货监盘计划第（1）～（5）项，请逐项判断是否恰当，若不恰当，请予以修改。

【解答】事项（1）中，存货监盘的目标不恰当。监盘目标应为获取有关存货数量和状况以及有关管理层存货盘点程序可靠性的审计证据。

事项（2）中，存货监盘范围不恰当。丁公司委托加工钻石的所有权仍然属于丁公司，不属于华康公司，不应纳入监盘范围。

事项（3）中，存货监盘时间不恰当。存货的观察与检查时间应与盘点时间相一致，应为12月30日。

事项（4）中，存货监盘方法不恰当。钻石是贵重物品，要选择样品进行化验与分析，或利用专家的工作。

事项（5）中，存货盘点范围不恰当。注册会计师王某应当检查相关凭证以证实盘点截止日前所有已确认为销售但尚未装运出库的存货均未纳入盘点范围，确认为销售的存货的所有权不再属于被审计单位，不能纳入盘点范围。

举例　在对广西华康公司 2016 年度财务报表进行审计时，注册会计师刘某编制了存货审计的相关工作底稿，部分内容摘录如下。

（1）A 原材料主要用于生产 A 产品。根据 A 原材料盘点结果，2016 年结存金额未包括于 2016 年 12 月 31 日已入库但尚未收到采购发票的 45 万元 A 材料。审计处理建议：已提出审计调整建议，于 2016 年年末补计已入库的 A 原材料 45 万元。

（2）B 原材料主要用于生产 B 产品。根据 B 原材料盘点结果，2016 年结存金额中有 20 万元的 B 原材料在 2016 年 12 月 31 日收到采购发票，但于 2017 年 1 月 1 日才实际收到入库。审计处理建议：已提出审计调整建议，于 2016 年年末冲回尚未收到入库的 B 原材料 20 万元。

假定不考虑其他条件，上述相关审计处理建议是否恰当？如果存在不当之处，请提出改进建议。

分析　（1）恰当。材料已于 2016 年入库，应当确认为华康公司 2016 年存货。

（2）不恰当。不能因为没有收货就冲回相应存货，可能是在途材料。注册会计师刘某要进一步检查相关存货发货情况和采购合同。如果合同约定供应商发货即转移相关原材料风险和报酬，并且于 2016 年 12 月 31 日供应商已发货，则不应冲回相应存货。

（3）检查存货。在存货监盘过程中检查存货，虽然不一定确定存货的所有权，但有助于确定存货的存在，以及识别过时、毁损或陈旧的存货。注册会计师刘某应当把所有过时、毁损或陈旧存货的详细情况记录下来，这既便于进一步追查这些存货的处置情况，也能为测试华康公司存货跌价准备计提的准确性提供证据。

4．存货计价审计

为验证财务报表上存货余额的真实性，需要对存货的计价进行审计，存货计价测试的主要目的是检查被审计单位所使用的存货单位成本是否正确。

（1）样本的选择。计价审计的样本，应从存货数量已经盘点、单价和总金额已经计入存货汇总表的结存存货中选择。选择样本时应着重选择结存余额较大且价格变化比较频繁的项目，同时考虑所选样本的代表性。

（2）计价方法的确认。审计人员需要结合企业会计准则的基本要求和企业实际情况，审查被审计单位选择的计价方法是否适合。除此以外，审计人员还应对这种计价方法的合理性与一贯性予以关注，没有足够理由，计价方法在同一会计年度内不得变动。

（3）计价测试。进行计价测试时，审计人员首先应对存货价格的组成内容予以审核，然后按照所了解的计价方法对所选择的存货样本进行计价测试。审计人员应进行独立测试，以排除被审计单位已有计算程序和结果的影响。注册会计师将审计结果与被审计单位账面记录对比，编制对比分析表，分析形成差异的原因。如果差异过大，应扩大测试范围，并根据审计结果考虑是否提出审计调整建议。

举例 注册会计师张某负责审计广西华康公司2016年财务报表。华康公司的会计政策规定，入库产成品按实际生产成本入账，发出产成品采用先进先出法核算。2016年12月31日，华康公司a产品期末结存数量为1 200件，期末余额为5 210万元。华康公司2015年度a产品的相关明细资料见表9-2（数量单位为件，金额单位为人民币万元，假定期初余额和所有的数量、入库单价均无误）。

表9-2 华康公司2015年度a产品的相关明细资料

日期	摘要	入库			发出			结存		
		数量	单价	金额	数量	单价	金额	数量	单价	金额
1.1	期初余额							500		2 500
3.1	入库	400	5.1	2 040				900		
4.1	销售				800			100		
8.1	入库	1 600	4.6	7 360				1 700		
10.3	销售				400			1 300		
12.1	入库	700	4.5	3 150				2 000		
12.31	销售				800			1 200		
12.31	期末余额							1 200		5 210

要求：分析a产品明细账有无问题，并指出所存在的问题。

【解答】注册会计师张某应重新计算期末a产品成本，经计算发现期末a产品成本应为5 450万元［700×4.5+（1 200－700）×4.6＝5 450］，华康公司期末a产品成本少计了240万元（5 450－5 210），则说明当期营业成本多结转了240万元。其结果虚增了a产品营业成本，虚减利润，导致少缴所得税。注册会计师张某应提请华康公司调减2016年利润表中已多结转的营业成本240万元。

5. 存货截止测试

所谓存货截止测试，就是检查截止到12月31日所购入并已包括在12月31日的存货盘点范围内的存货。存货正确截止的关键在于存货实物纳入盘点范围的时间与存货引起的借贷双方会计科目的入账时间都处于同一会计期间。

例如，如果当年12月31日购入的货物，并已包括在当年12月31日的实物盘点范围内，而购货发票是次年1月2日才收到，并已记入次年1月账内，当年的12月账上并无进货和对应的负债记录，这就少计了存货和应付账款；如果当年12月31日收到一张购货发票，并记入当年的12月账内，而这张发票所对应的存货实物却在次年1月3日才收到，未包括在当年年底的盘点范围内，这样就有可能虚减本年的利润。

存货截止测试的主要方法如下。

（1）抽查存货盘点日期前后的购货发票与验收报告或入库单，如果企业拥有对该存货的所有权，则档案中的每张发票均应附有验收记录。12 月底入账的发票如果附有 12 月 31 日或之前的验收报告，则货物肯定已经入库，并包括在本年的实地盘点存货范围内；如果验收报告日期为 1 月份或之后的日期，则货物不会列入年底实地盘点存货范围内；反之，如果仅有验收报告而并无购货发票，则应认真审核每一验收报告单上面是否加盖暂估入库印章，并以暂估价记入当年存货账内，待次年年初以红字冲销。

（2）审阅验收部门的业务记录，凡是接近年底（包括次年年初）购入的货物，必须查明其对应的购货发票是否在同期入账，对于未收到购货发票的入库存货，是否将入库单分开存放并暂估入账。

举例　方平会计师事务所的注册会计师王某对广西华康公司 2016 年财务报表审计，进行存货截止测试时，抽查了 2016 年 12 月 31 日（也是存货盘点日）前后的 20 张购货发票与验收单，发现一张日期为 2016 年 12 月 28 日的发票后附的验收单日期为 2017 年 1 月 2 日，通过了解 2016 年 12 月华康公司的盘点范围，该张发票上的货物未包括在盘点范围之内，因此注册会计师王某认为此情况可能虚减华康公司 2016 年的利润，提请华康公司进行相应的调整。

二、应付职工薪酬审计

应付职工薪酬审计是对涉及应付职工薪酬项目进行审计，如应付职工薪酬与其他业务发生错误或舞弊行为，如虚报冒领、重复支付和贪污等。同时，职工薪酬有时是构成企业成本费用的重要项目，所以在审计中便显得十分重要。

（一）应付职工薪酬审计目标

确定资产负债表中记录的应付职工薪酬是否存在；

所有应当记录的应付职工薪酬是否均已记录；

确定记录的应付职工薪酬是否为被审计单位应当履行的现时义务；

确定应付职工薪酬是否以恰当的金额包括在财务报表中，与之相关的计价调整是否已恰当记录。

确定应付职工薪酬是否已按照企业会计准则的规定在财务报表中做出恰当列报。

（二）应付职工薪酬的实质性测试程序

（1）获取或编制应付职工薪酬明细表，复核加计正确，并与报表数、总账数和明细账合计数核对相符。

（2）对本期应付职工薪酬实行分析程序：

① 检查各月职工薪酬的发生额是否存在异常波动，若有，应查明波动原因并做出记录；

② 将本期职工薪酬总额与上期进行比较，检查是否存在大幅增减变动的情况，若有，应要求被审计单位解释；

③ 了解被审计单位本期平均职工人数，计算人均薪酬水平，与上期或同行业水平进行比较。

（3）检查应付职工薪酬的核算内容是否完整，计算是否正确，分配方法是否合理，是否与上期一致。

（4）检查应付职工薪酬的范围和标准是否符合规定。

（5）审阅应付职工薪酬明细账，抽查应付职工薪酬各明细项目的支付和使用情况，检查是否符合有关规定，是否履行审批程序。

（6）检查被审计单位实行的工薪制度是否合法、合理。

（7）检查应付职工薪酬期末余额中是否存在拖欠性质的职工薪酬，若有，应了解拖欠的原因。

（8）确定应付职工薪酬在资产负债表中的披露是否恰当。

举例 广西华康公司 2016 年 12 月有关业务发生如下。

（1）本月应付工资总额 231 000 元，工资费用分配汇总表中列示的车间产品生产人员工资为 160 000 元，车间管理人员工资为 35 000 元，行政管理人员工资为 30 200 元，销售人员工资为 5 800 元。

（2）本月应向社会保险经办机构缴纳职工基本养老保险费共计 32 340 元，其中，应计基本生产成本的金额为 22 400 元，应计入制造费用的金额为 4 900 元，应计入管理费用的金额为 5 040 元。

（3）该公司共有职工 400 名，其中 300 名为直接参加生产的职工，60 名为车间管理人员，40 名为企业管理人员，该公司决定将其生产的每台成本为 18 000 元的笔记本电脑发放给职工作为福利。该型号的电脑市场售价为每台 20 000 元，该公司使用的增值税税率为 17%。

（4）该公司为总部各部门经理级别以上职工提供汽车免费使用，同时为副总裁以上高级管理人员每人租赁一套住房。假定公司总部共有部门经理以上职工 10 名，为每人提供一辆捷达汽车免费使用。假定每辆捷达汽车每月计提折旧 1 500 元；该公司共有副总裁以上高级管理人员 3 名，公司为其每人租赁一套面积为 200 平方米带有家具和电器的公寓，月租金为每套 15 000 元。

（5）该公司根据工资结算汇总表结算本月应付职工工资总额 231 000 元，代扣职工个人所得税 20 500 元，企业代垫职工家属医药费 1 500 元，实发工资 209 000 元。

（6）该公司以现金支付职工生活困难补助 1 600 元。

（7）该公司以银行存款缴纳职工社会保险费 200 000 元。

（8）该公司向职工发放笔记本电脑作为福利，同时根据相关税收规定，视同销售计算增值税销项税额。

（9）该公司支付副总裁以上高级管理人员住房租金。

（10）该公司管理层于 2016 年 6 月 1 日决定缩减管理人员，提出了没有选择权的辞退计划，拟辞退 5 人，并于 2016 年 12 月 1 日起执行，被辞退人员已经接到公司通知，该公司董事会批准，辞退补偿每人 12 万元。根据以上资料，华兴公司进行了有关应付职工薪酬的会计处理：

（1）借：生产成本——基本生产成本	160 000	
制造费用	35 000	
管理费用	30 200	
销售费用	5 800	
贷：应付职工薪酬——工资		231 000
（2）借：生产成本——基本生产成本	22 400	
制造费用	4 900	
管理费用	5 040	
贷：应付职工薪酬——社会保险费（基本养老保险）		32 340
（3）从银行提取现金		
借：库存现金	209 000	
贷：银行存款		209 000
发放工资，支付现金时：		
借：应付职工薪酬——工资	209 000	
贷：库存现金		209 000
结转代扣款项时：		
借：应付职工薪酬——工资	22 000	
贷：应交税费——应交个人所得税		20 500
其他应收款——代垫医药费		1 500
（4）借：应付职工薪酬——职工福利	1 600	
贷：库存现金		1 600
（5）借：应付职工薪酬——社会保险费	200 000	
贷：银行存款		200 000

该公司认为业务 3、业务 4、业务 8、业务 9、业务 10 不属于应付职工薪酬的核算范围，因此没有进行应付职工薪酬的会计处理。

要求：指出华康公司的会计处理是否正确，并说明原因。如果不正确，做出调整分录。

分析 华康公司对业务 3、业务 4、业务 8、业务 9、业务 10 的会计处理不正确，调整分录如下。

业务（3）

借：生产成本——基本生产成本	7 020 000	
制造费用	1 404 000	
管理费用	936 000	
贷：应付职工薪酬		9 360 000

业务（4）

借：管理费用	45 000	
贷：应付职工薪酬——非货币性福利		45 000
借：应付职工薪酬——非货币性福利	15 000	
贷：累计折旧		15 000

业务（8）

借：应付职工薪酬——非货币性福利	9 360 000	
贷：主营业务收入		800 000
应交税费-应交增值税（销项税）		136 000
借：主营业务成本	7 200 000	
贷：库存商品		7 200 000

业务（9）

借：应付职工薪酬——非货币性福利	45 000	
贷：银行存款		45 000

业务（10）

借：管理费用	120 000	
贷：应付职工薪酬——辞退福利		120 000

延伸阅读

德勤对科龙存货审计的硬伤

2002 年，当时全球“五大审计巨头”之一的安达信因陷入美国安然财务丑闻而宣告破产，引发了会计师行业的信任危机。当时的安达信执行总裁贝拉迪诺曾说：“我们不是第一个、也不会是最后一个陷入这种困境的会计师事务所。”那么，位居当今全球“四大”会计师事务所之一的德勤会不会是又一个倒下的会计师事务所呢？

2006 年 7 月 16 日，中国证监会对广东科龙电器股份有限公司及其责任人的证券违法违规行为做出行政处罚与市场永久性禁入决定。这是新的《证券市场禁入规定》自 2006 年 7 月 10 日施行以来，证监会做出的第一个市场禁入处罚。在科龙重大财务造假行为曝光后，为其提供审计服务的德勤会计师事务所究竟应承担什么样的责任，成为社会各界关注的焦点。

有专家分析，德勤在审计科龙过程中存在的问题表现在以下几方面。

一是德勤对科龙电器各期存货及主营业务成本进行审计时，直接按照科龙电器期末存货盘点数量和各期平均单位成本确定存货期末余额，并推算出科龙电器各期主营业务成本。

专家认为，德勤在未对产成品进行有效测试和充分抽样盘点的情况下，通过上述审计程序对存货和主营业务成本进行审计并予以确认，其审计方法和审计程序很不合理。因为按照审计准则，会计师倒轧出的应该是进入主营业务成本中的各项成本，如直接人工、原材料等；还有各项费用，如水电费等各种制造费用；并与存货变动表和损益表中的各种费用进行匹配。并且，主营业务成本是科龙电器的账上数字，不可能由会计师事务所通过倒轧，自己计算出来。德勤混淆了会计责任与审计责任。这应该是一个很“低级”的错误。

2002 年 7 月 1 日起施行的独立审计准则更明确了存货监管的审计程序——注册会计师现场监督被审计单位存货的盘点，并进行适当的抽查。在 2002 年 CICPA（中国注册会计师协会）编写的注册会计师考试指定教材《审计》一节还特别警告“不存在满意的替代程序来计量和观察期末存货”。

“因为盘查库存很费时间和精力，所以有些审计者只进行象征性的抽查，这让存货监盘成为一个风险极高的审计程序。科龙虚增了这么多利润，不排除在这方面做了手脚。如果进行账实相符的核查，这种问题其实并不难发现。在大多数情况下，会计师事务所可以辨认出客户提供的信息到底是真是假。遗憾的是，德勤似乎并没有察觉。

二是德勤在存货抽样盘点过程中缺乏必要的职业谨慎，确定的抽样盘点范围不适当，执行的审计程序不充分。

德勤在年报审计过程中实施抽样盘点程序时，未能确定充分有效的抽样盘点范围，导致其未能发现科龙电器通过压库方式确认虚假销售收入的问题。实际上，科龙电器在底账上虚构出货记录，上述存货仍然封存在仓库中，只是将账面数量结存为零。而作为审计者的德勤对科龙的这一行为无动于衷。

不曾实现的销售确认为当期收入肯定导致利润虚增。这种操作的矛盾是，表面已经实现销售的产品实际仍在仓库里。因此，利润虚增后，次年必须再行销售退回，才能做平账目。

专家说，如果一项销售行为不符合收入确认原则，就根本不应该被确认为收入，更不能体现在利润表的主营业务收入项目中。会计原则中不存在先确认收入，然后对销售退回计提准备的做法。

三是德勤对科龙电器 2003 年度审计时，就存货已出库未开票项目向 4 家客户所发的询证函中，客户仅对询证函的首页盖章确认，但该首页没有对后附明细列表进行金额或数量的综述。此外，向另两家客户发询证函时，客户并没有将回函直接传真或邮寄给德勤，而是由科龙电器负责该项目的工作人员收后转交德勤。专家说，收入的确认应该以货物的风险和报酬是否转移为标准，一般来说，仅以“出库未开票”来确认收入明显不符合会计准则。

第十章

投资与筹资循环及货币资金审计

学习目标

1. 了解投资活动、筹资活动的主要业务内容和相关会计凭证
2. 理解投资活动、筹资活动的内部控制与控制测试
3. 理解交易性金融资产、长期股权投资、借款和所有者权益项目的实质性测试
4. 理解货币资金与其他循环的联系
5. 了解货币资金涉及的凭证与会计记录
6. 理解货币资金的内部控制及控制测试
7. 掌握库存现金和银行存款项目的实质性测试

导入案例

亚辛会计师事务所接受安兴公司的委托，于2017年1月5日至3月6日审计其2016年度财务报表及其附注，其中的投资与筹资项目审计由注册会计师辛艳铎、杜娟珊负责。安兴公司主要经营饲料原料、饲料、饲料添加剂、生物制品、畜禽制品及其产品的加工、生产、销售；经营本企业生产产品及技术服务；本企业所需的原辅材料、仪器仪表、机械设备、零配件及技术的进口业务；与以上项目相关的技术、咨询、服务等。该公司2016年与筹资和投资有关的交易和事项如下。(1) 2016年1月1日，以设备抵押方式借入期限为2年的长期专门借款1 000 000元，年利率6.8%，每年付息一次，期满一次还清本金；2016年2月1日，向中国银行借入100 000元作为流动资金借款，期限6个月，年

利率6%，合同约定到期一次还本付息，有担保。（2）2016年12月31日，发行5年期一次还本、分期付息的公司债券10 000 000元，债券利息在每年12月31日支付，票面利率为年利率6%，债券发行时市利率为5%。（3）2016年3月7日，分配股票股利3 800 000元。（3）2016年2月10日，自公开市场买入大兴公司20%的股份作为长期股权投资，实际支付价款1 600万元。经注册会计师评估，安兴公司的筹资和投资业务存在较低的重大错报风险。依据评估的重大错报风险，注册会计师设计控制测试和实质性程序。之后，根据控制测试的结果，确定相应的实质性程序。发现的问题主要包括短期借款利息误记成偿还借款本金，将长期借款的利息错记为增加“长期借款”账户余额，债券利息调整未采用实际利率法和摊余成本，分配的股票股利未做账务处理，交易性金融资产的手续费不应计入其成本，购入股份而支付的手续费不应计入账务费用。

第一节　投资与筹资循环业务活动及控制测试

投资与筹资循环包括投资活动和筹资活动。投资活动主要由权益性投资交易和债权性投资交易组成，筹资活动主要由借款交易和股东权益交易组成。筹资与投资循环有以下特征。

（1）审计年度内的交易数量较少，而每笔交易的金额通常较大，这就决定了对该循环涉及的项目审计更可能采用实质性方案。

（2）必须遵守国家法律、法规和相关契约的规定。审计人员了解被审计单位的投资与筹资活动，可能对评估财务报表舞弊的风险、从性质角度考虑审计重要性、评估持续经营假设的适用性等有重要影响。

（3）漏记或不恰当地对一笔业务进行会计处理，将会导致重大错误，从而对企业财务报表的公允反映产生较大的影响。

一、投资活动

（一）主要业务活动及相关会计凭证与记录

1. 投资活动的主要业务活动

（1）授权审批。投资业务一般应由企业董事会进行审批，重大的投资业务须经股东会或股东大会批准。

（2）收取和保存有价证券。投资经办人按照指令进行投资，取得股权、股票、债券或房产等投资项目，办理相关的交割或过户手续。

（3）登记入账。取得投资后，相关合同、过户手续和资金支出凭据传递到财务部门，据以登记入账。

（4）取得投资收益。按照投资协议的规定，定期或到期收到投资收益，并按持有目的不同、持有股份不同选择相应的账务处理方法登记入账。

（5）转让证券或收回其他投资。根据授权或批准文件，经办人员签订合同处置投资项目，收回投资。企业可以通过转让证券实现投资的收回；其他投资一经投出，一般不得抽回投资。

2．投资活动涉及的会计记录与凭证

（1）股票或债券。股票是公司签发的证明股东所持股份的凭证。债券是公司依据法定程序发行、约定在一定期间内还本付息的有价证券。

（2）股票或债券登记簿。股票或债券登记簿是投资方对股票或债券发行人的各项情况进行详细记录的簿籍，是对会计账簿的有效补充。通过查阅股票或债券登记簿或向接受投资者函证，可证明企业投资的真实性。

（3）经纪人通知单。当投资是通过经纪人代理进行时，经纪人通知投资方给出投资情况的书面文件。

（4）债券合同。债券合同是一张明确债券持有人与发行企业双方所拥有的权利与义务的法律性文件。

（5）投资协议。投资协议指的是由股东一方决定入股某公司时，双方签订的载明各自权利义务的协议书。

（6）与投资有关的记账凭证、会计明细账和总账。

（二）投资活动的内部控制

投资活动的内部控制主要包括以下方面。

1．投资计划的审批授权控制

按照公司章程的规定，投资计划应由董事会或者股东会决议通过。

2．投资业务的职责分离控制

投资业务的职责分离制度，是指在投资业务中的授权、执行、会计记录以及投资资产的保管等方面都有明确的分工，不得由一人同时负责上述任何两项工作。具体地说，主要表现在以下四个方面：

（1）投资计划的编制人员与投资的审批人员相分离；

（2）投资业务的操作人员与会计人员相分离；

（3）有价证券的保管人员与会计记账人员相分离；

（4）参与投资交易活动的人员不能同时负责有价证券的盘点工作。

3．投资资产的安全保护控制

企业自行保管有价证券实物时，应当规定必须存放在银行保险箱或专门的保管库内，只有经过授权的人员才能接触证券；证券保管人员必须设置证券登记簿，对于任何证券的存入或取出，都要根据经过复核和批准的原始凭证记录详细情况，并由所有经手人员签名，证券登记簿与会计部门的投资明细账应定期由专人核对；企业自行保管有价证券实物，要由与投资业务无关的人员定期对证券进行核对或实地盘点，盘点工作必须由两名以上人员共同进行。企业也可以委托独立的专门机构保管，比如银行、证券公司、依托投资公司等。

4. 投资业务的会计记录控制

企业应按货币资金的管理要求对有价证券进行管理；实行账证分管，即由会计部门管账、出纳部门管证；当业务人员提取有价证券时，出纳人员应按正规手续办理。

5. 投资收益控制

企业应关注投资收益发放公告；及时核对并记录投资收益；应安排专人对投资收益记录进行审核。

（三）投资活动的控制测试

投资活动控制测试的主要内容如下。

（1）投资项目是否经授权批准，投资金额是否及时入账。可通过查阅有关计划资料、文件或直接向管理层询问进行审查。

（2）是否与被投资单位签订投资合同、协议，是否获得被投资单位出具的投资证明。有价证券的买卖是否经恰当授权。审计人员可以通过查阅相关资料文件的方式进行测试，比如，查阅董事会的会议纪要、证券投资的各类权益证明文书、联营投资中的投资协议、合同和章程等。

（3）各项资产的保管措施是否有效；是否定期盘点各项资产并与会计记录核对。审计人员应采取审阅内部人员对有价证券进行定期盘点的报告的方式进行测试。

（4）投资的核算方法是否符合有关财务会计制度的规定，相关的投资收益会计处理是否正确，手续是否齐全。审计人员可从各类投资业务的明细账中抽取部分会计分录，按“原始凭证—明细账—总账”顺序核对有关数据的情况，判断其会计处理过程是否合规完整。

（5）投资项目的授权、执行、保管和记录是否有严格分工。对于职务分离的测试，审计人员可以采取实地调查、跟踪业务的方法进行。

二、筹资活动

（一）主要业务活动及相关会计凭证与记录

1. 筹资活动的主要业务

（1）授权与批准

企业通过借款筹集资金需经管理层的审批，企业发行股票必须依据国家相关法规或企业章程的规定，报经企业最高权力机构及国家有关管理部门批准。

（2）签订合同或协议

向银行或其他金融机构融资须签订借款合同；发行债券须签订债券契约和债券承销或包销合同；发行股票须公告招股说明书，制作认股书，签订承销或包销协议。

（3）取得资金

企业实际取得银行或金融机构划入的款项或债券、股票的融入资金。

（4）计算利息或股利

企业应按有关合同或协议的规定，及时计算利息或股利。

（5）偿还本息或发放股利

银行借款或发行债券应按有关合同或协议的规定偿还本息，对融入的股本根据股东大会的决定发放股利。

2．筹资活动涉及的会计记录和凭证

（1）债券、股票、股本凭证。债券是指公司依据法定程序发行、约定在一定期限内还本付息的有价证券。股票是指股份公司发行的所有权凭证，是股份公司为筹集资金而发行给各个股东作为持股凭证并借以取得股息和红利的一种有价证券；股本凭证指公司签发的证明股东所持股份的凭证。

（2）债券契约、股东名册。债券契约是指载明债券持有人与发行企业双方所拥有的权利与义务的法律性文件。股东名册是指记载股东的凭证，内容包括：股东的姓名或者名称及住所股份数、股票编号、取得日期。

（3）公司债券存根簿。公司债券存根簿指记载债券持有人的凭证，内容包括：债券持有人的名称及住所；取得日期及编号；债券总额、利率、还本付息的期限和方式；发行日期等。

（4）承销或包销协议。公司向社会公开发行股票或债券时，应由依法设立的证券公司承销或包销，公司应与证券公司签订承销或包销协议。承销或包销协议是指筹资公司与证券公司之间签订的，载明承销方式还是包销方式，以及一切相关具体事宜的书面文件。

（5）有关记账凭证、会计明细账和总账。

（二）筹资活动的内部控制

筹资活动的内部控制主要包括以下方面。

1．职责分离控制

筹资业务的不相容岗位至少包括：

（1）筹资方案的拟订与决策；

（2）筹资合同或协议的审批与订立；

（3）与筹资有关的各种款项偿付的审批与执行；

（4）筹资业务的执行与相关会计记录。

2．授权审批控制

企业应当对筹资业务建立严格的授权批准制度，明确授权批准方式、程序和相关控制措施，规定审批人的权限、责任以及经办人的职责范围和工作要求。

3．筹资收入款项控制

为防止可能发生的以筹资业务为名的不正当活动，企业最好委托独立的代理机构进行筹资。

4．还本付息、支付股利等付出款项的控制

企业可开出单张支票，委托有关代理机构代发，从而减少支票签发次数，降低舞弊可能。股利发放要以股东会或股东大会有关发放股利的决议文件为依据。

5．实物保管控制

债券和股票都应设立相应的登记簿，详细登记已核准发行的债券和股票的有关事项。

6．会计记录的控制

企业应及时按照正确的金额，采用合理的方法，在适当的账户和合理的会计期间对筹资业务予以正确记录。

（三）筹资活动的控制测试

筹资活动控制测试的主要内容如下。

1．筹资活动是否经过授权批准

索取借款的授权批准文件，检查借款合同或协议，检查审批手续是否齐全。检查债务偿还和股利支付的董事会决议，检查债券的偿还和回购以及股利支付是否由董事会授权。比如，对于长期借款，审查被审计单位管理层是否制定借款政策及审批程序，是否审慎做出借款决策，是否制定合理的借还款计划，并按规定程序报经审批。

2．筹资活动是否职务分离，是否有严格的实物保管制度

对于职务分离控制的测试可以采取询问和跟踪业务的方法调查情况；对实物保管控制的测试可以采取实地调查的方法。

3．收入资金和偿还款项是否符合规定

该部分测试可以结合货币资金业务的内部控制测试进行。

4．筹资活动是否建立了严密的账簿体系和记录制度，并定期检查

此项测试应采取账务追索收集证据的方法。比如，对于长期借款取得、使用和偿还情况，会计记录是否能够及时、完整地反映，会计人员是否对明细账和总账进行了全面登记，并定期检查和核对其是否相符。

第二节　投资与筹资循环主要项目审计

投资与筹资循环的项目包括长期股权投资、交易性金融资产、短期借款、长期借款、实收资本、资本公积、盈余公积、应付股利、财务费用、其他应收款、其他应付款、无形资产、营业外收支、公允价值变动损益和递延所得税资产、递延所得税负债等，下面就最主要的投资项目、借款项目和所有者权益项目进行详细阐述。

一、投资审计

（一）交易性金融资产审计

1．交易性金融资产的审计目标

（1）确定交易性金融资产是否存在且归被审计单位所有。

（2）确定交易性金融资产的计价是否正确。

（3）确定交易性金融资产的增减变动及其损益的记录是否完整。

（4）确定交易性金融资产期末余额是否正确。

（5）确定交易性金融资产的列报与披露是否恰当。

2．交易性金融资产的实质性测试程序

（1）获取或编制交易性金融资产明细表，复核加计正确，并与报表数、总账数和明细账合计数核对相符。核对期初余额与上期审定期末余额是否相符。

（2）获取股票、债券及基金、期货（如有）账户对账单，与明细账余额核对，需要时，向证券公司等发函询证，注意期末资金账户余额会计处理是否正确。

（3）监盘库存有价证券并与相关账户余额进行核对，如有差异，应查明原因做出记录或进行适当调整。对在外保管的有价证券，查阅有关保管的证明文件，需要时，向保管人函证。

（4）检查被审计单位对交易性金融资产的分类是否正确，是否符合企业会计准则的相关要求。

（5）查阅有关交易性金融资产的协议、合同、董事会决议及有关出资的凭证和记录，检查交易性金融资产购入、借出或兑现的原始凭证是否完整。取得证券交易账户流水单，对照账面记录是否完整，检查购入证券是否有本企业控股公司的股票。

（6）检查交易性金融资产持有期间收到被投资单位宣告发放的股利或债券利息会计处理是否正确；检查资产负债表日，交易性金融资产公允价值与其账面余额差额的会计处理是否正确。

（7）抽取交易性金融资产增加及减少项目的记账凭证，检查其原始凭证是否完整合法，会计处理是否正确。

（8）验明交易性金融资产的列报和披露是否恰当。

（二）长期股权投资审计

1．长期股权投资的审计目标

确定资产负债表中列示的长期股权投资是否存在；

确定所有应当列示的长期股权投资是否均已列示；

确定列示的长期股权投资是否由被审计单位拥有或控制；

确定长期股权投资是否以恰当的金额包括在财务报表中，与之相关的计价调整是否已恰当记录；

确定长期股权投资是否已按照企业会计准则的规定在财务报表中做出恰当列报。

2．长期股权投资的实质性测试程序

（1）获取或编制长期股权投资明细表，复核加计正确，并与总账数和明细账合计数核对相符；结合长期股权投资减值准备科目与报表数核对相符。

（2）根据有关合同和文件，确认股权投资的股权比例和持有时间，检查股权投资核算方法是否正确。

（3）对于重大的投资，向被投资单位函证被审计单位的投资额、持股比例及被投资单位发放股利等情况。

（4）对于应采用权益法核算的长期股权投资，获取被投资单位已经审计人员审计的年度财务报表，如果未经审计，则应考虑对被投资单位的财务报表实施以下审计或审阅程序。

复核投资收益时，应以取得投资时被投资单位各项可辨认资产等的公允价值为基础，对被投资单位的净利润进行调整后加以确认；被投资单位采用的会计政策及会计期间与被审计单位不一致的，应当按照被审计单位的会计政策及会计期间对被投资单位的财务报表进行调整，据以确认投资损益。

将重新计算的投资收益与被审计单位所计算的投资收益相核对，如有重大差异，则查明原因，并提出适当的审计调整建议。

检查被审计单位按权益法核算长期股权投资，包括确认应分担被投资单位发生的净亏损。审计时，应检查被审计单位会计处理是否正确。

（5）检查除净损益以外被投资单位所有者权益的其他变动，是否调整计入所有者权益。

（6）对于采用成本法核算的长期股权投资，检查股利分配的原始凭证及分配决议等资料，确定会计处理是否正确；对被审计单位实施控制而采用成本法核算的长期股权投资，比照权益法编制变动明细表，以备合并报表使用。

（7）对于成本法和权益法相互转换的，检查其投资成本的确定是否正确。

（8）确定长期股权投资的增减变动的记录是否完整。检查本期增加的长期股权投资，追查至原始凭证及相关的文件或决议及被投资单位验资报告或财务资料等，确认长期股权投资是否符合投资合同、协议的规定，并已确实投资，会计处理是否正确；检查本期减少的长期股权投资，追查至原始凭证，确认长期股权投资的收回有合理的理由及授权批准手续，并已确实收回投资，会计处理是否正确。

（9）期末对长期股权投资进行逐项检查，以确定长期股权投资是否已经发生减值。

（10）结合银行借款等的检查，了解长期股权投资是否存在质押、担保情况。如有，则应详细记录，并提请被审计单位进行充分披露。

（11）确定长期股权投资在资产负债表中已恰当列报。

举例 方平会计师事务所的注册会计师刘某在审计广西华康公司 2016 年度财务报表时，发现 2016 年 2 月 15 日华康公司通过发行 5 000 万股公司普通股（每股面值 1 元）取得阳光公司 25%的股权，该 5 000 万股股份的公允价值为 8 400 万元。为发行股份，华康公司向证券公司支付了 280 万元的佣金和手续费。假定华康公司取得该部分股权后，能够对阳光公司的生产经营决策施加重大影响。华康公司对此业务活动确定了长期股权投资 8 680 万元（8 400+280），所以华康公司的账务处理是：

借：长期股权投资	86 800 000	
贷：股本		86 800 000

注册会计师刘某认为上述账务处理是错误的，发行权益性证券过程中的佣金和手续费不应计入长期股权投资的成本，而应直接冲减发行收入，因此华康公司这项账务处理虚增了长期股权投资的成本。正确的账务处理应该是：

借：长期股权投资	84 000 000	
贷：股本		50 000 000
资本公积——股本溢价		34 000 000

同时

借：资本公积—股本溢价	2 800 000	
贷：银行存款		2 800 000

因此，注册会计师刘某应建议华康公司调整该笔账务，做如下调整分录

借：股权	36 800 000	
贷：资本公积——股本溢价		31 200 000
银行存款		2 800 000

二、借款审计

（一）借款的审计目标

（1）确认被审计单位在特定期间内发生的借款业务是否均已记录完毕；

（2）确认被审计单位所记录的借款在特定期间是否确实存在，是否为被审计单位所承担；

（3）确认被审计单位所有借款的会计处理是否正确；

（4）确定被审计单位各项借款的发生是否符合有关法律的规定，被审计单位是否遵守了有关债务合同的规定；

（5）确认被审计单位借款余额在有关财务报表中的反映是否恰当。

（二）短期借款的实质性测试程序

（1）获取或编制短期借款明细表，复核加计正确，并与报表数、总账数和明细账合计数核对是否相符，核对期初余额与上期审定期末余额是否相符；检查短期借款分类是否正确。

（2）短期借款执行分析程序：计算借款平均实际利率，并同以前年度及市场平均利率相比较；根据借款平均余额、平均借款利率测算当期利息费用和利息，并与账面记录进行比较；比较当年度与以前年度的借款总额、利息支出费用、利息支出占借款余额的比例、借款平均实际利率，如有异常情况，需查明原因。

（3）函证短期借款的实有数。审计人员应在期末短期借款余额较大或认为必要时向银行或其他债权人函证短期借款。

举例 审计人员在执行各项审计程序中，最能够证实短期借款完整性的是一项程序，就是向被审计单位所有的银行发函询证，因为被审计单位只要向银行借款就会在银行有开户，通过函证可以有效地发现漏记的短期借款。

（4）检查短期借款的增减。对年度内增加的借款，审计人员应检查借款合同和授权批准，了解借款数额、借款条件、借款日期、还款期限、借款利率，并与相关会计记录相核对。对年度内减少的短期借款，审计人员应检查相关记录和原始凭证，核实还款数额；审计人员应检查相关记录和原始凭证，检查被审计单位有无到期未偿还的借款，如果有，是否已办理了续借或延期手续，若未办理，是否有抵押，应关注是否有贷款人起诉、抵押物的处理情况等。

（5）复核短期借款利息。审计人员应根据短期借款的利率和期限，复核被审计单位短期借款的利息计算是否正确。

6．检查短期借款的列报与披露是否恰当充分。

举例 假设审计人员王军在对广西华康公司负债业务进行审查时，发现该公司于2016年4月1日向海淀工行取得流动资金借款200 000元，期限是3个月，借款月利率为5.5‰，该公司的会计处理为：

（1）取得借款时：

借：银行存款　　200 000

　　贷：短期借款　　200 000

（2）4 月、5 月、6 月底预提利息时：

借：营业外支出　　1 100

　　贷：短期借款　　1 100

（3）6 月底归还借款时：

借：短期借款　　203 300

　　贷：银行存款　　203 300

要求：指出该公司会计处理的不当之处。分析该公司对这项业务的不当处理是否会影响年度的损益状况，并进行相应的账项调整。

分析

（1）该公司对预提借款利息每月 1 100 元的会计处理不当。

账项调整：

借：财务费用　　3 300

　　贷：营业外支出　　3 300

（2）因为无论把利息费用记入“营业外支出”，还是“财务费用”科目，其数额都在该年度损益中抵减。因此，尽管该公司的会计分录中使用的科目不对，但不会影响该企业该年度的损益。

（三）长期借款的实质性测试程序

（1）获取或编制长期借款明细表，复核其加计数是否正确，并与明细账和总账核对相符；

（2）对年度内增加的长期借款，应检查借款合同和授权批准，了解借款数额、借款条件、借款日期、还款期限、借款利率，并与相关会计记录相核对；

（3）审查长期借款的使用是否符合借款合同的规定，重点审查长期借款使用的合理性；

（4）向银行或其他债权人函证重大的长期借款；

（5）对年度内减少的长期借款，注册会计师应检查相关记录和原始凭证，核实还款数额；

（6）检查一年内到期的长期借款是否已转列为流动负债；

（7）计算长期借款的各个月份的平均余额，选取适用的利率匡算利息支出总额，并与基建成本、财务费用的相关记录核对，判断被审计单位是否高估或低估利息支出，必要时进行适当调整；

（8）审查企业抵押业期借款的抵押资产的所有权是否属于企业，其价值和现实状况是否与抵押契约中的规定相一致；

（9）检查借款费用的会计处理是否正确；

（10）检查长期借款是否已在资产负债表中做了充分披露。

举例 方平会计师事务所注册会计师王某在审查广西华康公司 2016 年度财务报表时，发现该公司在年度内有一笔从中国建设银行借入的长期借款，合同规定：①长期借款以公司的一间闲置仓库为担保；②该公司债务与所有者权益之比应保持低于 3 : 2；③自 2017 年 1 月 1 日起分期归还借款；④分发股利须经银行同意。

要求：如果不考虑相关内部控制系统，注册会计师王某审查长期借款时，应审查哪些内容？

答案解析 针对该公司的长期借款，注册会计师王某应审查下列内容：

（1）审查该公司长期借款是否经公司董事会批准，有无会议记录；

（2）查明长期借款合同中的所有限制条件；

（3）验证长期借款利息费用和应计利息的计算是否正确，复核相关的会计记录是否健全、完整；

（4）计算债务与权益之比，核实是否低于 3 : 2 的比例；

（5）查明有无一年内到期的长期借款，并检查在资产负债表中的列示是否恰当；

（6）检查固定资产明细记录中有无“充作担保”的记录。

三、所有者权益审计

所有者权益审计是指对企业投资者所拥有的企业净资产要求权的审计，包括对企业实收资本、资本公积、盈余公积、未分配利润所进行的审计。

（一）所有者权益的审计目标

（1）确定被审计单位有关所有者权益内部控制是否存在、有效且一贯遵守，包括对投资的有关协议、合同和企业章程条款，利润分配的决议、分配方案，会计处理程序等方面的检查，并为被审计单位改善内部控制提供意见或建议。

（2）确定投入资本、资本公积的形成、增减及其他有关经济业务会计记录的合法性与真实性，为投资者及其他有关方面研究企业的财务结构，进行投资决策提供依据。

（3）确定盈余公积和未分配利润的形成和增减变动的合法性、真实性，为投资者及其他有关方面了解企业的增值、积累情况等提供资料。

（4）确定会计报表上所有权益的反映是否恰当。

（二）实收资本（股本）的实质性测试程序

股本是股份有限公司按照公司章程、合同和投资协议的规定向股东募集的资本，代表股东对公司净资产的所有权。通常股本不发生变化，只有在股份有限公司设立、增资扩股和减资时发生变化。股份有限公司以外的组织形式的企业，其入资未在“实收资本”科目中核算。实收资本与股本的实质性测试程序基本相同，下面详细阐述股本的实质性测试内容：

（1）索取或编制股本明细表，此表作为永久档案存档，可供本年度和以后年度检查股本时使用；

（2）审阅公司章程、实施细则和股东大会、董事会会议记录；

（3）检查股东出资额、出资方式、出资比例是否符合公司章程、合同、协议规定；

（4）检查与股票发行、收回有关的原始凭证（通常包括发行股票登记簿、收回的股票、募股清单、银行对账单等）和会计记录（通常包括银行存款日记账、总账，股本明细账、总账等），以验证股票发行、收回是否确实存在；

（5）函证发行在外的股票，以检查已发行的股票数量是否真实，是否均已收到股款或资产；

（6）检查股票发行费用的会计处理是否正确；

（7）检查股本是否已在资产负债表上恰当披露。

（三）资本公积的实质性测试程序

（1）获取或编制资本公积明细表，复核加计是否正确，并与报表数、总账数和明细账合计数核对是否相符。首次接受委托的单位，还应对期初的资本公积进行追溯查验，检查原始发生的依据是否充分。

（2）收集与资本公积变动有关的股东（大）会决议、董事会会议纪要、资产评估报告等文件资料，更新永久性档案。

（3）根据资本公积明细账，对“资本（股本）溢价”的发生额逐项审查至原始凭证：对股本溢价，应取得董事会会议纪要、股东（大）会决议、有关合同、政府批文，追查至银行收款等原始凭证，结合相关科目的审计，检查会计处理是否正确，注意发行股票溢价收入的计算是否已扣除股票发行费用；对资本公积转增资本的，应取得股东（大）会决议、董事会会议纪要、有关批文等，检查资本公积转增资本是否符合有关规定，会计处理是否正确；检查与发行权益性证券直接相关的手续费、佣金等交易费用的会计处理是否正确，是否将与发行权益性证券间接相关的手续费计入本账户。

（4）审查可供出售金融资产形成的资本公积和同一控制下企业合并形成的资本公积。审计人员应结合金融资产审计，对这些形成资本公积的项目核对相符。

（5）检查资本公积是否已按照企业会计准则的规定在财务报表中做出充分恰当的列报。

（四）盈余公积的实质性测试程序

（1）获取或编制盈余公积明细表，复核加计是否正确，并与报表数、总账数及明细账合计数核对是否相符。

（2）收集与盈余公积变动有关的董事会会议纪要、股东（大）会决议以及政府主管部门、财政部门批复等文件资料，进行审阅，并更新永久性档案。

（3）对法定盈余公积和任意盈余公积的发生额逐项审查至原始凭证。

① 审查法定盈余公积和任意盈余公积的计提顺序、计提基数、计提比例是否符合有关规定，会计处理是否正确。

② 审查盈余公积的减少是否符合有关规定，取得董事会会议纪要、股东（大）会决议，予以核实，检查有关会计处理是否正确。

（4）检查盈余公积是否已按照企业会计准则的规定在财务报表中做出充分恰当的列报。

第三节　货币资金及其内部控制测试

货币资金是流动性最强的资产，是企业进行生产经营必不可少的物质条件。货币资金审计是企业资产负债表审计的一个重要组成部分，主要包括库存现金、银行存款和其他货币资金的审计。

货币资金与各业务循环中的业务活动都存在着密切的联系。如图 10-1 所示。

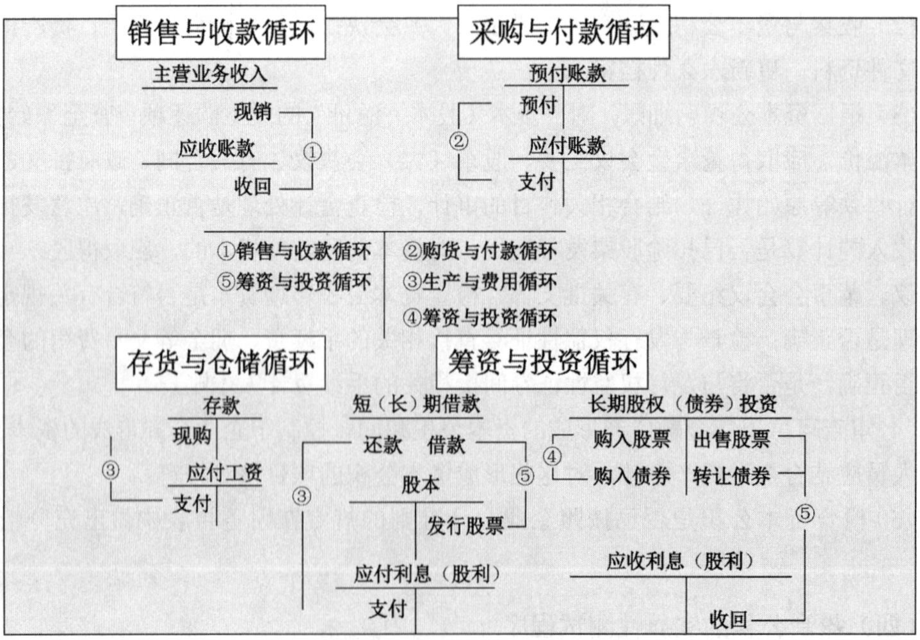

图 10-1　货币资金与各业务循环中的业务活动间的联系

一、货币资金涉及的凭证和会计记录

货币资金涉及的凭证和会计记录主要有如下方面。

（1）库存现金盘点表。库存现金盘点表是指企业在盘点库存现金时填制的，载明实存现金的面值、金额、调整事项等详细情况的书面资料。

（2）银行对账单。银行对账单是指银行客观记录企业资金流转情况的记录单。银行把记录企业在银行发生的每笔资金流转情况定期打印出来，即银行对账单，企业可以此为依据和其银行存款日记账进行核对。

（3）银行存款余额调节表。银行存款余额调节表，是在银行对账单余额与企业银行存款日记账账面余额的基础上，各自加上对方已收、本单位未收账项数额，减去对方已付、本单位未付账项数额，以调整双方余额，核对结果是否一致的表格式的书面资料。银行存款余额调节表只是一种对账记录的工具，并不是凭证。

（4）有关科目的记账凭证（现金收款凭证、现金付款凭证、银行收款凭证、银行付款凭证等）和会计账簿（如现金日记账、银行存款日记账等）。

二、货币资金内部控制及控制测试

（一）货币资金的内部控制

一般而言，货币资金内部控制包括以下内容。

1．岗位分工及授权批准制度

（1）建立货币资金业务的岗位责任制，明确相关部门和岗位的职责权限，确保办理货币资金业务的不相容岗位相互分离、制约和监督。实行钱账分管，出纳人员不得兼任稽核、会计档案保管和收入、支出、费用、债权债务账目的登记工作。企业不得由一人办理货币资金业务的全过程。

（2）对货币资金业务建立严格的授权批准制度。企业收付资金的业务须经有关经济业务负责人批准。审批人应当根据货币资金授权批准制度的规定，在授权范围内进行审批，不得超越审批权限；经办人应当在职责范围内，按照审批人的批准意见办理货币资金业务。未经授权的机构或人员一律不得办理货币资金业务或直接接触货币资金。例如，出差人员预借差旅费时，须经有关负责人签字方可支用。

2．收付款凭证的应用及账簿的登记制度

会计人员应及时根据已完成的现金收付业务及已编号并加盖现金收付戳记的记账凭证登记有关账簿。会计人员应当进行账账、账表、账实的核对，即要求日记账与总账、总账与财务报表、日记账和日报表与库存现金等进行定期核对，检查其是否相符，防止挪用现金。

3．票据及有关印章的保管制度

（1）企业应当加强与货币资金相关的票据的管理，明确各种票据的购买、保管、领用、背书转让、注销等环节的职责权限和程序，并专设登记簿进行记录，防止空白票据的遗失和被盗用。

（2）企业应当加强银行预留印鉴的管理。财务专用章应由专人保管，个人名章必须由本人或其授权人员保管。严禁一人保管支付款项所需的全部印章。

4．内部监督制度

企业应当建立对货币资金业务的监督检查制度，明确监督检查机构或人员的职责权限，定期和不定期地进行检查。

（二）货币资金的内部控制测试

（1）抽取并检查一定数量的收款凭证，做如下检查：

① 核对收款凭证与存入银行账户的日期和金额是否相符；

② 核对银行存款日记账的收入金额是否正确；

③ 核对收款凭证与银行对账单是否相符；

④ 核对收款凭证与应收账款等明细账的有关记录是否相符；

⑤ 核对实收金额与销货发票等相关凭据是否一致。

（2）抽取并检查一定数量的付款凭证，做如下检查：

① 检查付款的授权批准手续是否符合规定；

② 核对银行存款日记账的付出金额是否正确；

③ 核对付款凭证与银行对账单是否相符；

④ 核对付款凭证与应付账款等相关明细账的记录是否一致；

⑤ 核对实付金额与购货发票等相关凭据是否相符。

（3）抽取一定期间的现金、银行存款日记账与总账核对。

（4）抽取一定期的银行存款余额调节表，查验其是否按月正确编制并经复核。

（5）通过观察、询问等方法了解被审计单位的货币资金内部控制是否建立并严格执行。

第四节　货币资金主要项目审计

货币资金主要包括库存现金、银行存款、其他货币资金项目，下面对主要的库存现金和银行存款项目的审计进行详细阐述。

一、库存现金审计

现金账户一般所占资产总额比例不高，但却是最容易出问题的几个账户之一，所以往往被列为审计重点。

（一）库存现金的审计目标

（1）确定被审计单位资产负债表的货币资金项目中的库存现金在资产负债表日是否存在。

（2）确定记录的库存现金是否为被审计单位所拥有或控制。

（3）确定被审计单位所有应当记录的现金收支业务是否均已记录完毕，有无遗漏。

（4）确定库存现金的期末余额是否正确。

（5）确定库存现金在财务报表中的列报是否恰当。

（二）库存现金的实质性测试程序

库存现金的实质性程序一般包括如下内容。

（1）核对库存现金日记账与总账的金额是否相符，如果不相符，应查明原因，必要时应建议做出适当调整。

（2）监盘库存现金

监盘库存现金是证实资产负债表中货币资金项目所列库存现金是否存在的一项重要审计程序。盘点的库存现金包括已收到但未存入银行的现金、零用金、找换金等。盘点库存现金的时间和人员应视被审计单位的具体情况而定，参加盘点的人员包括被审计单位的现金出纳员和会计主管人员，同时，审计人员进行现场监盘。监盘库存现金的步骤与方法包括如下内容。

① 制定库存现金盘点程序，实施突击性的检查。盘点时间最好选择在上午上班前或下午下班后。在进行现金盘点前，应由出纳员将现金集中起来存入保险柜。必要时可加以封存，然后由出纳员把已办妥现金收付手续的收付款凭证登入库存现金日记账。如被审计单位库存现金存放部门有两处或两处以上的，应同时进行盘点。

② 审阅库存现金日记账，同时与现金收付凭证相核对。检查库存现金日记账的记录与凭证的内容和金额是否相符，日期是否相符或接近。

③ 由出纳员根据库存现金日记账加计、累计数额，结出现金结余额。

④ 盘点保险柜内的现金实存数，由审计人员编制“库存现金监盘表”，分币种、面值列示盘点金额。出纳员、会计主管及注册会计师应在“库存现金监盘表”上共同签字，作为重要的审计工作底稿。

⑤ 将盘点金额与库存现金日记账余额进行核对。如有差异，应查明原因，并做出记录或调整。

⑥ 若有冲抵库存现金的借条、未提现支票、未做报销的原始凭证，应在“库存现金监盘表”中注明，必要时应提请被审计单位做出调整。

⑦ 在资产负债表日后进行盘点时，应通过调节法，调整至资产负债表日的金额调整

公式为：

资产负债表日库存现金实存金额 = 盘点日库存现金实存金额 + 资产负债表日后至盘点日库存现金支出数 - 产负债表日后至盘点日库存现金收入数

（3）抽查大额库存现金收支。审计人员应检查大额现金收支的原始凭证是否齐全、内容是否完整，有无授权批准、记账凭证与原始凭证是否相符、账务处理是否正确。如有与被审计单位生产经营无关的收支事项，应查明原因做适当的记录。

（4）审查库存现金收支的正确截止。审计人员应抽查资产负债表日前后若干天、一定金额以上的现金收支凭证，实施截止测试，验证库存现金收支截止日期的正确性，以确定是否存在跨期事项。

（5）检查库存现金是否在财务报表中做出恰当充分的列报。

举例 2017 年 1 月 10 日上午 7 点 30 分，审计人员王某、刘某对某企业库存现金进行突击清点，清点结果如下。

（1）库存现金盘点时存数 796 元。

（2）1 月 9 日止，现金日记账余额为 1 180 元。

（3）银行核定该企业库存现金定额为 1 000 元。

（4）有以下单据尚未入账：

① 1 月 5 日，职工李洋借条一张，金额 850 元，未经批准和说明用途；

② 1 月 6 日，企业购买办公用品支付现金 380 元，发票一张；

（3）已收款但未入账的单据 3 张，金额共 857 元。

要求：代审计人员编制库存现金监盘表，确认该企业库存现金是否账实相符，另外，该企业现金管理方面存在哪些问题？

答案解析

编制库存现金监盘表见表 10-1。

表 10-1 库存现金监盘表

**企业　　编制：王某　　日期：2017.1.10

币种：人民币　　复核：刘某　　日期：2017.1.10

项　目	工作底稿	金　额	备　注
实点库存现金金额		796	
加：白条抵库数 1 份		850	
已付讫未入账的支出凭证 1 份		380	
减：已收款未入账的收入凭证 3 份		857	
库存现金实际占用额		1 169	
库存现金账面金额（2017 年 1 月 10 日）		1 180	
银行核定库存现金金额		1 000	

实存数 1 169 元与账存数 1 180 之间，差异 11 元，账实不符。

该企业现金管理方面存在的问题如下。

（1）借款流程和权限问题，出纳未经批准借出款项属于超权限操作。

（2）入账不及时，当天的账务应当天进行处理。

（3）库存现金收支、留存中存在不合法现象：一是存在白条抵库；二是超现金限额留存现金。

（4）账实不符，实际盘点金额和现金日记账余额不相等。

二、银行存款审计

银行存款审计是指对银行存款及其收付业务的真实性、正确性和合法性进行的审查。银行存款的审计，对揭示银行存款收支业务中存在的差错弊端、保护银行存款的安全完整、保证企业严格遵守国家结算纪律等方面有着重要的意义。银行存款审查的要点是：审查银行存款内部控制制度的健全性和有效性；审查银行存款余额的真实性和正确性；审查银行存款收支业务的合规性和合法性。

（一）银行存款的审计目标

（1）确定被审计单位资产负债表的货币资金项目中的银行存款在资产负债表日是否确实存在。

（2）确定记录的银行存款是否为被审计单位所拥有或控制。

（3）确定被审计单位所有应当记录的银行存款收支业务是否均已记录完毕，有无遗漏。

（4）确定银行存款的期末余额是否正确。

（5）确定银行存款在财务报表中的列报是否恰当。

（二）银行存款的实质性测试程序

银行存款的实质性程序一般包括如下内容。

1．获取或编制银行存款余额明细表

复核加计是否正确，并与总账数和日记账合计数核对是否相符。如果不相符，应查明原因，必要时应建议做出适当调整。

2．执行实质性分析程序

审计人员应比较银行存款余额的本期实际数与预算数以及与上年度账户的差异变动；应计算银行存款累计余额应收利息收入，分析比较被审计单位银行存款应收利息收入与实际利息收入的差异是否恰当；检查银行存款中定期存款的比例，确定是否存在高息资金拆借。

3．取得并检查银行存款余额对账单和银行存款余额调节表

取得并检查银行存款余额对账单和银行存款余额调节表是证实资产负债表中所列银

行存款是否存在的重要程序。审计人员在取得或编制银行存款余额调节表后，首先应核实银行存款余额调节表数据计算的正确性，然后调查未达账项的真实性。

4．函证银行存款余额

函证银行存款余额是证实资产负债表所列货币资金中的银行存款是否存在的又一重要程序。审计人员应当对银行存款（包括零余额账户和在本期内注销的账户）、借款及与金融机构往来的其他重要信息全部实施函证程序。对银行存款，应采用积极式函证。

5．抽查大额银行存款收支

审计人员应抽查大额银行存款收支的原始凭证，检查原始凭证是否齐全、记账凭证与原始凭证是否相符、账务处理是否正确、是否记录于恰当的会计期间等内容。如有与被审计单位生产经营无关的收支事项，应查明原因并做相应的记录。

6．检查银行存款收支的正确截止日期

审计人员应选取资产负债表日前后若干张、一定金额以上的凭证实施截止测试，关注业务内容及对应项目，如有跨期收支事项，应考虑是否提请被审计单位进行调整。为了确保银行存款收付的正确截止，审计人员应当在清点支票及支票存根时，确定被审计单位在结束日签发的最后一张支票号码，并检查该号码之前的所有支票均已寄出并入账。在结账日开出的支票及其后开出的支票，均不得作为结账日的存款收付入账。

7．检查银行存款是否在财务报表中做出恰当充分的列报

举例 方平会计师事务所的注册会计师刘某在对广西华康公司 2016 年年度财务报表进行审计时，对华康公司的银行存款实施的部分审计程序为：

（1）取得 2016 年 12 月 31 日银行存款余额调节表；

（2）向开户银行寄发银行询证函，并直接收取寄回的询证函回函。

（3）取得开户银行 2017 年 1 月 31 日的银行对账单。

思考：（1）注册会计师刘某向开户银行询证的作用有哪些？

（2）注册会计师刘某取得银行存款余额调节表应检查哪些内容：

（3）注册会计师刘某取得 2017 年 1 月 31 日的银行对账单，能证实 2016 年 12 月 31 日银行存款余额调节表的哪些内容？

分析

（1）可以查明华康公司银行存款、借款的存在，可能发现华康公司未登记入账的银行存款、借款。

（2）注册会计师刘某应检查银行存款余额调节表中未达账项的真实性，以及资产负债表日后的入账情况。

（3）注册会计师刘某索取开户银行 2017 年 1 月 31 日的银行对账单，可以证实列示在银行存款余额调节表上的在途存款和未兑现支票的真实性。

延伸阅读

1. 注册会计师李浩在审计华兴公司2014年度会计报表时，了解到：华兴公司成立时A公司投入一房产，华兴公司对此的会计处理为：

借：固定资产——房产　　100万元（评估价）

　贷：实收资本——A公司　　80万元

　　　资本公积——股权投资准备　　20万元（超投部分）

目前，该固定资产已经计提了10万元的折旧。由于该房产长期没有办理过户手续，工商管理部门每年年检都要求华兴公司纠正，华兴公司准备以所欠A公司的款项100万元把该房产置换出去，会计人员就此向注册会计师咨询。

【讨论与分析】

（1）如果按照实质重于形式原则判断原来房产出资到位，注册会计师应如何建议？

建议华兴公司用固定资产换A公司的债权，这属于债务承租，其会计处理为：

借：应付账款——A公司　　100万元

　　累计折旧　　10万元

　贷：固定资产——房产　　100万元

　　　资本公积——其他资本公积　　10万元

（2）如果按照实质重于形式原则判断原来房产出资不到位，注册会计师应如何建议？

建议华兴公司在征得工商管理部门的同意下，修改合同、协议，规定由原来固定资产出资转变为债转股出资，然后请注册会计师验证债转股的相关内容，出具验资报告，进行变更登记。同时，补充签订华兴公司使用A公司房产的协议。

其会计处理是：

① 原来房产出资和该房产计提折旧的分录原渠道冲回，调整期初损益和相关科目；

② 根据华兴公司和A公司补充签订的房屋使用协议，追溯调整期初损益和相关科目；

③ 按验证后的债权转股权做分录：

借：其他应付款——A公司　　100万元

　贷：实收资本——A公司　　100万元

（2）本案例中，注册会计师应当如何处理？

如果注册会计师审计中发现出资人出资的厂房一直没有办理过户手续，这属于被审计单位的不规范行为，注册会计师应当在审计工作底稿中记录此事项，并向被审计单位提出规范的建议。如果被审计单位接受建议，注册会计师在获取相关产权证明后，可以出具无保留意见的审计报告。如果被审计单位不接受建议，注册会计师应当实施追加程序。如果获取证据证实该厂房没有产权纠纷，且出资人和被审计单位都认同该出资，注册会计师可以按照实质重于形式原则认可该固定资产和实收资本，但应当建议被审计单位将没有过户的不规范情况在会计报表附注中充分披露。如果被审计单位拒绝披露其不规范事项，注册会计师也可考虑出具保留或否定意见的审计报告。当有迹象或证据表明该厂房存在纠纷，注册会计师不能盲目认可并签发无保留意见的审计报告，应当继续获取证据予以证实或排除。如果继续取证较难，无法表示意见，也可考虑出具保留或无法表示意见的审计报告。

2．博达 63 亿现金不翼而飞的内幕

2004 年 6 月 15 日以砷化镓为主业的台湾上市公司博达发布消息，证实该公司已于 14 日向法院申请重整，经过四个月的调查，博达公司掏空案检方侦查终结，博达账面上 63 亿（新台币）资金不翼而飞，幕后黑手一一被揪出来。

博达资产负债表上“现金与约当现金”的数字，过去一年增加了 25 亿元，2004 年第一季度末余额高达 63 亿元约当现金。因为账上现金数字明显高过“一年到期的长期借款”。所以投资人放胆在市场上买进博达的可转换公司债，放款银行也没有急着抽回长短期贷款 47 亿元。董事长叶素菲在博达申请重整后却说这些钱是衍生性金融商品，无法用来偿还即将到期的可转换公司债借款三十余亿元。

63 亿元约当现金，为何无法动用？安侯建业会计师事务所（台湾毕马威）表示，安侯建业负责博达公司财务报表查核是到 2003 年第三季，在 2003 年半年报查核时，博达公司存放于菲律宾首都银行约 29 亿元现金，经向银行函证，银行回复均表达这笔资金的所有权没有问题，也没有被限制用途。至于 2004 年第一季的 63 亿元现金为何不见？安侯建业会计师事务所表示，博达公司 2004 年第一季财报并非由安侯建业查核（改由勤业众信（台湾德勤）审计），安侯建业不便表达意见。

此外，针对博达公司将巨额的资金存放在国外的银行，安侯建业在查核时，难道没有发现其中有可疑吗？安侯建业会计师事务所指出，博达公司于菲律宾首都银行账户，是在 2002 年 9 月开户的，在 2003 年 6 月，账户的资金就将近 29 亿元，这部分资金，博达公司对会计师的讲法是该公司在境外银行的资金，主要用来购买原料以及机器设备，而会计师只能查核客户在境外是否确实有这么多钱，而无法查核客户将资金放在国外的意图。事后查明，博达涉嫌在中国香港、美国虚设 10 家以上的人头公司，以假销货的方式，膨胀应收账款高达 141 亿元，再经由上下游厂商配合，虚增应付账款，掏空博达。博达透过国外人头客户虚增营收，势必产生巨额应收账款，容易引人怀疑。为了掩盖事实，博达董事长透过海外人头公司向国外银行借款买下这些应收账款或所衍生的应收账款连动证券（CLN）。经由这些交易，博达巧妙地将应收账款，转变成账上的现金。然而博达所得到的资金必须存于这些国外银行，并且限制用途（博达不能动用这笔资金）。此举等同要求这些存款要作为海外人头公司借款的抵押，并且当海外人头公司无法还款或者博达发生财务危机时，这些账上存款将和人头公司的借款自动抵销。

因审计失职，台湾金管会在2004年7月处罚勤业众信和安侯建业四位签证的会计师，分别遭停签两年处分；2004年12月又处罚了安侯建业两位会计师，分别遭停签半年处分。

第十一章

审计报告

学习目标

1. 了解审计报告的含义和分类
2. 掌握审计报告的基本内容
3. 了解关键审计事项
4. 掌握审计意见的分类
5. 理解标准审计报告和非标准审计报告的格式和内容

导入案例

广东科龙电器股份有限公司（以下简称“科龙公司”）于 1992 年 12 月成立，1996 年 7 月 H 股在香港上市，1999 年 7 月在深证证券交易所上市。2002 年以来德勤会计师事务所负责审计科龙公司。2005 年 8 月中国证监会认定科龙公司披露的财务报告与事实严重不符。2005 年年底证监会对德勤的调查认定审计程序不充分、不适当，未能发现科龙公司现金流量表重大差错。2006 年 12 月 13 日，高管顾雏军等涉嫌 4 项罪名案在广东省佛山市中级人民法院继续开庭。顾雏军向法庭辩称，科龙公司截至 2004 年年底尚余 7 000 多万元的股权投资差额未摊销，而 2004 年年报中有争议的 5.1 亿销售收入是在德勤会计师事务所的主张下确认的。当时德勤提出了几套方案，其中一套方案是认定 7 000 多万元的摊销，同时对 5.1 亿元有争议的销售收入予以确认，德勤出具保留意见的审计报告；另一套方案是把 7 000 多万元的摊销入账，对 5.1 亿元销售不确认，德勤出具无保留意见的审计报告。顾雏军称，当时他和董事会对比了两种方案，选择了后者。但是德勤突然坚持要科龙选择出具保留意见的方案，并称如果不按他们的意见就不给出具审计报告。因临近年报公布的最后期限时日不多，顾雏军及董事会被迫采取了德勤的意见。此案件掀起了业界对德勤权威与公正性的严峻拷问，也搅起了人们对会计师事务所监管缺失的质疑。

第一节　审计报告

一、审计报告的含义

1．审计报告的概念

审计报告是指审计人员根据中国注册会计师执业准则的要求，根据审计计划对被审计单位实施必要的审计程序后，就被审计事项做出审计结论，提出审计意见和审计建议的书面文件。

2．审计报告的意义

编制审计报告是审计人员完成约定审计事项的一个非常重要的步骤，它是一项总结性的工作，其重要意义主要表现在以下几个方面：

（1）审计报告能够客观地反映被审计单位财务状况和经营成果的合法性和公允性；

（2）审计报告是明确审计人员的责任、发挥鉴证作用的重要条件；

（3）审计报告是具有公正性的证明文件，也是衡量审计工作质量的尺度；

（4）审计报告是审计人员完成审计任务，表达审计意见的主要方式。

3．审计报告的分类

审计报告通常按照使用目的和格式进行分类。

（1）按照审计报告使用的目的可分为公布目的的审计报告和非公布目的的审计报告。公布目的的审计报告，一般是用于对企业股东、投资者、债权人等非特定利益关系者公布的附送财务报表的审计报告。非公布目的的审计报告，一般是用于经营管理、合并或业务转让、融通资金等特定目的而实施审计的审计报告。

（2）按审计报告的格式可分为标准审计报告和非标准审计报告。标准审计报告是指格式和措辞基本统一的审计报告。非标准审计报告是指格式和措辞不统一，可以根据具体审计项目的目的来决定的审计报告。

二、审计报告的基本内容

对于标准审计报告来说，其基本内容包括以下部分。

（1）标题。审计报告的标题统一规范为“审计报告”。

（2）收件人。审计报告的收件人，应当按照审计业务约定的要求载明。

（3）审计意见。审计报告正文的第一部分应当为“审计意见”部分，并以“审计意见”作为标题。审计意见部分还应包括以下方面：

① 指出被审计单位的名称；

② 说明财务报表已经审计；

③ 指出构成整套财务报表的第一财务报表的名称；

④ 提及财务报表附注，包括重大会计政策和会计估计；

⑤ 指明构成整套财务报表的每一财务报表的日期或涵盖的期间。

如果发表的是无保留意见，审计意见通常应当使用“我们认为，财务报表在所有重大方面按照……的规定编制，公允反映了……”的措辞。

（4）形成审计意见的基础。审计报告正文的第二部分应当为“形成审计意见的基础”部分。该部分应包括以下方面：

① 说明注册会计师按照审计准则的规定执行了审计工作；

② 提及审计报告中用于描述审计准则规定的注册会计师责任的部分；

③ 声明注册会计师按照与审计相关的职业道德要求独立于被审计单位，并履行了职业道德方面的其他责任，声明中应当指明适用的职业道德要求；

④ 说明注册会计师是否相信获取的审计证据是充分、适当的，为发表审计意见提供了基础。

（5）管理层和治理层对财务报表的责任。审计报告正文应当包含“管理层和治理层对财务报表的责任”部分。该部分应当说明管理层和治理层负责下列方面：

① 按照适用的财务报表编制基础的规定编制财务报表，使其实现公允反映，并设计、执行和维护必要的内部控制，以使财务报表不存在由于舞弊或错误导致的重大错报；

② 评估被审计单位的持续经营能力和使用持续经营假设是否适当，并披露与持续经营相关的事项，对管理层和治理层评估责任的说明应当包括描述在何种情况下使用持续经营假设是适当的。

（6）注册会计师对财务报表审计的责任。审计报告正文应当包含“注册会计师对财务报表审计的责任”部分。该部分应当包括以下内容：

① 说明注册会计师的目标是对财务报表整体是否不存在由于舞弊或错误导致的重大错报获取合理保证，并出具包含审计意见的审计报告；

② 说明合理保证是高水平的保证，但并不能保证按照审计准则执行的审计在某一重大错报存在时总能发现；

③ 说明错报可能由于舞弊或错误导致。

注册会计师对财务报表的责任部分还应当包括说明在按照审计准则执行审计工作的过程中，注册会计师运用职业判断，并保持职业怀疑；通过说明注册会计师的责任，对审计工作进行描述。

（7）按照相关法律法规的要求报告的事项（如适用）。如果注册会计师在对财务报表出具的审计报告中，履行了审计准则规定的注册会计师责任外的其他报告责任，则审计报告正文应当包含“按照相关法律法规的要求报告的事项”部分。

（8）注册会计师的签名和盖章。审计报告应当由项目合伙人和另一名负责该项目的注册会计师签名和盖章。

（9）会计师事务所的名称、地址和盖章。审计报告应当载明会计师事务所的名称和地址，并加盖会计师事务所的公章。

（10）报告日期。审计报告日应在注册会计师获取充分、适当的审计证据之后。

三、关键审计事项

关键审计事项，是指注册会计师根据职业判断认为对本期财务报表审计最为重要的事项。关键审计事项应从注册会计师与治理层沟通过的事项中选取。

注册会计师应当在审计报告中单设一部分，以“关键审计事项”为标题，并在该部分使用恰当的子标题描述关键审计事项。如果是标准无保留意见的审计报告，则在“关键审计事项”部分的引言段说明以下两点：

（1）关键审计事项是注册会计师根据职业判断，认为对本期财务报表审计最为重要的事项；

（2）关键审计事项的应对以对财务报表整体进行审计并形成审计意见为背景，注册会计师不对关键审计事项单独发表意见。

四、标准审计报告

标准审计报告，是指不含有说明段、强调事项段、其他事项段或其他任何修饰性用语的无保留意见的审计报告。

如果认为财务报表在所有重大方面按照适用的财务报告编制基础的规定编制并实现合法、公允反映，注册会计师应当发表无保留意见。

标准审计报告格式和内容举例如下。

审计报告

广西华康股份有限公司全体股东:

一、对财务报表出具的审计报告

（一）审计意见

我们审计了广西华康股份有限公司（以下简称“华康公司”）财务报表，包括 2016 年 12 月 31 日的资产负债表、2016 年度的利润表、现金流量表和股东权益变动表，以及财务报表附注（包括重大会计政策和会计估计）。

我们认为，华康公司财务报表在所有重大方面按照企业会计准则和《企业会计制度》的规定编制，公允反映了华康公司 2016 年 12 月 31 日的财务状况以及 2016 年度的经营成果和现金流量。

（二）形成审计意见的基础

我们按照中国注册会计师审计准则的规定执行了审计工作。审计报告的“注册会计师对财务报表审计的责任”部分进一步阐述了我们在这些准则下的责任。按照中国注册会计师职业道德守则，我们独立于华康公司，并履行了职业道德方面的其他责任。我们相信，我们获取的审计证据是充分、适当的，为发表审计意见提供了基础。

（三）关键审计事项

关键审计事项是我们根据职业判断，认为对本期财务报表审计最为重要的事项。这些事项的应对以对财务报表整体进行审计并形成审计意见为背景，我们不对这些事项单独发表意见。

在公司良好业绩背后，是华康公司与控股股东存在的巨额的关联交易。公司 2016 年向控股股东及其子公司关联方出售商品和提供劳务发生关联交易金额为 750.36 亿元，占总收入的 78.8%。有些关联交易难以找到市场可比价格。

（四）其他信息

董事会对其他信息负责，其他信息包括华康公司“十三五”规划报告中涵盖的信息，但不包括财务报表和我们的审计报告。

我们对财务报表的审计意见并不涵盖其他信息，我们也不对其他信息发表任何形式的鉴证结论。

结合我们对财务报表的审计，我们的责任是阅读其他信息，在此过程中，考虑其他信息是否与财务报表或我们在审计过程中了解的情况存在重大不一致或者似乎存在重大错报。

基于我们已经执行的工作，如果我们确定其他信息存在重大错报，我们应当报告该事实。本次审计，我们确定其他信息不存在重大错报。

（五）管理层和治理层对财务报表的责任

管理层负责按照企业会计准则的规定编制财务报表，使其实现公允反映，并设计、执行和维护必要的内部控制，以使财务报表不存在由于舞弊或错误而导致的重大错报。

在编制财务报表时，管理层负责评估华康公司的持续经营能力，披露与持续经营相关的事项（如适用），并运用持续经营假设，除非管理层计划清算华康公司、终止运营或另无其他现实的选择。

治理层负责监督华康公司的财务报告过程。

（六）注册会计师对财务报表审计的责任

我们的目标是对财务报表整体是否不存在由于舞弊或错误导致的重大错报获取合理保证，并出具包含审计意见的审计报告。合理保证是高水平的保证，但按照审计准则执行的审计并不能保证一定会发现存在的重大错报。错报可能由于舞弊或错误导致，如果合理预期错报单独或汇总起来可能影响财务报表使用者依据财务报表做出的经济决策，则通常认为错报是重大的。

在按照审计准则执行审计工作的过程中，我们运用职业判断，并保持职业怀疑。同时，我们也执行以下工作。

（1）识别和评估由于舞弊或错误导致的财务报表重大错报风险，设计和实施审计程序以应对这些风险，并获取充分、适当的审计证据，作为发表审计意见的基础。由于舞弊涉及串通、伪造、故意遗漏、虚假陈述或凌驾于内部控制之上，未能发现由于舞弊导致的重大错报的风险高于未能发现由于错误导致的重大错报的风险。

（2）了解与审计相关的内部控制，以设计恰当的审计程序，但目的并非对内部控制的有效性发表意见。

（3）评价管理层选用会计政策的恰当性和做出会计估计及相关披露的合理性。

（4）对管理层使用持续经营假设的恰当性得出结论。同时，根据获取的审计证据，就可能导致对华康公司持续经营能力产生重大疑虑的事项或情况是否存在重大不确定性得出结论。如果我们得出结论认为存在重大不确定性，审计准则要求我们在审计报告中提请报表使用者注意财务报表中的相关披露；如果披露不充分，我们应当发表非无保留意见。我们的结论基于截至审计报告日可获得的信息。然而，未来的事项或情况可能导致华康公司不能持续经营。

（5）评价财务报表的总体列报、结构和内容（包括披露），并评价财务报表是否公允反映相关交易和事项。

我们与治理层就计划的审计范围、时间安排和重大审计发现等事项进行沟通，包括沟通我们在审计中识别出的值得关注的内部控制缺陷。

我们还就已遵守与独立性相关的职业道德要求向治理层提供声明，并与治理层沟通可能被合理认为影响我们独立性的所有关系和其他事项，以及相关的防范措施（如适用）。

从与治理层沟通的事项中，我们确定哪些事项对本期财务报表审计最为重要，因而构成关键审计事项。我们在审计报告中描述这些事项，除非法律法规禁止公开披露这些事项，或在极少数情形下，如果合理预期在审计报告中沟通某事项造成的负面后果超过在公众利益方面产生的益处，我们确定不应在审计报告中沟通该事项。

二、按照相关法律法规的要求报告的事项

根据现行法律法规对其他报告责任性质的规定，我们没有发现华康公司在所审计期间有需要报告的其他事项。

方平会计师事务所　　中国注册会计师：刘明（项目合伙人）（签名并盖章）

（盖章）　　中国注册会计师：王青（签名并盖章）

中国南宁市　　二〇一七年二月十二日

五、非标准审计报告

非标准审计报告是指标准审计报告以外的其他审计报告，包括带强调事项段和其他事项段的无保留意见的审计报告和非无保留意见的审计报告。

当存在下列情形之一时，注册会计师应当在审计报告中发表非无保留意见：

（1）根据获取的审计证据，得出财务报表整体存在重大错报的结论；

（2）无法获取充分、适当的审计证据，不能得出财务报表整体不存在重大错报的结论。

非无保留意见的审计报告包括保留意见的审计报告、否定意见的审计报告和无法表示意见的审计报告。

当出具非无保留意见的审计报告时，注册会计师应当在注册会计师的责任段之后、审计意见段之前增加说明段，说明导致发表非无保留意见的所有原因，并在可能的情况下，指出其对财务报表的影响程度。

（一）带强调事项段和其他事项段的无保留意见审计报告

强调事项段，是指审计报告中含有的一个段落，该段落提及已在被审计单位财务报表中恰当列报或披露的事项，根据注册会计师的职业判断，该事项对财务报表使用者理解财务报表至关重要。

其他事项段，是指审计报告中含有的一个段落，该段落提及未在被审计单位财务报表中列报或披露的事项，根据注册会计师的职业判断，该事项与财务报表使用者理解审计工作、注册会计师的责任或审计报告相关。

1．无保留意见中的强调事项段

如果在审计报告中包含强调事项段，注册会计师应当将强调事项段作为单独的一部分置于审计报告中，并使用包含“强调事项”这一术语的适当标题；并且明确提及被强调事项及相关披露的位置，以使能够在财务报表中找到对该事项的详细描述；同时，指出审计意见没有因该强调事项而改变。

带强调事项段的无保留意见审计报告格式举例如下。

审计报告

广西华康股份有限公司全体股东:

一、对财务报表出具的审计报告

（一）审计意见

我们审计了广西华康股份有限公司（以下简称“华康公司”）财务报表，包括 2016 年 12 月 31 日的资产负债表、2016 年度的利润表、现金流量表和股东权益变动表，以及财务报表附注（包括重大会计政策和会计估计）。

我们认为，华康公司财务报表在所有重大方面按照企业会计准则和《企业会计制度》的规定编制，公允反映了华康公司 2016 年 12 月 31 日的财务状况以及 2016 年度的经营成果和现金流量。

（二）形成审计意见的基础

我们按照中国注册会计师审计准则的规定执行了审计工作。审计报告的“注册会计师对财务报表审计的责任”部分进一步阐述了我们在这些准则下的责任。按照中国注册会计师职业道德守则，我们独立于华康公司，并履行了职业道德方面的其他责任。我们相信，我们获取的审计证据是充分、适当的，为发表审计意见提供了基础。

（三）强调事项

我们提醒财务报表使用者关注，财务报表附注（九）描述了火灾对华康公司的生产设备造成的影响。本段内容不影响已发表的审计意见。

（四）关键审计事项

关键审计事项是我们根据职业判断，认为对本期财务报表审计最为重要的事项。这些事项的应对以对财务报表整体进行审计并形成审计意见为背景，我们不对这些事项单独发表意见。

华康公司 2016 年 12 月份出售了 1 200 万股中宏证券，获利约 2.67 亿元。非经常性损益占华康公司 2016 年净利润的 67%。

（五）其他信息

董事会对其他信息负责，其他信息包括华康公司发展战略调整报告中涵盖的信息，但不包括财务报表和我们的审计报告。

我们对财务报表的审计意见并不涵盖其他信息，我们也不对其他信息发表任何形式的鉴证结论。

结合我们对财务报表的审计，我们的责任是阅读其他信息，在此过程中，考虑其他信息是否与财务报表或我们在审计过程中了解的情况存在重大不一致或者似乎存在重大错报。

基于我们已经执行的工作，如果我们确定其他信息存在重大错报，我们应当报告该事实。本次审计，我们确定其他信息不存在重大错报。

（六）管理层和治理层对财务报表的责任

管理层负责按照企业会计准则的规定编制财务报表，使其实现公允反映，并设计、执行和维护必要的内部控制，以使财务报表不存在由于舞弊或错误而导致的重大错报。

在编制财务报表时，管理层负责评估华康公司的持续经营能力，披露与持续经营相关的事项（如适用），并运用持续经营假设，除非管理层计划清算华康公司、终止运营或另无其他现实的选择。

治理层负责监督华康公司的财务报告过程。

（七）注册会计师对财务报表审计的责任

我们的目标是对财务报表整体是否不存在由于舞弊或错误导致的重大错报获取合理保证，并出具包含审计意见的审计报告。合理保证是高水平的保证，但按照审计准则执行的审计并不能保证一定会发现存在的重大错报。错报可能由于舞弊或错误导致，如果合理预期错报单独或汇总起来可能影响财务报表使用者依据财务报表做出的经济决策，则通常认为错报是重大的。

在按照审计准则执行审计工作的过程中，我们运用职业判断，并保持职业怀疑。同时，我们也执行以下工作。

（1）识别和评估由于舞弊或错误导致的财务报表重大错报风险，设计和实施审计程序以应对这些风险，并获取充分、适当的审计证据，作为发表审计意见的基础。由于舞弊涉及串通、伪造、故意遗漏、虚假陈述或凌驾于内部控制之上，未能发现由于舞弊导致的重大错报的风险高于未能发现由于错误导致的重大错报的风险。

（2）了解与审计相关的内部控制，以设计恰当的审计程序，但目的并非对内部控制的有效性发表意见。

（3）评价管理层选用会计政策的恰当性和做出会计估计及相关披露的合理性。

（4）对管理层使用持续经营假设的恰当性得出结论。同时，根据获取的审计证据，就可能导致对华康公司持续经营能力产生重大疑虑的事项或情况是否存在重大不确定性得出结论。如果我们得出结论认为存在重大不确定性，审计准则要求我们在审计报告中提请报表使用者注意财务报表中的相关披露；如果披露不充分，我们应当发表非无保留意见。我们的结论基于截至审计报告日可获得的信息。然而，未来的事项或情况可能导致华康公司不能持续经营。

（5）评价财务报表的总体列报、结构和内容（包括披露），并评价财务报表是否公允反映相关交易和事项。

我们与治理层就计划的审计范围、时间安排和重大审计发现等事项进行沟通，包括沟通我们在审计中识别出的值得关注的内部控制缺陷。

我们还就已遵守与独立性相关的职业道德要求向治理层提供声明，并与治理层沟通可能被合理认为影响我们独立性的所有关系和其他事项，以及相关的防范措施(如适用)。

从与治理层沟通的事项中，我们确定哪些事项对本期财务报表审计最为重要，因而构成关键审计事项。我们在审计报告中描述这些事项，除非法律法规禁止公开披露这些事项，或在极少数情形下，如果合理预期在审计报告中沟通某事项造成的负面后果超过在公众利益方面产生的益处，我们确定不应在审计报告中沟通该事项。

二、按照相关法律法规的要求报告的事项

根据现行法律法规对其他报告责任性质的规定，我们没有发现华康公司在所审计期间有需要报告的其他事项。

方平会计师事务所　　中国注册会计师：刘明（项目合伙人）(签名并盖章)

（盖章）　　中国注册会计师：王青（签名并盖章）

中国南宁市　　二〇一七年二月十二日

2．无保留意见中的其他事项段

如果在审计报告中包含其他事项段，注册会计师应当将其他事项段作为单独的一部分置于审计报告中，并使用包含“其他事项”这一术语的适当标题。

带其他事项段的无保留意见审计报告格式举例如下。

审计报告

广西华康股份有限公司全体股东：

一、对财务报表出具的审计报告

（一）审计意见

我们审计了广西华康股份有限公司（以下简称“华康公司”）财务报表，包括2016年12月31日的资产负债表、2016年度的利润表、现金流量表和股东权益变动表，以及财务报表附注（包括重大会计政策和会计估计）。

我们认为，华康公司财务报表在所有重大方面按照企业会计准则和《企业会计制度》的规定编制，公允反映了华康公司2016年12月31日的财务状况以及2016年度的经营成果和现金流量。

（二）形成审计意见的基础

我们按照中国注册会计师审计准则的规定执行了审计工作。审计报告的“注册会计师对财务报表审计的责任”部分进一步阐述了我们在这些准则下的责任。按照中国注册会计师职业道德守则，我们独立于华康公司，并履行了职业道德方面的其他责任。我们相信，我们获取的审计证据是充分、适当的，为发表审计意见提供了基础。

（三）其他事项

在审计过程中，我们发现华康公司于2016年12月通过了在2017年实施大幅度降低产品销售价格扩大市场占有率的经营策略，这预计将导致华康公司在2017年出现利润减少5 600万元，提醒财务报表使用者关注。本段内容不影响已发表的审计意见。

（四）关键审计事项

关键审计事项是我们根据职业判断，认为对本期财务报表审计最为重要的事项。这些事项的应对以对财务报表整体进行审计并形成审计意见为背景，我们不对这些事项单独发表意见。

华康公司2016年获得的政府实战为8 130.32万元，在这部分政府实战中，资源综合利用增值税退税总计7 985.31万元。政府补贴占华康公司2016年净利润的48%。

（五）其他信息

董事会对其他信息负责，其他信息包括华康公司参与"一带一路"发展报告中涵盖的信息，但不包括财务报表和我们的审计报告。

我们对财务报表的审计意见并不涵盖其他信息，我们也不对其他信息发表任何形式的鉴证结论。

结合我们对财务报表的审计，我们的责任是阅读其他信息，在此过程中，考虑其他信息是否与财务报表或我们在审计过程中了解的情况存在重大不一致或者似乎存在重大错报。

基于我们已经执行的工作，如果我们确定其他信息存在重大错报，我们应当报告该事实。本次审计，我们确定其他信息不存在重大错报。

（六）管理层和治理层对财务报表的责任

管理层负责按照企业会计准则的规定编制财务报表，使其实现公允反映，并设计、执行和维护必要的内部控制，以使财务报表不存在由于舞弊或错误而导致的重大错报。

在编制财务报表时，管理层负责评估华康公司的持续经营能力，披露与持续经营相关的事项（如适用），并运用持续经营假设，除非管理层计划清算华康公司、终止运营或另无其他现实的选择。

治理层负责监督华康公司的财务报告过程。

（七）注册会计师对财务报表审计的责任

我们的目标是对财务报表整体是否不存在由于舞弊或错误导致的重大错报获取合理保证，并出具包含审计意见的审计报告。合理保证是高水平的保证，但按照审计准则执行的审计并不能保证一定会发现存在的重大错报。错报可能由于舞弊或错误导致，如果合理预期错报单独或汇总起来可能影响财务报表使用者依据财务报表做出的经济决策，则通常认为错报是重大的。

在按照审计准则执行审计工作的过程中，我们运用职业判断，并保持职业怀疑。同时，我们也执行以下工作：

（1）识别和评估由于舞弊或错误导致的财务报表重大错报风险，设计和实施审计程序以应对这些风险，并获取充分、适当的审计证据，作为发表审计意见的基础。由于舞弊涉及串通、伪造、故意遗漏、虚假陈述或凌驾于内部控制之上，未能发现由于舞弊导致的重大错报的风险高于未能发现由于错误导致的重大错报的风险。

（2）了解与审计相关的内部控制，以设计恰当的审计程序，但目的并非对内部控制的有效性发表意见。

（3）评价管理层选用会计政策的恰当性和做出会计估计及相关披露的合理性。

（4）对管理层使用持续经营假设的恰当性得出结论。同时，根据获取的审计证据，就可能导致对华康公司持续经营能力产生重大疑虑的事项或情况是否存在重大不确定性得出结论。如果我们得出结论认为存在重大不确定性，审计准则要求我们在审计报告中提请报表使用者注意财务报表中的相关披露；如果披露不充分，我们应当发表非无保留意见。我们的结论基于截至审计报告日可获得的信息。然而，未来的事项或情况可能导致华康公司不能持续经营。

（5）评价财务报表的总体列报、结构和内容（包括披露），并评价财务报表是否公允反映相关交易和事项。

我们与治理层就计划的审计范围、时间安排和重大审计发现等事项进行沟通，包括沟通我们在审计中识别出的值得关注的内部控制缺陷。

我们还就已遵守与独立性相关的职业道德要求向治理层提供声明，并与治理层沟通可能被合理认为影响我们独立性的所有关系和其他事项，以及相关的防范措施（如适用）。

从与治理层沟通的事项中，我们确定哪些事项对本期财务报表审计最为重要，因而构成关键审计事项。我们在审计报告中描述这些事项，除非法律法规禁止公开披露这些事项，或在极少数情形下，如果合理预期在审计报告中沟通某事项造成的负面后果超过在公众利益方面产生的益处，我们确定不应在审计报告中沟通该事项。

二、按照相关法律法规的要求报告的事项

根据现行法律法规对其他报告责任性质的规定，我们没有发现华康公司在所审计期间有需要报告的其他事项。

方平会计师事务所　　　　中国注册会计师：刘明（项目合伙人）（签名并盖章）
（盖章）　　　　中国注册会计师：王青（签名并盖章）
中国南宁市　　　　二〇一七年二月十二日

3．保留意见审计报告

保留意见是审计人员对被审计单位的财务报表的反映有所保留的审计意见。如果认为被审计单位财务报表就其整体是公允的，但存在下列情形之一时，应当发表保留意见：

（1）在获取充分、适当的审计证据后，注册会计师认为错报单独或累计起来对被审计单位财务报表影响重大，但不具有广泛性；

（2）注册会计师无法获取充分、适当的审计证据以作为形成审计意见的基础，但认为未发现的错报（如存在）对被审计单位财务报表可能产生的影响重大，但不具有广泛性。

保留意见是在不能提出无保留意见的情况下最不严厉的审计意见。

保留意见审计报告格式举例如下。

审计报告

广西华康股份有限公司全体股东：

一、对财务报表出具的审计报告

（一）保留意见

我们审计了广西华康股份有限公司（以下简称“华康公司”）财务报表，包括 2016 年 12 月 31 日的资产负债表、2016 年度的利润表、现金流量表和股东权益变动表，以及财务报表附注（包括重大会计政策和会计估计）。

我们认为，除“形成保留意见的基础”部分所述事项产生的影响外，后附的财务报表在所有重大方面按照企业会计准则和《企业会计制度》的规定编制，公允反映了华康公司 2016 年 12 月 31 日的财务状况以及 2016 年度的经营成果和现金流量。

（二）形成保留意见的基础

华康公司 2016 年 12 月 31 日资产负债表中存货的列示金额为 42 768 502 元。董事会根据成本对存货进行计量，而没有根据成本与可变现净值孰低的原则进行计量，这不符合企业会计准则的规定。华康公司的会计记录显示，如果董事会以成本与可变现净值孰低来计量存货，存货列示金额将减少 3 756 204 元。相应地，资产减值损失将增加 3 756 204 元，所得税、净利润和股东权益将分别减少。

我们按照中国注册会计师审计准则的规定执行了审计工作。审计报告的“注册会计师对财务报表审计的责任”部分进一步阐述了我们在这些准则下的责任。按照中国注册会计师职业道德守则，我们独立于华康公司，并履行了职业道德方面的其他责任。我们相信，我们获取的审计证据是充分、适当的，为发表审计意见提供了基础。

（三）其他信息

董事会对其他信息负责，其他信息包括华康公司参与“一带一路”发展报告中涵盖的信息，但不包括财务报表和我们的审计报告。

我们对财务报表的审计意见并不涵盖其他信息，我们也不对其他信息发表任何形式的鉴证结论。

结合我们对财务报表的审计，我们的责任是阅读其他信息，在此过程中，考虑其他信息是否与财务报表或我们在审计过程中了解的情况存在重大不一致或者似乎存在重大错报。

基于我们已经执行的工作，如果我们确定其他信息存在重大错报，我们应当报告该事实。本次审计，我们确定其他信息不存在重大错报。

（四）关键审计事项

关键审计事项是我们根据职业判断，认为对本期财务报表审计最为重要的事项。这些事项的应对以对财务报表整体进行审计并形成审计意见为背景，我们不对这些事项单独发表意见。除“形成保留意见的基础”部分所述事项外，我们确定下列事项是需要在审计报告中沟通的关键事项。

华康公司 2016 年营业收入和盈利下降，经营活动产生的现金流量净额为-1.27 亿元。对此，华康公司给出的解释是行业不景气所致。

（五）管理层和治理层对财务报表的责任

管理层负责按照企业会计准则的规定编制财务报表，使其实现公允反映，并设计、执行和维护必要的内部控制，以使财务报表不存在由于舞弊或错误而导致的重大错报。

在编制财务报表时，管理层负责评估华康公司的持续经营能力，披露与持续经营相关的事项（如适用），并运用持续经营假设，除非管理层计划清算华康公司、终止运营或另无其他现实的选择。

治理层负责监督华康公司的财务报告过程。

（六）注册会计师对财务报表审计的责任

我们的目标是对财务报表整体是否不存在由于舞弊或错误导致的重大错报获取合理保证，并出具包含审计意见的审计报告。合理保证是高水平的保证，但按照审计准则执行的审计并不能保证一定会发现存在的重大错报。错报可能由于舞弊或错误导致，如果合理预期错报单独或汇总起来可能影响财务报表使用者依据财务报表做出的经济决策，则通常认为错报是重大的。

在按照审计准则执行审计工作的过程中，我们运用职业判断，并保持职业怀疑。同时，我们也执行以下工作。

（1）识别和评估由于舞弊或错误导致的财务报表重大错报风险，设计和实施审计程序以应对这些风险，并获取充分、适当的审计证据，作为发表审计意见的基础。由于舞弊涉及串通、伪造、故意遗漏、虚假陈述或凌驾于内部控制之上，未能发现由于舞弊导致的重大错报的风险高于未能发现由于错误导致的重大错报的风险。

（2）了解与审计相关的内部控制，以设计恰当的审计程序，但目的并非对内部控制的有效性发表意见。

（3）评价管理层选用会计政策的恰当性和做出会计估计及相关披露的合理性。

（4）对管理层使用持续经营假设的恰当性得出结论。同时，根据获取的审计证据，就可能导致对华康公司持续经营能力产生重大疑虑的事项或情况是否存在重大不确定性得出结论。如果我们得出结论认为存在重大不确定性，审计准则要求我们在审计报告中提请报表使用者注意财务报表中的相关披露；如果披露不充分，我们应当发表非无保留意见。我们的结论基于截至审计报告日可获得的信息。然而，未来的事项或情况可能导致华康公司不能持续经营。

（5）评价财务报表的总体列报、结构和内容（包括披露），并评价财务报表是否公允反映相关交易和事项。

我们与治理层就计划的审计范围、时间安排和重大审计发现等事项进行沟通，包括沟通我们在审计中识别出的值得关注的内部控制缺陷。

我们还就已遵守与独立性相关的职业道德要求向治理层提供声明，并与治理层沟通可能被合理认为影响我们独立性的所有关系和其他事项，以及相关的防范措施(如适用)。

从与治理层沟通的事项中，我们确定哪些事项对本期财务报表审计最为重要，因而构成关键审计事项。我们在审计报告中描述这些事项，除非法律法规禁止公开披露这些事项，或在极少数情形下，如果合理预期在审计报告中沟通某事项造成的负面后果超过在公众利益方面产生的益处，我们确定不应在审计报告中沟通该事项。

二、按照相关法律法规的要求报告的事项

根据现行法律法规对其他报告责任性质的规定，我们没有发现华康公司在所审计期间有需要报告的其他事项。

方平会计师事务所　　　中国注册会计师：刘明（项目合伙人）（签名并盖章）
（盖章）　　　　　　　中国注册会计师：王青（签名并盖章）
中国南宁市　　　　　　　　　　　　二〇一七年二月十二日

4．否定意见审计报告

当审计人员确信被审计单位整个财务报表存在严重错报和歪曲，以至根本不能按照企业会计准则公允表达财务状况、经营成果和现金流量情况时，才发表否定意见。

在获取充分、适当的审计证据后，如果认为错报单独或累计起来对财务报表的影响重大且具有广泛性，注册会计师应发表否定意见。

如果出具否定意见的审计报告，注册会计师应当在意见段中使用“由于上述问题造成的重大影响”或“由于受到前段所述事项的重大影响”等专业术语。

否定意见审计报告格式举例如下。

审计报告

广西华康股份有限公司全体股东:

一、对财务报表出具的审计报告

（一）否定意见

我们审计了广西华康股份有限公司及其子公司（以下简称“华康集团”）的合并财务报表，包括2016年12月31日的合并资产负债表、2016年度的合并利润表、合并现金流量表和合并股东权益变动表，以及合并财务报表附注（包括重大会计政策和会计估计）。

我们认为，由于“形成否定意见的基础”部分所述事项的重要性，后附的华康集团合并财务报表没有在所有重大方面按照企业会计准则的规定编制，未能公允反映华康集团2016年12月31日的合并财务状况以及2016年度的合并经营成果和合并现金流量。

（二）形成否定意见的基础

如财务报表附注六所述，2016年华康集团通过非同一控制下的企业合并获得对阳光公司的控制权，因未能取得购买日阳光公司某些重要资产和负债的公允价值，故未将阳光公司纳入合并财务报表的范围。按照企业会计准则的规定，该集团应将这一子公司纳入合并财务报表的范围，后附的华康集团合并财务报表的多个报表项目将受到重大影响。但我们无法确定未将阳光公司纳入合并范围对合并财务报表产生的影响。

我们按照中国注册会计师审计准则的规定执行了审计工作。审计报告的“注册会计师对财务报表审计的责任”部分进一步阐述了我们在这些准则下的责任。按照中国注册会计师职业道德守则，我们独立于华康公司，并履行了职业道德方面的其他责任。我们相信，我们获取的审计证据是充分、适当的，为发表审计意见提供了基础。

（三）其他信息

董事会对其他信息负责，其他信息包括华康公司参与“一带一路”发展报告中涵盖的信息，但不包括财务报表和我们的审计报告。

我们对财务报表的审计意见并不涵盖其他信息，我们也不对其他信息发表任何形式的鉴证结论。

结合我们对财务报表的审计，我们的责任是阅读其他信息，在此过程中，考虑其他信息是否与财务报表或我们在审计过程中了解的情况存在重大不一致或者似乎存在重大错报。

基于我们已经执行的工作，如果我们确定其他信息存在重大错报，我们应当报告该事实。本次审计，我们确定其他信息不存在重大错报。

（四）关键审计事项

除“形成否定意见的基础”部分所述事项外，我们认为，没有其他需要在审计报告中沟通的关键事项。

（五）管理层和治理层对财务报表的责任

管理层负责按照企业会计准则的规定编制财务报表，使其实现公允反映，并设计、执行和维护必要的内部控制，以使财务报表不存在由于舞弊或错误而导致的重大错报。

在编制财务报表时，管理层负责评估华康公司的持续经营能力，披露与持续经营相关的事项（如适用），并运用持续经营假设，除非管理层计划清算华康公司、终止运营或另无其他现实的选择。

治理层负责监督华康公司的财务报告过程。

（六）注册会计师对财务报表审计的责任

我们的目标是对财务报表整体是否不存在由于舞弊或错误导致的重大错报获取合理保证，并出具包含审计意见的审计报告。合理保证是高水平的保证，但按照审计准则执行的审计并不能保证一定会发现存在的重大错报。错报可能由于舞弊或错误导致，如果合理预期错报单独或汇总起来可能影响财务报表使用者依据财务报表做出的经济决策，则通常认为错报是重大的。

在按照审计准则执行审计工作的过程中，我们运用职业判断，并保持职业怀疑。同时，我们也执行以下工作。

（1）识别和评估由于舞弊或错误导致的财务报表重大错报风险，设计和实施审计程序以应对这些风险，并获取充分、适当的审计证据，作为发表审计意见的基础。由于舞弊涉及串通、伪造、故意遗漏、虚假陈述或凌驾于内部控制之上，未能发现由于舞弊导致的重大错报的风险高于未能发现由于错误导致的重大错报的风险。

（2）了解与审计相关的内部控制，以设计恰当的审计程序，但目的并非对内部控制的有效性发表意见。

（3）评价管理层选用会计政策的恰当性和做出会计估计及相关披露的合理性。

（4）对管理层使用持续经营假设的恰当性得出结论。同时，根据获取的审计证据，就可能导致对华康公司持续经营能力产生重大疑虑的事项或情况是否存在重大不确定性得出结论。如果我们得出结论认为存在重大不确定性，审计准则要求我们在审计报告中提请报表使用者注意财务报表中的相关披露；如果披露不充分，我们应当发表非无保留意见。我们的结论基于截至审计报告日可获得的信息。然而，未来的事项或情况可能导致华康公司不能持续经营。

（5）评价财务报表的总体列报、结构和内容（包括披露），并评价财务报表是否公允反映相关交易和事项。

我们与治理层就计划的审计范围、时间安排和重大审计发现等事项进行沟通，包括沟通我们在审计中识别出的值得关注的内部控制缺陷。

我们还就已遵守与独立性相关的职业道德要求向治理层提供声明，并与治理层沟通可能被合理认为影响我们独立性的所有关系和其他事项，以及相关的防范措施（如适用）。

从与治理层沟通的事项中，我们确定哪些事项对本期财务报表审计最为重要，因而构成关键审计事项。我们在审计报告中描述这些事项，除非法律法规禁止公开披露这些事项，或在极少数情形下，如果合理预期在审计报告中沟通某事项造成的负面后果超过在公众利益方面产生的益处，我们确定不应在审计报告中沟通该事项。

二、按照相关法律法规的要求报告的事项

根据现行法律法规对其他报告责任性质的规定，我们没有发现华康公司在所审计期间有需要报告的其他事项。

方平会计师事务所　　　中国注册会计师：刘明（项目合伙人）（签名并盖章）
（盖章）　　　　　　　中国注册会计师：王青（签名并盖章）
中国南宁市　　　　　　二〇一七年二月十二日

5. 无法表示意见的审计报告

审计人员出具无法表示意见的审计报告，并不是不愿意发表意见，而是因为某些限制而未对某些重要事项取得证据，没有完成取证工作，使得审计人员无法判断问题的归属。因此，如果无法获得充分、适当的审计证据以作为形成审计意见的基础，但认为未发现的错报（如存在）对财务报表可能产生的影响重大且具有广泛性，审计人员应当发表无法表示意见。

当出具无法表示意见的审计报告时，注册会计师应当删除注册会计师的责任段，并在意见段中使用“由于审计范围受到限制可能产生的影响非常重大和广泛”、“我们无法对上述财务报表发表意见”等专业术语。

无法表示意见审计报告格式举例如下。

审计报告

广西华康股份有限公司全体股东：

一、对财务报表出具的审计报告

（一）无法表示意见

我们审计了广西华康股份有限公司（以下简称“华康公司”）财务报表，包括 2016 年 12 月 31 日的资产负债表、2016 年度的利润表、现金流量表和股东权益变动表，以及财务报表附注（包括重大会计政策和会计估计）。

我们不对后附的华康公司财务报表发表审计意见。由于“形成无法表示意见的基础”部分所述事项的重要性，我们无法获取充分、适当的审计证据以作为对财务报表发表审计意见的基础。

（二）形成无法表示意见的基础

华康公司未对 2016 年 12 月 31 日的存货进行盘点，金额为 35 760 万元，占期末资产总额的62%。我们无法实施存货监盘，也无法实施其他替代审计程序，以对期末存货的数量和状况获取充分、适当的审计证据。

（三）管理层和治理层对财务报表的责任

管理层负责按照企业会计准则的规定编制财务报表，使其实现公允反映，并设计、执行和维护必要的内部控制，以使财务报表不存在由于舞弊或错误而导致的重大错报。

在编制财务报表时，管理层负责评估华康公司的持续经营能力，披露与持续经营相关的事项（如适用），并运用持续经营假设，除非管理层计划清算华康公司、终止运营或另无其他现实的选择。

治理层负责监督华康公司的财务报告过程。

（四）注册会计师对财务报表审计的责任

我们的责任是按照中国注册会计师审计准则的规定，对华康公司的财务报表执行审计工作，以出具审计报告。但由于"形成无法表示意见的基础"部分所述的事项，我们无法获取充分、适当的审计证据以作为发表审计意见的基础。

二、按照相关法律法规的要求报告的事项

根据现行法律法规对其他报告责任性质的规定，我们没有发现华康公司在所审计期间有需要报告的其他事项。

方平会计师事务所　　中国注册会计师：刘明（项目合伙人）（签名并盖章）

（盖章）　　中国注册会计师：王青（签名并盖章）

中国南宁市　　二〇一七年二月十二日

第二节　编制审计报告的步骤和基本要求

一、编制审计报告的步骤

审计报告一般由项目负责人编制。一般来说，编制审计报告需要经过以下几个步骤。

1．整理分析工作底稿

审计人员在完成审计任务的过程中形成的审计工作底稿是分散的、不系统的，因此，审计人员要在审阅工作底稿的基础上选择符合审计目的的有价值的证据资料，进行归类整理，作为撰写审计报告的基础。对审计工作底稿进行整理分析的情况，也应当在审计工作底稿中予以记录和说明。

2．提出对被审计单位财务报表的调整建议

在整理和分析审计工作底稿的基础上，审计人员应向被审计单位介绍审计情况、初步结论和对于会计事项、财务报表项目的调整意见，提请被审计单位加以调整。审计报告如果用于公布目的，应附列被审计单位调整后的财务报表。

3．确定审计报告意见的类型和措辞

注册会计师在了解了被审计单位是否接受提出的调整建议以及是否已经做了调整以后，可以确定审计报告意见的类型和措辞。

4．撰写审计报告

对审计工作底稿进行分析整理，并确定审计意见的类型和措辞之后，应拟定审计报告提纲。拟定提纲后，就可以考虑将资料用文字加以组织表述，形成审计报告初稿。审计报告可以由一个人执笔，也可以多人分工撰写。如果是分工撰写，最后必须由一人统稿，并授予修改权。审计报告完稿后，应经过会计师事务所主管合伙人或主任会计师的复核。审计报告经审核、修改定稿并完成签署后，正本直接报送委托人，副本归档留存。

二、编制审计报告的基本要求

审计报告的撰写应符合以下基本要求。

（1）实事求是，客观公正。审计报告是政策性很强的文件，撰写时必须重事实，以法律法规为准绳，坚持原则，实事求是，客观公正地对被审计事项进行定性，提出处理意见。

（2）数字准确，证据确凿。审计人员对审计报告中列举的数据资料要认真计算、复核，做到准确无误；对各种证据资料，也要亲自进行调查核实，使其既充分可靠，又具备有效的证明力，为发表审计意见奠定可靠的基础。

（3）内容全面，突出重点。内容全面是指审计报告要按中国注册会计师执业准则规定的形式、结构和内容编写。但并不是说审计报告的内容要面面俱到，在说明和表述审计意见时，应重点突出，充分揭示被审计单位所存在的影响财务报表的重要事项。

（4）文字简练，措辞严谨。审计报告是送给被审计单位负责人、上级部门或有关部门领导看的，因此不宜写得太长。这就要求写审计报告时一定要层次分明，条理清楚；语言表达要简明扼要、准确无误，并尽量选用专业术语。

延伸阅读

如何正确解读上市公司的审计报告

审计报告是审计的最终产品，也是审计人员与报告使用者传递信息的主要渠道。审计质量的高低，最重要的体现是审计报告中所传递的信息质量的高低。审计风险的大小，也主要取决于审计报告中的意见类型是否恰当。因此，对于审计工作而言，审计报告极为重要。

上市公司的审计报告和财务报表一样，是公开可获得的信息。当我们拿到一份上市公司年报，最关心的信息当然是公司的净利润、每股收益、每股经营活动现金流量等，这些财务信息当然来自于公司的财务报表。然而，有经验的投资者在阅读财务报表之前，会先看看审计报告。如果财务报表告诉你公司业绩喜人，先别急着高兴，你得先看看审计人员怎么说。如果审计人员告诉你，公司的财务报表不可信，你显然会空欢喜一场。如果报表不可信，财务报表就没有阅读的必要。这跟你知道一个人在说慌，就不会理会他究竟说了些什么是一个道理。审计人员对于财务报表是否可信的看法就写在审计报告里。审计报告好比一份鉴定证书，它会告诉我们是否应该阅读财务报表，以及应该如何阅读财务报表。审计报告的重要作用，从它在年报中的位置也可以看出一二。在我国的上市公司年报中，审计报告的位置正好在财务报表之前，这样排列就是要提醒你，要看财务报表，先看审计报告。

一份审计报告并不长，通常不超过两页纸，字数通常 700～1 000 字。它一般包括以下几个主要部分：

第一，引言段，这个段落在审计报告最前面，告诉我们审计人员审计了哪家公司的哪几张报表；

第二，两个责任段，分别是管理层对财务报表的责任和注册会计师的责任，管理层责任在前，表明管理层对财务报表是否真实可信承担首要责任；

第三，审计意见段，它通常以“我们认为”开头，表达审计人员对于财务报表是否可信的看法。

审计报告可能还有其他一些段落和其他一些内容，这些我在后面会谈到。如果从篇幅看，审计报告中字数最多的是两个责任段。然而，这两个责任段却没有什么可以帮助投资者决策的实质性内容，而且充满了抽象的专业术语，诸如合理确信、重大错报、舞弊之类。那为什么要写这么多呢？这是因为审计人员想要向报告使用者解释审计可以做什么，不可以做什么，已经做了什么，责任如何划分等。早期的审计报告并没有这些内容，是审计职业界后来为了减少报告使用者对于审计的误解、缩小所谓的“期望差距”才加上去的。两个责任段摆在意见段之前，其潜台词很明显：在看我的意见之前，先理解清楚审计的责任边界。

在审计报告中，使用者最应关注，因而应该仔细阅读的是审计报告的意见段。注册会计师对财务报表发表的审计意见可以分成两大类：标准意见和非标准意见。

标准意见的完整说法是“标准无保留意见”。无保留意见，意思是说客户公司的财务报表真实公允，审计人员对此没有不同看法。“标准”是指审计报告的所有用语都是标准化的，没有所谓的说明性用语和修饰性用语。可以说，所有的标准意见审计报告，除了公司名称、会计年度、会计师事务所名称和地址、签字注册会计师姓名这些内容不一样之外，其余全部一样。标准意见通常意味着财务报表可以放心使用，它是客户管理层最想获得的一种意见类型。

非标准意见，是除标准意见之外的所有其他意见类型。它通常包括以下几种意见类型：带强调事项段或其他事项段的无保留意见、保留意见、否定意见和无法表示意见。

如果说财务报表审计是一场大考，那么意味着考试通过的意见类型包括：标准意见、带强调事项段和其他事项段的无保留意见、保留意见。意味考试失败的意见类型则包括否定意见和无法表示意见。如果从审计意见类型推测“考分”高低的话，那成绩由高到低依次排列为：标准意见、带强调事项段或其他事项段的无保留意见、保留意见、否定意见（无法表示意见）。上述排序反映了客户公司财务报表中存在问题的严重程度，从基本上没什么问题到问题非常严重。在非标准意见里，否定意见和无法表示意见都是非常严厉的意见类型，严厉程度难分伯仲，究竟谁更严厉，是一个见仁见智的问题。对于客户管理层而言，得到保留意见肯定会不高兴，得到否定意见或无法表示意见则可能会非常紧张或愤怒，它可能会意味着管理层的位子即将不保，也很有可能意味着会计师事务所离被“炒鱿鱼”不远了。下面，对几种意见类型的含义和出具条件进一步说明，先说带强调事项段或其他事项段的无保留意见，再说否定意见和无法表示意见，最后说保留意见。之所以最后说保留意见，是由于导致这种意见类型的原因比其他意见的原因更为复杂。

先看带强调事项段和其他事项段。这两个段落通常附在无保留意见或保留意见审计报告的意见段之后，尤其是无保留意见的意见段之后。这两个段落的主要目的都是审计人员向报告使用者指出一些值得特别关注的事项，以帮助他们更好地理解和使用财务报表，因此具有重要的信息价值。强调事项段指出的事项是在财务报表及其附注中已得到披露的事项，而其他事项段则是财务报表及其附注中没有披露的事项。两个事项段都列于意见段之后，表明所述内容不影响已发表的审计意见。值得注意的是，否定意见和无法表示意见是不允许附带这两个段落的，因为在这两种情况下，财务报表整体基本上没有什么使用价值，没有什么特别需要指出的事项，或者即使有，附带这两个段落也没什么意义。从数量和比例来看，强调事项段要远远高于其他事项段。导致强调事项段的原因有好几种，但最重要的是与客户持续经营假设有关的事项。所谓持续经营假设，是指客户企业在可预见的将来（通常是资产负债表日后 12 个月）不会破产或清算。如果持续经营假设不成立，财务报表就不能依据一般公认会计原则编制，不能使用历史成本计量属性，不能使用权责发生制基础。如果持续经营假设不成立，客户公司仍坚持使用一般公认会计原则，审计人员将对报表出具否定意见。持续经营假设之所以重要，不仅与报表编制有关，更与投资者的投资决策有关。对于投资者而言，最大的风险就是所投资的公司很快就破产倒闭了。审计人员指出客户公司的持续经营假设不成立，实际上是向投资者指出客户公司在近期很有可能破产倒闭。如果审计人员指出财务报表使用持续经营假设是适当的，但对客户公司的持续经营能力存在重大疑虑，这对投资者而言也是一个极强的预警信号。因此，审计报告中与客户持续经营能力有关的内容，对于投资者而言具有极高的信息价值。

再看看否定意见和无法表示意见。通俗地理解，否定意见意味着审计人员有充分、适当的证据认定财务报表整体不可信、不可用，而无法表示意见是指审计人员没有获得充分适当的证据来排除财务报表在整体上不可信、不可用的可能性。两种意见类型的根本差异在于审计人员所获证据的性质和数量上。对于无法表示意见，很多人认为其严重程度要比否定意见轻，因为审计人员并没有充分、适当的证据证明客户公司有严重的财务作假行为，客户公司顶多是“嫌疑犯”，而否定意见则表明客户企业就是“罪犯”。由于这种看法很流行，导致一些公司“两害相权取其轻”，要求会计师事务所用无法表示意见替代否定意见，而有些事务所也真的这样去迎合客户。这一点在我国的证券市场上表现得特别突出，在 2000 年之前，十来年的时间里只有 3 份否定意见审计报告，而 2000 年至今，则一份否定意见的审计意见都没有，无法表示意见的审计报告倒是每年还有十几份。

虽然从法律形式上看，否定意见似乎比无法表示意见要严重，但从经济实质上来看，无法表示意见即使不比否定意见更严重，也至少和否定意见一样严重。首先，在出具无法表示意见审计报告时，审计人员其实是高度怀疑客户公司的财务报表在整体上不可信、不可用，只是无法取得充分、适当的证据证明这一点。在这种情况下，即使客户公司的财务报表有可能是可信的，这个概率也非常之低，绝不是一半对一半的可能性。其次，导致审计人员无法搜集到必要证据的原因，一是由于客观条件的限制，二是由于人为制造的障碍。真正由于客观原因而无法取得必要证据的情况是很少的，大多数情况还是人为阻碍，即客户不让查。那么，我们要问一句：客户为什么不让查？很有可能是因为客户公司的问题极为严重，一旦放手让审计人员来查，很有可能查出其他重大的违法违规行为！客户很有可能是在困兽犹斗、负隅顽抗！最后，从投资风险的角度来看，虽然否定意见表明公司的财务报表不可信，但这是一个确定的结果，而无法表示意见并没有完全消除财务报表的信息风险，我们并不清楚客户公司的问题有多严重，财务报表是不是完全不可信？客户管理层是否要极力隐瞒比财务报表做假还要严重的违法违规行为？在我国资本市场上，如果上市公司收到否定意见或无法表示意见审计报告，这些公司都会直接被特别处理（ST），这是很严厉的监管措施。这一规定间接表明否定意见和无法表示意见的性质严重程度是接近的。

最后是保留意见。保留意见是一种从无保留意见过渡到否定意见或无法表示意见的中间状态，它既有可能是因为财务报表中存在重大错报，也有可能是因为审计范围受到限制，其严重程度要低于否定意见或无法表示意见。导致审计人员出具保留意见的事由是重大的，但也是局部而非全局性的。被出具保留意见的财务报表并非不可以使用，但使用时要十分谨慎，要注意报表中有某些重要账户或披露缺乏可信性，或审计人员由于缺乏证据而无法保证其可信度。

总体而言，审计意见段是审计报告中最为重要的段落，对于投资者的决策有重要的价值。相对而言，投资者更关心的是非标准意见的审计报告，因为它们具有提示风险的重要作用。

除了审计意见段，审计报告的说明段值得认真一读。当然，并不是所有的审计报告都有说明段，只有保留意见、否定意见和无法表示意见这几种所谓的非无保留意见审计报告有说明段。说明段的用途，就是审计人员对为什么要出非无保留意见给个说法。由于非无保留意见对于客户公司及其管理层会带来非常不利的后果，审计人员有必要做出必要的解释，而不能只给一个意见。这有点像法庭宣布有罪判决，不能只宣布有罪，还要说明定罪的依据。当然，说明段的意义不仅在于支持审计意见，还在于它通常能够向报告阅读者传递重要的信息，对于保留意见的审计报告尤其如此。如果是因为客户公司违反了会计准则而被出具保留意见，报告使用者可以从说明段中知晓哪些账户余额、交易类别或披露的处理违背了会计准则，因而不可信；如果是因为审计范围受限制，使用者也可以知道哪些账户余额、交易类别和披露的处理没有得到充分适当的审计证据的支持，因而也不可信。传统审计报告是简式报告，篇幅有限，这决定了审计人员在说明段中表达的一定是最为关键的审计发现和审计证据，因此值得慎重对待、认真阅读。

除此之外，还应该关注一下审计报告中的会计师事务所名称和签字注册会计师姓名。大量的学术研究表明，不同类型的会计师事务所可能存在系统性的审计质量差异。例如，名牌事务所的审计质量一般高于非名牌事务所的审计质量，规模大的会计师事务所的审计质量一般高于规模小的会计师事务所的审计质量，有行业专长的事务所比没有行业专长的会计师事务所审计质量更高等。知道执行审计的是哪家会计师事务所，再了解一些会计师事务所的背景资料，我们就可以推测经过审计的财务报表中信息风险有多大。已经有很多研究表明质量高的事务所审计的公司，其资本成本会相对较低。这说明，事务所的类型的确是决策相关的信息。另外，在很多国家或地区，例如中国大陆、中国台湾、澳大利亚、英国、德国等，现在都要求在审计报告中披露业务合伙人的姓名。学术研究表明，业务合伙人个人的特征，例如合伙人的经验和专长，对于审计质量也有重要影响。如果哪家上市公司被查出审计质量有问题，那么精明的投资者就会关注签字注册会计师还审计了哪些公司，这些公司的审计质量也很可能有问题。

如果是专业的投资者，关注一下审计报告的用语或措辞也是很有帮助的。例如，审计人员在表达审计意见时用的是“我们认为”，而不是“我们保证”、“我们担保”，这主要是因为审计意见是专业判断的结果，不可能百分之百正确，这在审计中称为合理确信。同时，审计意见是对财务报表的可信度发表意见，不能理解为对客户公司未来经营业绩的担保，那些经营业绩较差并且其未来业绩有可能恶化的公司，只要其财务报表没有违反会计准则，进行了如实披露，一样可以获得无保留意见。